Teubner Studienbücher der Geographie

K. Müller-Hohenstein

Die Landschaftsgürtel der Erde

Teubner Studienbücher der Geographie

Herausgegeben von

Prof. Dr. Ch. Borcherdt, Stuttgart

Prof. Dr. C. Rathjens, Saarbrücken

Prof. Dr. E. Wirth, Erlangen

Die Studienbücher der Geographie wollen wichtige Teilgebiete, Probleme und Methoden des Faches, insbesondere der Allgemeinen Geographie, zur Darstellung bringen. Dabei wird die herkömmliche Systematik der Geographischen Wissenschaft allenfalls als ordnendes Prinzip verstanden. Über Teildisziplinen hinweggreifende Fragestellungen sollen die vielseitigen Verknüpfungen der Problemkreise wenigstens andeutungsweise sichtbar machen. Je nach der Thematik oder dem Forschungsstand werden einige Sachgebiete in theoretischer Analyse oder in weltweiten Übersichten, andere hingegen in räumlicher Einschränkung behandelt. Der Umfang der Studienbücher schließt ein Streben nach Vollständigkeit bei der Behandlung der einzelnen Themen aus. Den Herausgebern liegt besonders daran, Problemstellungen und Denkansätze deutlich werden zu lassen. Großer Wert wird deshalb auf didaktische Verarbeitung sowie klare und verständliche Darstellung gelegt. Die Reihe dient den Studierenden der Geographie zum ergänzenden Eigenstudium, den Lehrern des Faches zur Fortbildung und den an Einzelthemen interessierten Angehörigen anderer Fächer zur Einführung in Teilgebiete der Geographie.

Die Landschaftsgürtel der Erde

Von Dr. rer. nat. Klaus Müller-Hohenstein
o. Professor an der Universität Bayreuth

2., durchgesehene Auflage
Mit 70 Abbildungen, 10 Tabellen
und 3 Faltkarten

B. G. Teubner Stuttgart 1981

Prof. Dr. rer. nat. Klaus Müller-Hohenstein

Geboren 1936 in Neusalz/Oder. 1957–1963 Studium der Geographie, Biologie und Leibeserziehung in Heidelberg. 1969 1. Staatsexamen für das Lehramt an Höheren Schulen. 1963–1964 Referendar in Heidelberg und Weinheim. 1964 2. Staatsexamen für das Lehramt an Höheren Schulen. 1965–1975 Wissenschaftlicher Assistent am Institut für Geographie der Universität Erlangen-Nürnberg. 1968 Promotion in Erlangen. 1975 Habilitation in Erlangen. 1976 Oberassistent. 1979 Lehrstuhl Biogeographie Universität Bayreuth.

CIP-Kurztitelaufnahme der Deutschen Bibliothek

Müller-Hohenstein, Klaus:
Die Landschaftsgürtel der Erde / von Klaus Müller-Hohenstein. – 2., durchges. Aufl. – Stuttgart : Teubner, 1981.
(Teubner-Studienbücher der Geographie)
ISBN 3-519-13414-4

Printed in Germany
Gesamtherstellung: Passavia Druckerei GmbH Passau
Umschlaggestaltung: W. Koch, Sindelfingen

Vorwort

Die letzte umfassende, deutschsprachige Darstellung der „Landschaftsgürtel der Erde“ von SIEGFRIED PASSARGE erschien 1929 in verbesserter zweiter Auflage in der „Jedermanns Bücherei“ in Breslau. Sowohl die ständig wachsende Stoffülle als auch methodische Schwierigkeiten (und Unsicherheiten) mögen dafür verantwortlich sein, daß sich bis heute kein Verfasser mehr mit diesem Thema beschäftigt hat[1)].

Wenn jetzt dieses Studienbuch vorliegt, so vor allem, weil mir die Erlanger Studentengeneration der letzten Jahre einige Skrupel nahm und mich während und nach Vorlesungsstunden, die dem Manuskript zugrunde liegen, durch kritische Anteilnahme von der Notwendigkeit eines solchen Buches überzeugte. Diesen Studenten bin ich zu großem Dank verpflichtet.

Für Studenten ist das Buch auch in erster Linie bestimmt, vor allem für Geographiestudenten in den Anfangssemestern. Sie finden hier im Rahmen einer regionalen Geoökologie der Erde das fachliche Vokabular der Physischen Geographie, welches in den einschlägigen Proseminaren oder Anfängerübungen bekannt gemacht wurde, in den räumlichen Kontext gestellt. Das Buch soll darüber hinaus auch die ersten Schritte auf dem Weg zu Einsichten in großräumige geoökologische Zusammenhänge erleichtern und damit einen Einstieg zu Themen bieten, die heute an Schule und Hochschule gleichermaßen aktuell sind.

Die seit PASSARGES Büchlein erschienene Literatur zum Inhalt und zur Konzeption von Landschaftsgürteln ist kaum überschaubar. Es ist zweifellos nicht nur denkbar, ein mehrbändiges, enzyklopädisches Werk zu diesem Thema vorzulegen, sondern auch verschiedene methodische Wege zu gehen. Deshalb werden in einem ersten Teil dieses Studienbuchs – ausgehend von der Konzeption PASSARGES – Überlegungen zum Begriff und zur Ausgliederung und Abgrenzung von Landschaftsgürteln bzw. geoökologischen Zonen angestellt. Hieran schließt eine zusammenfassende Darstellung der eigenen Auffassung der Landschaftsgürtel und ihrer inhaltlichen Gestaltung in diesem Buch an. Sie sollte vor der Lektüre der einzelnen geoökologischen Zonen gelesen werden. Den ersten Teil beschließt eine Reihe weiterführender Literaturtitel, die bei einer ersten vertiefenden Betrachtung greifbar sein sollten.

Die Material- und Literaturauswahl für den zweiten Teil des Buches kann nur unvollständig sein. Auch ist sie durch persönliche Vorliebe gefärbt. Eine möglichst gleichgewichtige Behandlung der Landschaftsgürtel unter Berücksichtigung ihres unterschiedlichen Flächenanteils an der Erdoberfläche wurde versucht, ohne allerdings ganz in einem festgelegten Gliederungsschema zu verharren.

Meinen Kollegen und den Mitarbeitern am Institut für Geographie in Erlangen verdanke ich manchen Hinweis, ebenso kritische wie ermunternde Worte und technische und organisatorische Hilfen.

[1)] Erst nach Fertigstellung des Manuskripts erschien das Buch von BRAMER 1977.

Herzlichen Dank schulde ich Herrn Prof. Dr. Eugen Wirth für die zeitraubende Durchsicht des ersten Entwurfs zu diesem Buch und für eine Fülle von Anregungen, ebenso danke ich Herrn Prof. Dr. Christoph Borcherdt und Herrn Prof. Dr. Carl Rathjens für ihre kritischen Stellungnahmen und Herausgebern und Verlag für die Aufnahme in die Reihe der Studienbücher.

Eine fast unveränderte, wenige Fehler korrigierende Neuauflage des Bandes wurde schon nach kurzer Zeit erforderlich. Deshalb war auch eine gründliche Überarbeitung, trotz vieler Anregungen von studentischer Seite und aus dem Kreis meiner Kollegen, nicht möglich. Sie muß einer späteren Auflage vorbehalten bleiben.

Bayreuth, im März 1981 Klaus Müller-Hohenstein

Inhalt

1 Zum Inhalt und zur Ausgliederung von Landschaftsgürteln oder geoökologischen Zonen

2 Die Tropenzone

4 Die kühlgemäßigten Zonen

5 Die kaltgemäßigte, boreale Zone

Verzeichnis der Abbildungen

Faltkarten

1 Zum Inhalt und zur Ausgliederung von Landschaftsgürteln oder geoökologischen Zonen

Unter einem Landschaftsgürtel oder einer geoökologischen Zone verstehen wir einen zonal angeordneten Teil der Erdoberfläche, der durch die Zusammenhänge zwischen den Faktorenkomplexen Klima, Boden, Pflanzen- und Tierwelt ein charakteristisches räumliches Wirkungsgefüge besitzt (primäres Ökosystem). In einem System von Naturräumen nehmen die Landschaftsgürtel die höchste Ordnungsstufe ein.

Dieser Versuch einer Definition des Begriffs „Landschaftsgürtel" lehnt sich an die Landschaftsdefinition von CARL TROLL (1950) an. Er ist das Ergebnis von Überlegungen zum Inhalt und zur Ausgliederung von Landschaftsgürteln, die im ersten Teil des Studienbuches erläutert werden. Dabei gehen wir von dem 1929 erschienenen Buch von SIEGFRIED PASSARGE aus, welches einen ersten Eindruck von unserem Thema vermittelt, gleichzeitig aber erkennen läßt, wo wir heute methodisch und stofflich weiter sind.

Globale Gliederungen der gesamten Erdoberfläche nach ausgewählten klimatischen, morphogenetischen, boden- und vegetationskundlichen und agrargeographischen Kriterien werden sodann unter zwei Aspekten vorgestellt. Zum einen können mit ihrer Hilfe Fragen der Abgrenzung von Landschaftsgürteln diskutiert werden, zum anderen bietet sich eine erste Möglichkeit, wichtige Materialgrundlagen für die nähere Kennzeichnung der geoökologischen Zonen in einem angemessenen Grad der Abstraktion vorzustellen.

Schließlich wird versucht, die Frage der Stellung der Landschaftsgürtel im System der „Naturräumlichen Gliederung" bzw. der „Naturräumlichen Ordnung" zu beantworten, um damit zur Erläuterung der Konzeption und der inhaltlichen Gestaltung der Landschaftsgürtel in diesem Studienbuch zu gelangen.

1.1 Zur Konzeption und zum Inhalt der Landschaftsgürtel nach Siegfried PASSARGE

Im Jahre 1929 erschien das Bändchen „Die Landschaftsgürtel der Erde" von SIEGRIED PASSARGE. Schon in seiner Einleitung betont PASSARGE, daß er in diesem Buch besonderen Wert auf die Darstellung des „landschaftlichen Gesamteindrucks" von Räumen legen wird. Diese Räume sollen in ein „System" typischer, immer wiederkehrender Landschaften der Erdoberfläche passen. Bei seiner Gliederung lehnt sich PASSARGE ausdrücklich an die großen Klimagürtel bzw. die „sichtbaren klimatischen Pflanzenvereine" an.

Wenn auch heute der Landschaftsbegriff nicht unumstritten ist und „System" anders verstanden wird, so sind mit den einleitenden Bemerkungen von PASSARGE Zweck und Gliederung seines Buches bereits umrissen. Es geht um die klimatisch bestimmten Zonen der Erde, die aber nicht nur nach klimatischen Daten oder

Indices, sondern auch nach der Verbreitung von Pflanzengesellschaften gegeneinander abgegrenzt werden. So hat das Buch PASSARGES auch drei Hauptkapitel, die der Einteilung der Erde in Zonen des solaren Klimas entsprechen:

1. Die Zone der Polkappen im Norden und Süden
2. Der Mittelgürtel zwischen den jeweiligen Polar- und Wendekreisen
3. Der heiße Gürtel zwischen den Wendekreisen.

Die großen Gürtel werden nach der Verbreitung bestimmter Pflanzenformationen weiter untergliedert, worin auch die klimatische Feingliederung sichtbar wird, etwa in den Gegensätzen der Ost- und Westseiten der Kontinente. Mit der Behandlung der „Hochgebirgssteppen" im heißen Gürtel als einer durch das Relief bedingten Höhenstufe klingt auch schon die später nachhaltig geforderte dreidimensionale Betrachtung der Landschaftsgürtel an.

Die großklimatisch einheitlichen Räume werden durch ihre Vegetation, die Böden und die Bodennutzung charakterisiert. Bei der folgenden feineren Untergliederung zeigen schon Kapitelüberschriften wie „glazial aufgeschüttetes Flachland Norddeutschlands" oder „Mittelgebirgsländer", daß nun Formenschatz und Reliefgenese als besonders differenzierend angesehen werden. Für diese Teilräume stellt PASSARGE sodann ohne strenge Systematik Geologie und Gestein, Boden und Relief, Klima und Pflanzenwelt vor. Die vorherrschende Nutzung wird in der Regel als eine sich zwangsläufig aus den geschilderten natürlichen Grundlagen ergebende vorgestellt. Maß und Zahl fehlen ebenso wie Tabellen, Diagramme oder andere Datensammlungen. Schließlich ist die skizzierte räumliche Gliederung nicht konsequent für alle Gürtel durchgehalten und die Darstellung hierdurch ungleichgewichtig. Es bleibt aber das Verdienst von PASSARGE, erstmals einen Versuch einer umfassenden Behandlung aller Landschaftsgürtel nach einer Konzeption unternommen zu haben, auf der auch heute noch aufgebaut werden kann.

Vier Jahrzehnte nach PASSARGES Landschaftsgürteln erschien ein nach Umfang und inhaltlichem Anspruch vergleichbares Taschenbuch von GEORGE ROUGERIE (1969, „Géographie des Paysages"). Im Vergleich mit PASSARGE fällt auf, daß ROUGERIE bei seiner Aus- und Untergliederung von Landschaftsgürteln ausschließlich klimatischen Kriterien folgt, Küsten- und Gebirgslandschaften aber ganz getrennt behandelt. Es werden Klimadaten genannt, die Bodendynamik erläutert und Bodentypen angeführt, die Vegetation nach ihrem Formationscharakter und den hauptbestandbildenden Arten aufgelistet, und vor allem werden die Zusammenhänge zwischen diesen Variablen innerhalb der ausgegliederten Bereiche hervorgehoben.

Die aktuelle Nutzung wird nur ausnahmsweise angedeutet, potentielle Nutzungsmöglichkeiten bzw. Gefahren einer möglichen Überbelastung der Ökosysteme werden nicht diskutiert.

Die Fortschritte gegenüber PASSARGE, vor allem in der inhaltlichen Gestaltung, sind nicht zu übersehen. ROUGERIE konnte aber auch auf Ergebnisse der verschiedenen Disziplinen der physischen Geographie aus weiteren vier Jahrzehnten zurückgreifen. Seine Gesamtkonzeption, seine Auffassung von den Landschaftsgürteln und die verwendeten Gliederungskriterien unterscheiden sich von denen PASSARGES jedoch nur wenig.

Aus beiden Auffassungen der Landschaftsgürtel bleibt vor allem die Erkenntnis, daß es nicht die einzige, richtige Konzeption gibt. Vielmehr ist unter den möglichen die besonders zweckmäßig erscheinende zu wählen.

Im folgenden werden zunächst weitere Konzeptionen einer geographischen Zonenlehre bekannt gemacht, auf denen die später erläuterte eigene Auffassung wenigstens teilweise aufbaut.

1.2 Beiträge zu einer geographischen Zonenlehre von DOKUCAJEW, HERBERTSON, MAULL, CZAJKA und LAUTENSACH

PASSARGE und ROUGERIE haben ihre Auffassungen von geographischen Zonen oder Landschaftsgürteln auch inhaltlich erfüllt und hierzu knapp gefaßte Lehrbücher geschrieben. Allein mit konzeptionellen Fragen, mit der Problematik der Gliederung der Erdoberfläche in Gürtel, Zonen oder auch nur mehr oder weniger homogene Großräume nach unterschiedlichen Kriterien haben sich jedoch eine Reihe weiterer Wissenschaftler seit dem ausgehenden 19. Jahrhundert befaßt. Einige besonders anregende Versuche sollen nicht unerwähnt bleiben.

Eine erste hier zu nennende Konzeption stammt von dem russischen Bodenkundler DOKUCAJEW aus dem Jahr 1898. Er spricht von den „*Naturhistorischen Zonen*“. Diese Zonen bauen als genetische Einheiten auf dem Zusammenhang von Pflanzenformation und Leitbodentyp auf. Es wird also erkannt, daß physiognomisch einheitlichen, immer wiederkehrenden Pflanzengesellschaften ein bestimmter Bodentyp zugeordnet werden kann. Zwar wissen wir heute, daß diese Aussage so pauschal nicht aufrechterhalten werden kann, von Bedeutung ist aber, daß durchaus bestehende Zusammenhänge zwischen einzelnen Strukturen des Naturraumes bereits klar erkannt worden sind. Einen umfassenderen Versuch legte 1905 der Amerikaner HERBERTSON mit seinem Aufsatz „*The Mayor Natural Regions – An Essay in Systematic Geography*“ vor. Für eine Gesamtsynthese werden hier erstmals sowohl klimatisch-vegetationskundliche als auch regelhafte, reliefbedingte Strukturen als Kriterien herangezogen. HERBERTSON suchte nach einem allgemeinen Ordnungsprinzip naturgesetzlicher Art. Seine Gedanken waren methodisch bahnbrechend, beeinflußten PASSARGE nachhaltig und finden bis heute Beachtung.

In der jüngeren Vergangenheit haben sich methodisch klärend und weiterführend vor allem MAULL, TROLL, CZAJKA, BERG und RICHTER mit den Problemen der Abgrenzung und des Inhalts von Landschaftsgürteln oder -zonen befaßt. Auch für die folgenden Diskussionen einzelner Gliederungen der gesamten Erdoberfläche nach verschiedenen Kriterien gaben besonders die Beiträge von MAULL 1954 „*Zonenbegriffe in dem länderkundlichen Sprachgebrauch*“ und von CZAJKA 1956 „*Die geographische Zonenlehre*“ wertvolle Anregungen.

Als letzter Autor muß hier schließlich LAUTENSACH 1952 mit seiner Abhandlung über den *geographischen Formenwandel* genannt werden. Gerade für die Gliederung von Naturräumen sind die aus bestimmten Lagebeziehungen erwachsenden vier Kategorien des Formenwandels (planetarisch, meridional, zentral-peripher, hypsometrisch) trotz mancher Einwände, etwa von Schmitthenner 1953, geeignete Ordnungsgerüste für die Behandlung der Landschaftsgürtel und ihrer Subzonen.

1.3 Gliederungsversuche der gesamten Erdoberfläche nach ausgewählten Kriterien

Versuche, die Erdoberfläche oder Ausschnitte derselben zu gliedern, sind so alt wie das Bemühen, räumlich verbreitete Phänomene zu erfassen und in Karten darzustellen. Stand am Anfang vielleicht nur die Frage nach dem Verlauf der Grenzen zwischen Land und Meer oder zwischen Gebirgen und Tiefländern, so kamen bald andere Kriterien hinzu, nach denen man Räume differenzierte. Wurden vor wenigen Jahrzehnten die Grenzen zwischen Ökumene und Anökumene noch lebhaft diskutiert, so wird gegenwärtig eher nach der Abgrenzung von Räumen gefragt, in denen Bevölkerungsgruppen derselben Religionszugehörigkeit oder mit ähnlichem Konsumverhalten leben, oder solchen, die ein bestimmter Wasserhaushalt oder dieselbe Bodendynamik auszeichnet.

Selbstverständlich eignen sich nicht alle denkbaren Kriterien zu einer großräumigen Gliederung der Erdoberfläche; ebenso wenig müssen sie erstmals von Geographen diesbezüglich angewandt worden sein. Das belegen zum Beispiel geologische Erdkarten und solche der wichtigsten Sprachgemeinschaften oder der Staaten.

Die in diesem Studienbuch ausgewählten Kriterien zur Ausgliederung und Kennzeichnung von Landschaftsgürteln oder geoökologischen Zonen werden in den folgenden Kapiteln vorgestellt und in ihrer ersten praktischen Anwendung am Beispiel der Tropen näher erläutert. Sie gehören zu zwei Gruppen, die jedoch – wie zu zeigen sein wird – nicht streng getrennt werden können, sondern sich gegenseitig beeinflussen und teilweise voneinander abhängen:

1. Eine Gruppe von Kriterien, die auf die „tellurischen“ Grundlagen zurückzuführen sind. Hierunter fallen z.B. die Land-Meer-Verteilung und in dreidimensionaler Sicht auch die vertikale Gliederung der Erde, wie sie im schematischen Idealtypus in der hypsometrischen Kurve ihren Ausdruck findet. Die im wesentlichen auf großtektonischen und geologischen Prozessen beruhende tellurische Gliederung der Erde besitzt keinen „zonalen“ Charakter, wie er für die geoökologischen Zonen zu fordern ist.

Dennoch liefern das Großrelief oder großräumig vorherrschende Gesteine einerseits wichtige Beiträge zur inhaltlichen Beschreibung der einzelnen Landschaftsgürtel und zu ihrer feineren Untergliederung, andererseits können nur unter Beachtung der tellurischen Verhältnisse Abweichungen von einer erwarteten strengen Zonalität verstanden werden. Diese Zonalität ist gültig für die zweite Gruppe.

2. Eine Gruppe von Kriterien, die auf die „solaren“ Grundlagen zurückzuführen sind. Die Gestalt des Planeten Erde, die Erdrotation und -revolution sowie die Schiefe der Ekliptik zum einen und die Sonneneinstrahlung zum anderen haben auf der Erdoberfläche streng mathematische Zonen unterschiedlicher Beleuchtungsver-

hältnisse im Jahresablauf zur Folge. Hierauf beruhen die Gliederung in solare oder mathematische Klimazonen wie auch die Modelle der atmosphärischen Zirkulation oder noch zu behandelnder Klimaklassifikationen. Auch alle weiteren, klimaabhängigen oder klimabeeinflußten Geofaktoren und Geofaktorenkomplexe, wie etwa die Böden oder das Pflanzenkleid, lassen in großräumiger Sicht zonale Gliederungen zu. Damit sind sie nicht nur für die inhaltliche Kennzeichnung der Landschaftsgürtel heranzuziehen, sondern auch geeignet, eine Gliederung in geoökologische Zonen zu stützen.

Es kann also kein Zweifel darüber bestehen, daß die auf die „solaren" Grundlagen zurückzuführenden klimatischen sowie vegetations- und bodenkundlichen Gliederungskriterien entscheidend sind und zunächst behandelt werden müssen.

1.3.1 Gliederungen der Erdoberfläche nach klimatischen Kriterien

Eine auf klimatischen Kriterien beruhende Gliederung wurde schon bei der Besprechung der Arbeiten von Passarge und Rougerie genannt:

1. Gliederung nach den solaren Klimaten.

Die Gestalt und die Bewegungen der Erde, ihre Lage zur Sonne und die Sonneneinstrahlung lassen eine streng breitenkreisparallele Gliederung in insgesamt fünf Zonen zu. Die Polar- und Wendekreise bilden die Grenzen. Diese Zonen unterscheiden sich voneinander durch die Beleuchtungsverhältnisse, damit durch die verschieden hohe Erwärmung, welche ihrerseits neben den Temperaturverhältnissen auch die Verdunstung und damit den Wasserhaushalt maßgeblich mitbestimmt.

Die niederen Breiten (Tropen) zeichnen sich dadurch aus, daß die Sonne im Laufe des Jahres in der Regel zweimal und an den Wendekreisen jeweils einmal im Zenit steht. In den mittleren Breiten (Subtropen, gemäßigte Zonen), die auf beiden Hemisphären zwischen den Wende- und Polarkreisen liegen, wechseln regelmäßig Tag und Nacht innerhalb einer Erdumdrehung. Die Beleuchtungsverhältnisse der höheren Breiten (subpolare und polare Zonen), jeweils polwärts der Polarkreise gelegen, sind dagegen wesentlich komplizierter (Abb. 1) und bestimmen vor allem den Wechsel von Polartag und Polarnacht.

Eine solche, in erster Linie klimagenetisch begründete Gliederung hat offensichtliche Schwächen. Die Erwärmung der Erde hängt nicht von der Strahlung allein ab, sondern von der gesamten atmosphärischen Zirkulation, die zwar von der Strahlung „in Gang gesetzt", aber durch die Land-Meer-Verteilung und die orographische Gliederung der Kontinente stark beeinflußt wird. Wolkenbildungen und Lufttrübungen werden hierdurch mitgesteuert und wirken ihrerseits auf die Einstrahlung zurück. Das verdeutlichen die beiden Karten der Energieeinnahmen der Erdoberfläche im Juni bzw. im Dezember aus Blüthgen 1964 (Abb. 2 und 3).

Modelle der atmosphärischen Zirkulation sind Grundlage weiterer Gliederungen:

2. Gliederungen nach genetischen Klimaten.

Klimagenetische Aspekte sind schon in den klassischen Windgürteln – Passate, Kalmen, Roßbreiten u. a. m. – sichtbar. Von den auf der atmosphärischen Zirkulation aufbauenden globalen Klimagliederungen wird nach dem älteren Versuch HETTNER's 1930 gegenwärtig vor allem das Modell von FLOHN 1950 diskutiert. Grundlage dieser Gliederung sind die vier Hauptwindgürtel – innertropische Westwinde, subtropische Passate, außertropische Westwinde und hochpolare Ostwinde –, denen vier Gürtel mit „homogenen Klimaten" entsprechen.

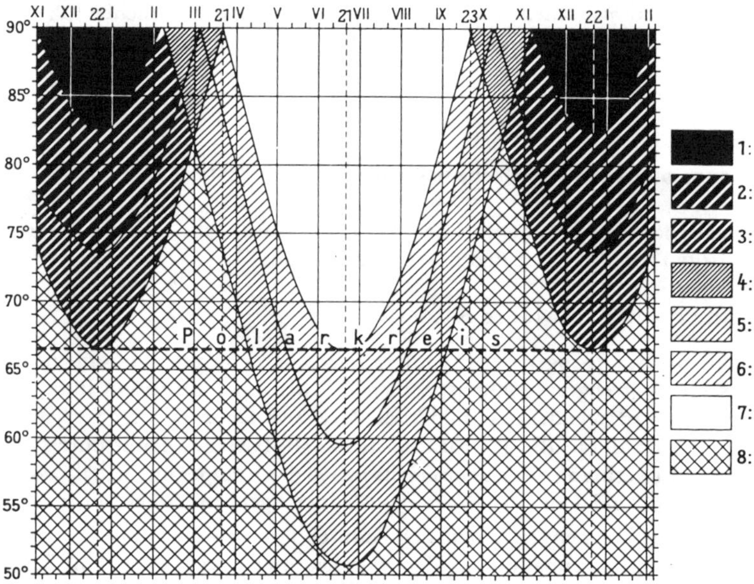

Abb. 1 Der Jahresgang der Beleuchtungsverhältnisse polwärts von 50° n. Breite (nach MEINARDUS aus BLÜTHGEN 1966)
Es bedeuten:
1: ständig Nacht
2: am Tage astronomische Dämmerung im Nordwinter
3: am Tage bürgerliche Dämmerung im Nordwinter
4: Dämmerung der Äquinoktien
5: nachts astronomische Dämmerung im Nordsommer
6: nachts bürgerliche Dämmerung im Nordsommer
7: ständig Tag
8: Wechsel von Tag und Nacht

Durch den jahreszeitlich wechselnden Sonnenstand kommt es an den Grenzen der homogenen Klimabereiche zwangsläufig zu Überschneidungen. Es entstehen Grenzsäume, die im jahreszeitlichen Wechsel einerseits im südlichen, andererseits im nördlichen anschließenden Windgürtel liegen. Diesem Wechsel trägt FLOHN mit

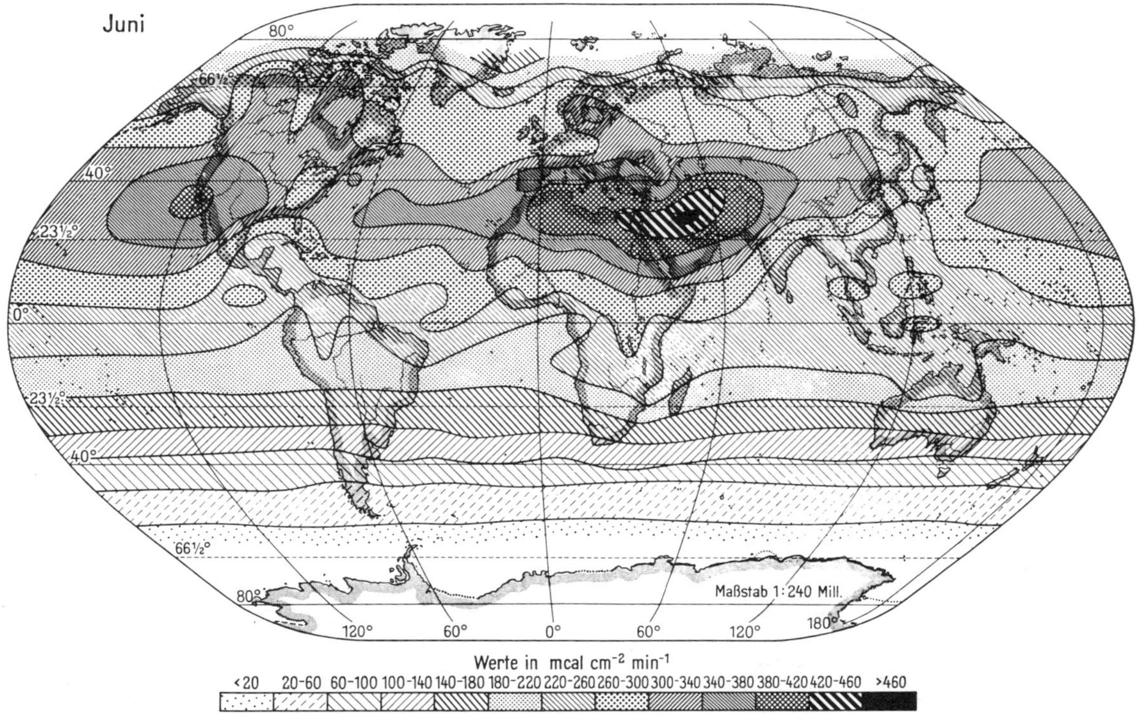

Abb. 2 Energieaufnahme der Erdoberfläche durch die Globalstrahlung unter Berücksichtigung von Trübung und Bewölkung im Juni (nach BERNHARDT und PHILIPPS aus BLÜTHGEN 1966)
Als Maximalgürtel tritt die Zone um den nördlichen Wendekreis (Zenitstand der Sonne) hervor mit durch geringe Bewölkung bzw. Trübung bedingten Höchstwerten in den nordafrikanischen Subtropen und in Niederkalifornien.

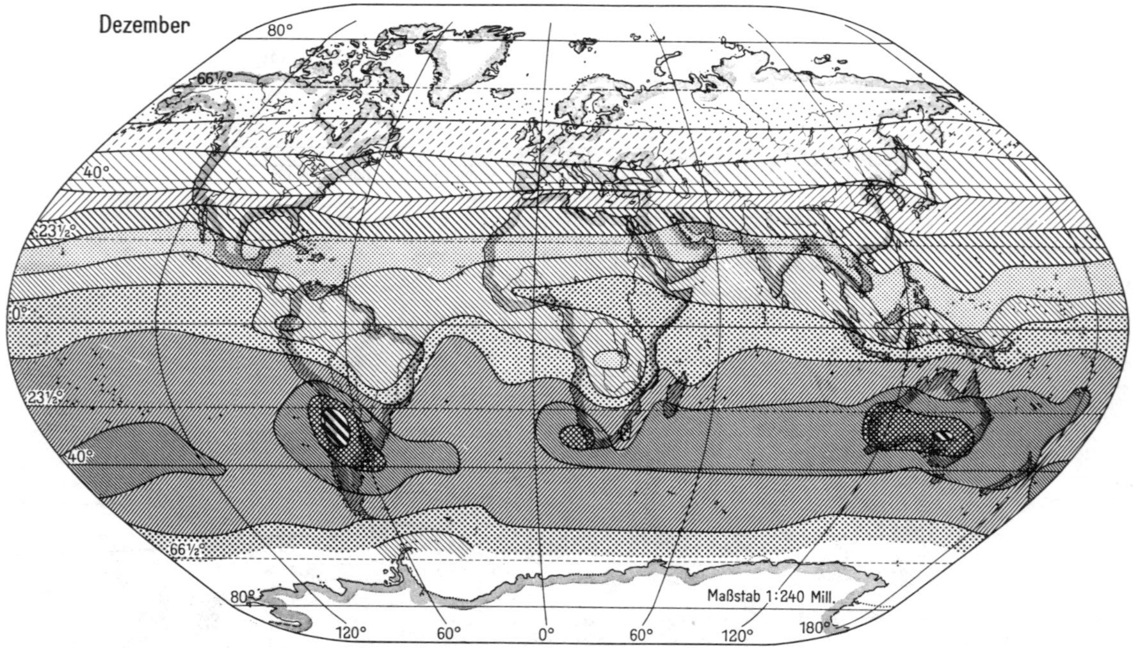

Abb. 3 Energieaufnahme der Erdoberfläche durch die Globalstrahlung unter Berücksichtigung von Trübung und Bewölkung im Dezember (nach BERNHARDT und PHILIPPS aus BLÜTHGEN 1966)
Der Maximalgürtel liegt jetzt um den südlichen Wendekreis (Zenitstand der Sonne) mit Höchstwerten in Innerаustralien, SW-Afrika und dem subtropischen Südamerika, die jedoch wegen des größeren Wolkenreichtums der vorwiegend ozeanischen Südhemisphäre unter den Maximalwerten des Nordsommers bleiben.

dem Begriff der ,,alternierenden" oder ,,heterogenen" Klimate Rechnung. Ein Schema seiner Gliederung mit ausgeprägter Gürtelstruktur ist in Abb. 4 wiedergegeben. Neben den Windgürteln und damit den Luftmassenverlagerungen, die im Hinblick auf die Niederschlagstypisierung (nach Herkunft) und ihre jahreszeitliche Verteilung von Einfluß sind, werden auch Zonen unterschiedlicher Einstrahlung ausgegliedert, die letztlich Räume unterschiedlichen Temperaturverhaltens widerspiegeln. Hier spricht FLOHN von „ombrothermischen" Zonen.

Während die Tropen nach der solaren Klimagliederung den Bereich zwischen den Wendekreisen einnahmen, so werden sie jetzt von FLOHN 1950 durch ihre Lage zwischen den randtropischen Hochdruckgürteln gekennzeichnet, als Räume ohne bedeutenderen horizontalen Luftmassenaustausch und ohne größere thermische Schwankungen. 1964 faßt FLOHN unter Betonung der Windgürtel die Tropen als den Bereich der äquatorialen Westwindzone und die Randtropen als den Bereich mit winterlichen Passateinflüssen und sommerlichen Zenitalregen zusammen.

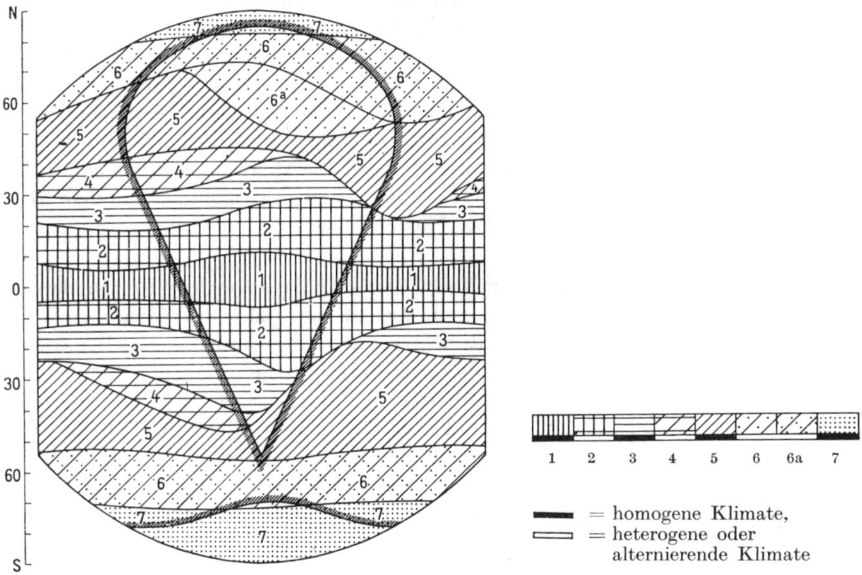

Abb. 4 Die schematische Klimagliederung auf dem Idealkontinent und den Weltmeeren (nach FLOHN aus BLÜTHGEN 1966)
1 = äquatoriale Westwindzone mit der bzw. den innertropischen Konvergenzen
2 = Randtropen mit sommerlichen Zenitalregen und winterlichem Passat
3 = subtropische Trocken- und Passatzone
4 = subtropische Winterregenzone (Mittelmeerklima)
5 = außertropische Westwindzone
6 = Subpolarzone mit sommerlichen polaren Ostwinden
6a = kontinentaler Untertyp: boreale Zone (nur auf der Nordhalbkugel)
7 = hochpolare Ostwindzone

Den bisher diskutierten Klimagliederungen kann man als weitere Möglichkeiten gegenüberstellen:

3. Gliederungen nach effektiven Klimaten.

Bei solchen Gliederungen wird nicht mehr nach der Genese bestimmter klimatischer Verhältnisse gefragt, sondern nach den tatsächlichen, in bestimmter Qualität und/oder Quantität wirksam werdenden Klimafaktoren, die aus Mittel- oder Extremwerten meteorologischer Meßdaten errechnet werden. Die hiernach ausgewiesenen Klimazonen liegen innerhalb bestimmter Schwellenwerte ausgewählter Variablen, die von einzelnen Autoren unterschiedlich festgelegt und begründet werden.

Von den zahlreichen Klimafaktoren sind fast immer sowohl thermische als auch hygrische Werte, nebeneinander oder in Indices verbunden, Grundlage der Klimagliederungen. Jahresniederschlagssummen allein können nicht sinnvoll zur Ausgliederung von Klimazonen herangezogen werden; trennen doch z.B. die Trockengebiete Räume, in denen gleich hohe Niederschlagswerte gemessen werden. Eine Berücksichtigung der Niederschläge wird erst möglich, wenn neben der absoluten Menge die typische Verteilung im Jahresablauf Berücksichtigung findet. Hierauf beruhen die klassischen Untergliederungen der Tropen in die immerfeuchten und die wechselfeuchten Tropen bzw. der Subtropen in die subtropischen Sommer- oder Winterregengebiete. Heute wird, insbesondere bei der Abgrenzung und Kennzeichnung der Trockengebiete, dem Aspekt der Niederschlagsvariabilität, d.h. dem Maß an Zuverlässigkeit, mit dem bestimmte Niederschlagswerte zu erwarten sind, Aufmerksamkeit geschenkt.

Häufiger sind die thermischen Verhältnisse als Grundlage zonaler Klimagliederungen herangezogen worden, wobei sowohl ausgewählte Jahresisothermen als auch die Isothermen bestimmter Monate als Schwellenwerte genannt werden. Bei SUPAN 1916 reichen die „Warmen Zonen" bis zur 20°C-Jahresisotherme, die anschließenden gemäßigten bis zur 0°C-Jahresisotherme. Während der letztgenannte Wert zur Abgrenzung der gemäßigten gegen die kalten Zonen als willkürlich erscheint, darf die Abgrenzung der „Warmen Zonen" als sinnvoll angesehen werden. Der Verlauf der 20°C-Jahresisotherme fällt recht genau mit der nördlichen bzw. südlichen Verbreitungsgrenze der Kokospalme zusammen. Hier zeigt sich ein wichtiger Bezug zu potentiellen Landnutzungsmöglichkeiten. Vor allem aber wird an diesem Beispiel sichtbar, nach welchen Kriterien Schwellenwerte ausgewählt und weshalb sie – was viele Autoren betonen – als empirisch gesicherte Werte angesehen werden. Allerdings darf wohl nur selten davon ausgegangen werden, daß die Verbreitungsgrenze einer Pflanze, besonders einer anthropogen geförderten Kulturpflanze, mit einem einzigen Temperaturdatum zu beschreiben ist.

So wird auch nach von WISSMANN die Polargrenze des Kaffeeanbaus – und das ist gleichzeitig seine Tropengrenze – bestimmt durch a) die absolute Frostgrenze, b) das 18°C-Jahresmittel und c) mindestens 11°C-Mittel des kältesten Monats. Abgesehen wird von den Niederschlagsverhältnissen. Sie sind zwischen 1000 und 1500 mm als optimal anzusehen und sollten während der Blüte- und Erntezeit nicht zu reichlich fallen, weshalb die Hauptkaffeeanbaugebiete auch nicht in den innersten Tropen liegen. Rein thermisch ist die Verbreitungsgrenze des Kaffees sowohl eine Frost- als auch eine Wärmemangelgrenze.

Hier ist gleich zu ergänzen, daß die klimatischen Verbreitungsgrenzen wichtiger Kulturpflanzen in ihrer ganzen Komplexität gegenwärtig noch lange nicht bekannt sind. Oft muß man sich mit einem Näherungsdatum begnügen. Feststehen z. B. die klimatischen Grenzwerte für den Ölbaum, mit deren Hilfe der Mittelmeerraum, die sommertrockenen Subtropen, am besten abgegrenzt werden kann (Abb. 5). Für diese Kulturpflanze sollten die Niederschläge 300 mm nicht unter- und 1000 mm nicht überschreiten, die Luftfeuchte sollte selten über 60% liegen. Die Temperaturen dürfen maximal 40° C kaum überschreiten, −7° C nicht langfristig unterschreiten und −17° C nicht erreichen.

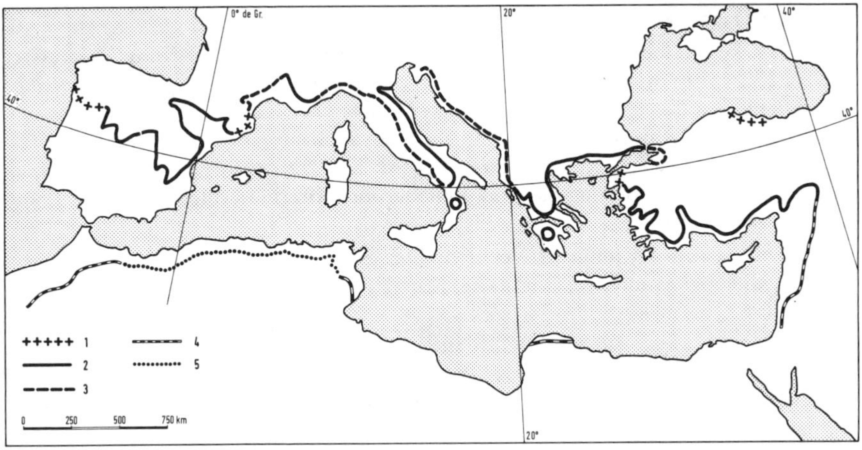

Abb. 5 Die natürliche Verbreitungsgrenze des Ölbaums im europäischen Mittelmeerraum (nach Birot 1964)
1 = zu sommerfeucht
2 = zu winterkalt
3 = zu sommerfeucht und winterkalt
4 = zu trocken
5 = zu trocken und zu kalt

Dieser Exkurs sollte nur darauf hinweisen, wie komplex die Zusammenhänge zwischen einzelnen Geofaktoren oder Variablen sein können und von wie vielen Faktoren die Verbreitungsgrenze einer Pflanze bestimmt wird.

Auf zwei effektive Klimaklassifikationen muß etwas näher eingegangen werden, da sie ganz wesentlich die hier vertretene Konzeption und Gliederung der Landschaftsgürtel stützen.

Die wohl am weitesten, auch im internationalen Schrifttum verbreitete und noch heute aktuelle Klimaklassifikation wurde erstmals 1884 aufgestellt und in den folgenden Jahrzehnten mehrfach verbessert, schließlich in einer letzten Fassung 1931 von W. KÖPPEN erarbeitet. Die Grenzen seiner fünf Hauptklimazonen – bezeichnet mit den Buchstaben A bis E – sind vor allem durch Isothermen bestimmt, Mittelwerte bestimmter Monate, die klare Bezüge zu Verbreitungsgrenzen verschiedener Biota erkennen lassen.

So liegt die Grenze der A-Klimate oder der tropischen Klimate dort, wo der kälteste Monat im Mittelwert 18°C erreicht. Das entspricht wiederum in etwa der Kokospalmengrenze. Die C-Klimate (gemäßigte Klimate) und die D-Klimate (Schneeklimate) werden durch die −3°C-Isotherme des kältesten Monats begrenzt. Der wärmste Monat im Bereich der D-Klimate muß im Mittel über 10°C erreichen. Hier ist nach thermischen Kriterien noch Baumwuchs möglich, nicht aber in den E-Klimaten (Eisklimate), in denen Monatsmittel von 10°C nicht mehr erreicht werden. Die Grenze der D- und E-Klimate nach KÖPPEN fällt somit mit der Grenze zwischen Taiga und Tundra zusammen.

KÖPPEN erkennt aber auch, daß die Trockenklimate, seine B-Klimate, in erster Linie nicht thermisch, sondern hygrisch zu kennzeichnen sind. Bei ihrer Abgrenzung gegen die A-, C- und D-Klimate bedient er sich eines Verhältniswerts von Temperatur und Jahresniederschlag, in welchem auch der jahreszeitlichen Periodizität der Niederschläge Rechnung getragen wird. KÖPPEN wechselt also auf der obersten Stufe seiner Gliederung das Hauptgliederungskriterium, durchaus sinnvoll und der Realität angepaßt.

Abschließend soll ein jüngerer Versuch einer globalen Klimagliederung betrachtet werden, die sogenannten „Jahreszeitenklimate der Erde“ von TROLL und PAFFEN 1963.

Grundgedanke dieser Gliederung ist nicht so sehr der thermische, der hygrische oder auch der in irgendeiner Kombination gesuchte und auf Messungen beruhende Mittelwert, der als Schwellenwert zur Grenzziehung herangezogen wird. Es werden vielmehr Räume gegeneinander abgegrenzt, die sich durch den jahreszeitlichen Ablauf des Klimas, durch den unterschiedlichen Witterungsrhythmus voneinander unterscheiden. Bei dieser stärker dynamischen Sicht wird von den Beleuchtungsjahreszeiten ausgegangen und sodann der jahreszeitliche Gang von Temperaturen und Niederschlägen betont.

Waren nach KÖPPEN die Tropen durch einen Temperaturmittelwert abzugrenzen (18 Grad C – Isotherme des kältesten Monats), so sind es nun nach TROLL und PAFFEN die Räume, die ein Tageszeitenklima besitzen, in denen die Temperaturen während eines Tages eine größere Amplitude erreichen als die Mittel der einzelnen Monate über das ganze Jahr verteilt.

Zur weiteren Untergliederung der Tropen ziehen TROLL und PAFFEN hygro-thermische Indices heran, die gemäßigten Breiten werden dagegen nur rein thermisch weiter differenziert. Alle anderen Räume werden nach Kombinationen des Temperatur- und Niederschlagsjahresgangs unterteilt.

Die Gliederungskriterien können im einzelnen der Legende zu Karte 1 (nach S. 64) entnommen werden, in welcher die „Jahreszeitenklimate der Erde“ etwas generalisiert wiedergegeben sind.

Bei der Behandlung der einzelnen Landschaftsgürtel wird wiederholt auf die Konzeption von TROLL und PAFFEN zurückzukommen sein, da diese klimatische Gliederung – nicht zuletzt auch wegen ihrer besonders guten Übereinstimmung mit Vegetationsgliederungen der Erde – als wichtigste Grundlage einer physisch-geographischen, zonalen Gliederung der Erde angesehen werden kann.

Wenn wir uns deshalb auch bei der Aus- und Untergliederung der Landschaftsgürtel in diesem Studienbuch weitgehend an TROLL und PAFFEN anlehnen, so folgen wir doch in einem Punkt der ebenfalls erläuterten Auffassung von KÖPPEN. Auch wir sehen vor allen thermischen Kriterien die Trockenheit als bestimmenden gemeinsamen Faktor der tropischen und subtropischen Trockengebiete an und fassen diese zusammen.

1.3.2 Gliederungen der Erdoberfläche nach vegetationskundlichen Kriterien

Schon bei der Besprechung der effektiven Klimagliederungen ist mehrfach auf Übereinstimmungen in der Verbreitung klimatischer Kriterien und einzelner Pflanzen oder auch von Klimazonen und Pflanzengemeinschaften hingewiesen worden. Das gilt sowohl für Pflanzengesellschaften i. e. S., für die Pflanzenassoziationen oder Phytozönosen, die jedoch nur für kleinräumige Vegetationsgliederungen herangezogen werden, als auch für Pflanzenformationen, welche Grundlagen großräumiger Gliederungen sein können.

Der Begriff der „Pflanzenformation" stammt von GRISEBACH, der bereits 1872 eine Gliederung der Erdoberfläche nach Vegetationsgürteln erarbeitete. Im Gegensatz zu Pflanzenassoziationen, die sich durch eine typische Artenkombination auszeichnen, sind Pflanzenformationen durch eine stets wiederkehrende Zusammensetzung bestimmter Wuchs- oder Lebensformen zu kennzeichnen.

RAUNKIAER hat 1905 erstmals alle Pflanzen fünf Hauptgruppen von Lebensformen zugeordnet. ELLENBERG und MUELLER-DOMBOIS haben 1967 weitergehende, im wesentlichen nach morphologischen Merkmalen erfolgende Untergliederungen der Hauptwuchsformen vorgenommen. Diese Hauptwuchsformen sind:

1. die *Phanerophyten* (Bäume, Sträucher)
2. die *Chamaephyten* (z. B. Zwergsträucher)
3. die *Hemikryptophyten* (Erdschürfepflanzen, z. B. Rosettenpflanzen)
4. die *Geo-* oder *Kryptophyten* (z. B. Zwiebel- und Knollenpflanzen)
5. die *Therophyten* (alle Annuellen)

Wichtigstes Zuordnungskriterium ist die Lage der Erneuerungsknospen der Pflanzen über dem bzw. in dem Erdboden.

Die auf den ersten Blick schwer verständlich erscheinende Klassifizierung der Wuchsformen hat zwei ganz entscheidende Vorteile für großräumige und vergleichende Betrachtungen des Pflanzenkleides. Zum einen wird die ungeheure Artenvielfalt der Pflanzen in wenigen überschaubaren Gruppen zusammengefaßt. Zum anderen besitzen die angeführten Zuordnungskriterien ökologische Bedeutung. Thermische Verhältnisse, Wasserhaushalt, Dauer der Schneedecke u. a. m. bestimmen ganz wesentlich die Zusammensetzung des Wuchsformenspektrums am Wuchsort.

Über Kontinente hinweg können so Pflanzenarten ganz unterschiedlicher systematischer Stellung bei ähnlichen ökologischen Voraussetzungen gleiche Wuchsformen ausbilden. Auf solche „konvergenten" Formen ist immer wieder hingewiesen worden, bekannte Beispiele sind die Schopfblattgewächse oder Hartpolsterpflanzen tropischer und subtropischer Hochgebirgsformationen (Troll 1960).

Die Vorteile der Kennzeichnung von Vegetationsformationen mit Hilfe ihres Wuchs- oder Lebensformenspektrums werden im Vergleich zweier tropischer Regenwaldgesellschaften aus dem Kongo-Gebiet und aus dem Bergland von Guayana deutlich (Abb. 6). Die sich auch physiognomisch kaum unterscheidenden Bestände besitzen eine sehr ähnliche Wuchsformenzusammensetzung. Detailliertere Pflanzenlisten beider Gesellschaften werden dagegen völlig verschiedene Artenkombinationen aufweisen. Im ersten Fall dominieren paläotropische Taxa, im zweiten herrschen neotropische vor.

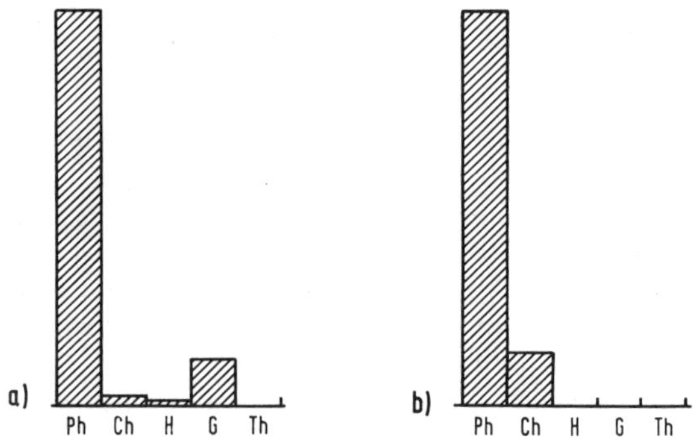

Abb. 6 Lebensformenspektren tropischer Regenwälder a) Yangambi, Belg. Kongo, b) Britisch-Guayana (nach Louis, Richards und Tüxen aus Schmithüsen 1968, verändert) (Ph = Phanerophyten, Ch = Chamaephyten, H = Hemikryptophyten, G = Geophyten, Th = Therophyten)

Mit dem tropischen Regenwald wurde schon ein konkretes Beispiel einer Vegetationsformation genannt. Auch hier haben Ellenberg und Mueller-Dombois 1967 eine systematische Ordnung der Formationen in Gruppen, Unterklassen und Klassen vorgeschlagen. Tabelle 1 gibt einen Eindruck von der hierarchischen Ordnung der Vegetationsformationen nach beiden Autoren.

Viele Erdkarten der Vegetationsverbreitung basieren auf der Formationsgliederung. Als Grundlage der Behandlung der Landschaftsgürtel in diesem Studienbuch wird die von Schmithüsen 1976 erarbeitete Karte gewählt (Karte 2, nach S. 96). Sie besitzt bei der erforderlichen maßstabsbedingten Generalisierung von allen gegenwärtig vorliegenden, vergleichbaren Erdkarten der Vegetation eine gerade unserem Anliegen der Ausgliederung und Kennzeichnung von Landschaftsgürteln und ihren Subzonen besonders dienliche Differenzierung. Es werden insgesamt 30 Formationsklassen und -unterklassen im Sinne von Ellenberg und Mueller-Dombois 1967 ausgegliedert.

Tab. 1 Systematische Ordnung der Vegetationsformationen nach ELLENBERG und MUELLER-DOMBOIS 1967 (stark gekürzt)

Formationsklasse I	dichtgeschlossene Wälder
Formationsunterklasse A	vorwiegend immergrüne Wälder
Formationsgruppe 1	Feuchttropenwälder
Formation a	Tieflands-Feuchttropenwald
Subformation (1)	laubholzreich
Formationsklasse II	offene Wälder
Formationsklasse III	Gebüsche
Formationsklasse IV	zwergstrauchreiche Formationen
Formationsklasse V	krautige Landpflanzengemeinschaften
Formationsklasse VI	zerstreuter Bewuchs wüstenähnlicher Standorte
Formationsklasse VII	Wasserpflanzenformationen

In weniger stark reliefierten Räumen, z. B. auf dem afrikanischen Kontinent, zeigt diese Karte eine klare zonale Anordnung von Vegetationsformationen. Ausgedehnte orographische Hindernisse, wie z. B. die Kordilleren in Südamerika, führen aber zu stärkeren Abweichungen von einer solchen zonalen Gliederung. An diesem einen von vielen möglichen Beispielen zeigt sich, daß auch bei großräumiger Betrachtung die Vegetationsverbreitung deutlich die Zusammenhänge zwischen den wichtigsten Standortfaktoren widerspiegelt. Deshalb ist bei der Abgrenzung und Charakterisierung von Räumen der Vegetation ein besonders hoher Stellenwert zuzumessen.

Allerdings darf man die Schwierigkeit nicht übersehen, welche sich mit dem Faktor „Mensch" einstellt. Vom Menschen unbeeinflußte Vegetationsformationen gibt es auf der Erde kaum noch. Selbst die borealen Nadelwälder Kanadas oder die immerfeuchten Regenwälder im Amazonasbecken werden nicht nur durch forstliche Maßnahmen verändert, sondern auch durch Rodung und Raubbau immer stärker dezimiert. An die Stelle der ursprünglichen, natürlichen Vegetation sind Ersatzgesellschaften getreten, die ihrerseits wiederum sehr stark nach Zweck, Dauer und Intensität der menschlichen Beeinflussung zu differenzieren sind. Teilweise wurden damit die ursprünglichen Voraussetzungen für die Vegetationsentwicklung ebenfalls verändert.

Das bedeutet, daß sich selbst für den Fall der nur theoretisch denkbaren völligen Ausschaltung anthropogener Eingriffe nicht mehr die ursprüngliche Vegetation regenerieren könnte. Da aber eine Berücksichtigung der Ersatzgesellschaften in einer weltweiten Gliederung nicht möglich ist, hilft man sich mit der sogenannten „potentiell natürlichen Vegetation". Hierunter wird das Endstadium der jeweiligen Vegetationsentwicklung unter Ausschaltung des anthropogenen Einflusses und unter sonst konstant bleibenden gegenwärtigen natürlichen Voraussetzungen verstanden. So sind auch die Karte von SCHMITHÜSEN 1976 und viele ähnliche Versuche zu interpretieren. Für die Tropen sind hiernach folgende Formationsklassen und Formationen kennzeichnend: tropische Regen- und Gebirgsregenwälder, tropische halbimmergrüne Regenwälder und regengrüne Monsunwälder, Dornbaum-Sukkulenten- und tropische Trockenwälder, Feuchtsavannen, Trocken- und Dornsavannen, Mangrove.

Es lassen sich nun aber auch vegetationskundliche Gliederungen der Erdoberfläche im weiteren Sinn vornehmen, die keine zonale, also klimaabhängige, Anordnung der ausgegliederten Bereiche erkennen lassen. Ein Beispiel hierfür ist eine nach floristischen oder arealkundlichen Grundlagen erstellte Gliederung.

Der Begriff „Flora“ umfaßt alle Pflanzenarten, die nach bestimmten, meist morphologischen Kennzeichen ihren Platz in Ordnungen, Familien usw. innerhalb der botanischen Systematik erhalten. Alle Arten haben ein artspezifisches Verbreitungsgebiet, ein Areal. Die von der Arealkunde erforschten Areale einzelner Arten lassen im Vergleich eine Zuordnung zu bestimmten Arealtypen zu, welche dann ebenfalls zu z. B. Florendistrikten, -provinzen, -regionen und schließlich den Florenreichen zusammengefaßt werden können. Eine floristische Grobgliederung der Erde, z. B. nach DIELS 1908, zeigt 6 verschiedene Florenreiche, die zwar eine gewisse Gürtelstruktur aufweisen, doch ebenso stark von einer Zellenstruktur bestimmt werden (Abb. 7). Das kann gar nicht anders sein; denn eine solche Gliederung beruht auf zwei ganz verschiedenen Ausgangsbedingungen, die das Vorhandensein oder das Fehlen einer Art an einem bestimmten Ort erlauben, abgesehen von allen menschlichen Einflüssen. Das sind einmal ökologische Bedingungen, d. h. es müssen vor allem klimatische und edaphische Voraussetzungen in einem Maß erfüllt sein, welches der Pflanzenart Wachstum und Regeneration erlaubt. Die ökologische Valenz ist aber von Art zu Art verschieden. Deshalb darf unter dem Aspekt dieser Ausgangsbedingung eine gewisse zonale räumliche Ordnung der Florenreiche wegen der Klimaabhängigkeit nicht überraschen.

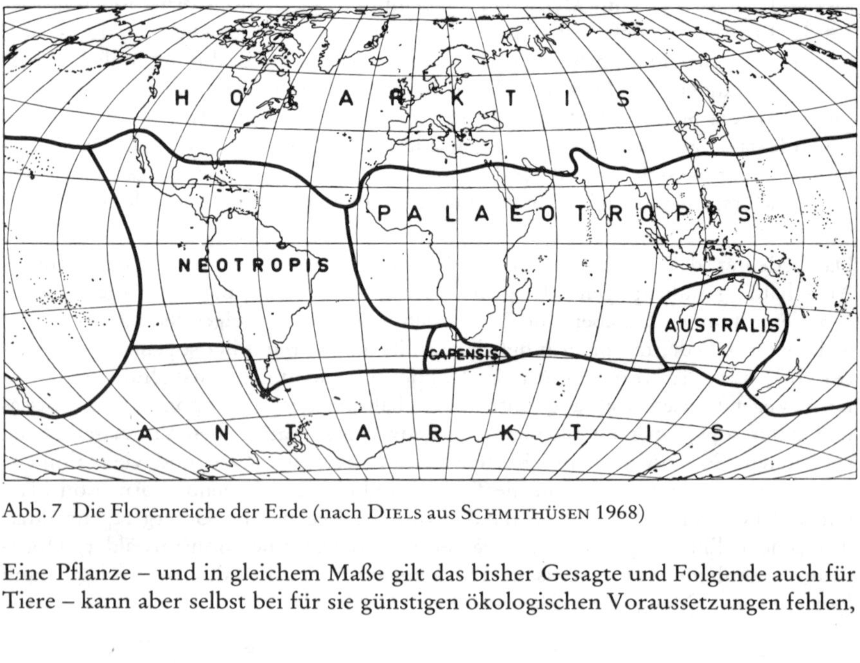

Abb. 7 Die Florenreiche der Erde (nach DIELS aus SCHMITHÜSEN 1968)

Eine Pflanze – und in gleichem Maße gilt das bisher Gesagte und Folgende auch für Tiere – kann aber selbst bei für sie günstigen ökologischen Voraussetzungen fehlen, wenn die zweite Ausgangsbedingung nicht vorliegt. Vielen Arten ist es im Laufe ihrer Phylogenese, die mit der großtektonischen Entwicklung der Erde parallel lief, gar nicht möglich gewesen, alle potentiell geeigneten Räume zu besiedeln, weil Ozeane oder Gebirgsschranken dies verhinderten. Die Land-Meer-Verteilung und die vertikale Gliederung der Erde, die unter dem tellurischen Aspekt schon als azonal erkannt wurde, bestimmen also ebenfalls die floristische Gliederung der Erde und machen ihr azonales Element aus.

Die von Zoogeographen erarbeiteten Gliederungen für die Fauna, z. B. von Rensch 1950, unterscheiden sich zwar etwas von den floristischen Gliederungen, doch bringen sie keine prinzipiell neuen Gesichtspunkte.

Ein letzter Aspekt muß zum Abschluß der vegetationskundlichen Betrachtungen erläutert werden. Hierbei wird die Pflanzendecke vom produktionsbiologischen Standpunkt aus betrachtet. Der Produktionsbiologe fragt nach der Menge der organischen Substanz pro Jahr und Flächeneinheit, die durch das pflanzliche Wachstum produziert wird. Es interessiert in diesem Rahmen also die Primärproduktion. Dabei finden im wesentlichen zwei Maßeinheiten Verwendung: eben die gesamte Menge der Primärproduktion, ausgedrückt in kg, dz oder t pro ha, oder aber auch die C-Bindung, ebenfalls in t/ha oder gr/m^2.

Produktionsbiologische Daten oder eine Karte der „jährlichen Kohlenstoffbindung auf den Landmassen der Erde“, wie sie in Anlehnung an Lieth 1964/65 in Abb. 8 wiedergegeben ist, sind im Rahmen einer Darstellung von Landschaftsgürteln in dreifacher Hinsicht wichtig:

1. Für einzelne Räume – Zonen oder Subzonen – können quantitative Angaben zur pflanzlichen Produktion entnommen werden, die in eine Bilanzierung bei der energetischen Betrachtung von Ökosystemen eingehen können. Diese Daten für den tropischen Regenwald lauten etwa 800 gr/m^2 an jährlicher C-Bindung.
2. Das Produktionspotential des ausgewählten Raumes ist im Hinblick auf eine agrarische Landnutzung von großer Bedeutung.
3. Die Karte zeigt zwar eine zonale Gliederung – ähnlich einer Niederschlagskarte –, aber keine lineare Abstufung der Produktionswerte vom Äquator zu den Polen. Die Produktionswerte der Randtropen werden z. B. auch in der gemäßigten Zone erreicht. Hitze- und Kältewüsten unterscheiden sich kaum, da es für die Produktionshöhe gleichgültig ist, ob sie thermisch oder hygrisch limitiert wird.

Eine ausschließliche Kennzeichnung eines Landschaftsgürtels durch eine gewisse Breite der Produktionsrate ist also – mit Ausnahme der inneren Tropen, die die höchsten Werte überhaupt aufweisen – nur bedingt möglich. In einem in Abb. 9 wiedergegebenen Diagramm hat Larcher 1973 versucht, die Abhängigkeit der Nettoproduktivität der Pflanzendecke in den einzelnen Landschaftsgürteln von der jeweiligen Wasserversorgung darzustellen. Diesem Diagramm kann entnommen werden, daß in höheren Breiten die pflanzliche Produktion durch Licht- und Wärmemangel und die damit zusammenhängende Verkürzung der Vegetationszeit abnimmt, in niedereren Breiten dagegen vor allem durch den Wassermangel und den möglicherweise ungünstigen Niederschlagsjahresgang.

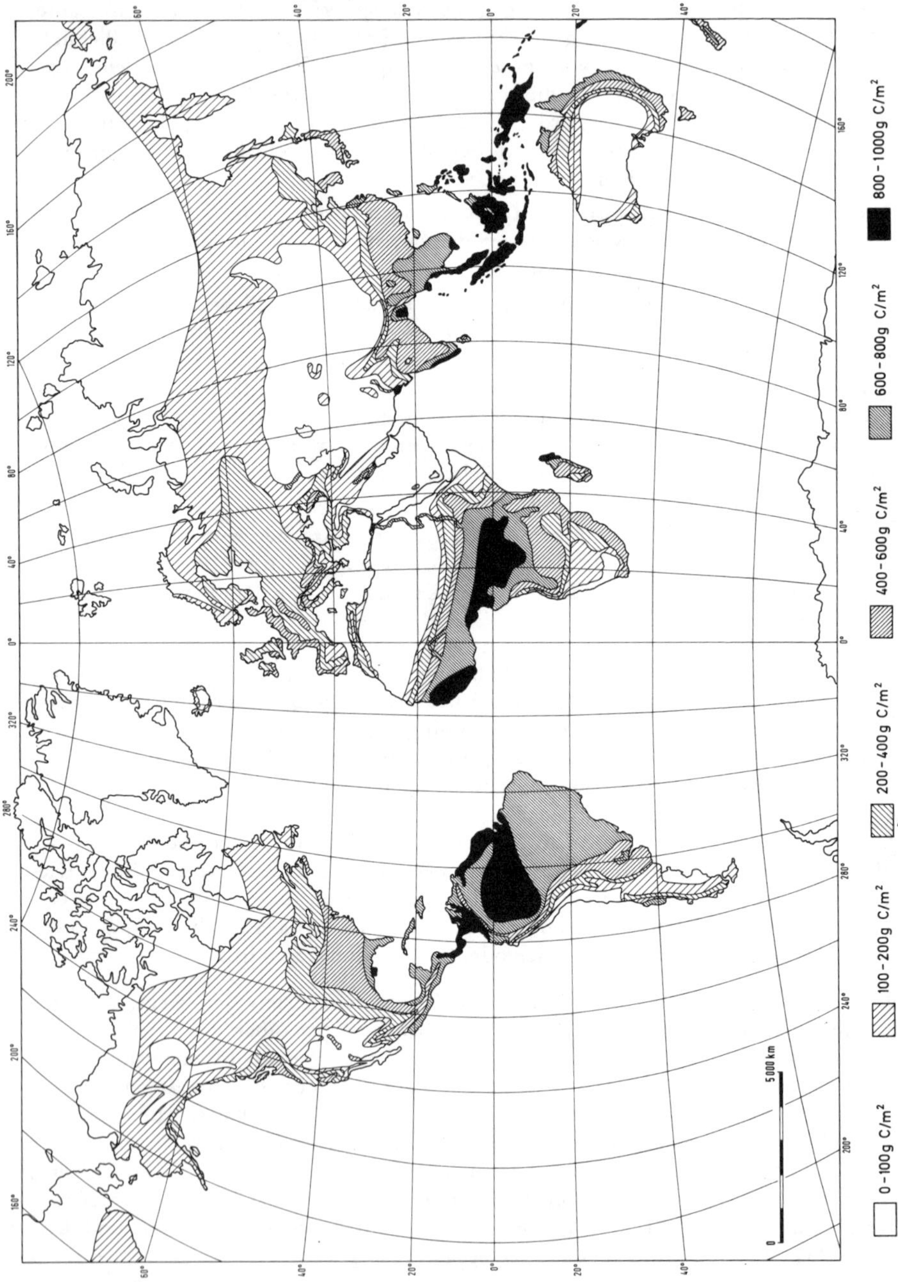
0-100g C/m²
100-200g C/m²
200-400g C/m²
400-600g C/m²
600-800g C/m²
800-1000g C/m²
5000 km
0
60°
40°
20°
0°
20°
40°
160°
200°
240°
280°
320°
0°
40°
80°
120°
160°

Während wir also für die Aus- und Untergliederung der Landschaftsgürtel im wesentlichen die Ergebnisse von SCHMITHÜSEN 1976 heranziehen (Karte 2), dienen uns die zuletzt erläuterte floristische Gliederung der Erde wie auch die produktionsbiologischen Daten zur näheren Kennzeichnung der ausgegliederten Räume.

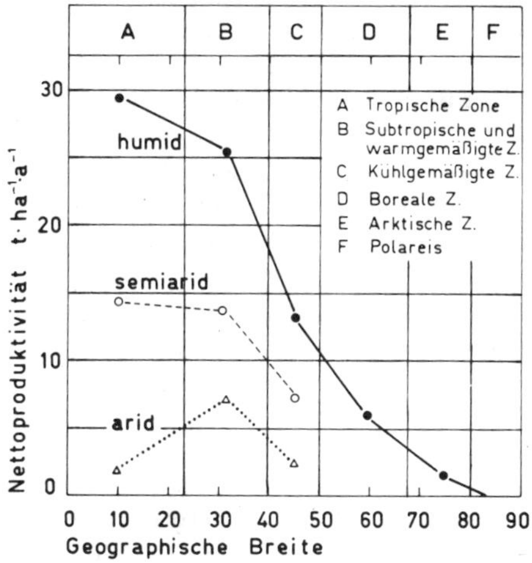

Abb. 9 Abhängigkeit der Nettoproduktivität der Pflanzendecke von der geographischen Breite und der Wasserversorgung des Gebietes (nach LARCHER 1973) (Der Ertrag der Stoffproduktion wird in hohen Breiten gemindert durch Licht- und Wärmemangel und die damit verbundene Verkürzung der Vegetationsdauer, in niederen Breiten vor allem durch Wassermangel und ungünstige Niederschlagsverteilung.)

1.3.3 Gliederungen der Erdoberfläche nach bodenkundlichen Kriterien

„Böden, die sich im gleichen oder ähnlichen Entwicklungszustand befinden, bei denen also eine bestimmte Konstellation der bodenbildenden Faktoren vorliegt und gemeinsam mit den Prozessen der Bodenentwicklung gleiche Merkmale und Horizonte hervorgerufen hat, werden zu Bodentypen zusammengefaßt.“ (SEMMEL 1977, S. 29.) Da unter den bodenbildenden Faktoren das Klima oft dominiert und den Einfluß anderer Faktoren – Relief, Gestein, Vegetation – begrenzt, kann eine Gliederung der Erdoberfläche auf der Grundlage von Bodentypen ebenfalls nur als zonal bestimmte Gliederung aufgefaßt werden. Die Abhängigkeit der Hauptgruppen der zonalen Bodentypen von den wichtigsten klimatischen Variablen wird stark generalisiert in Abb. 10 gezeigt.

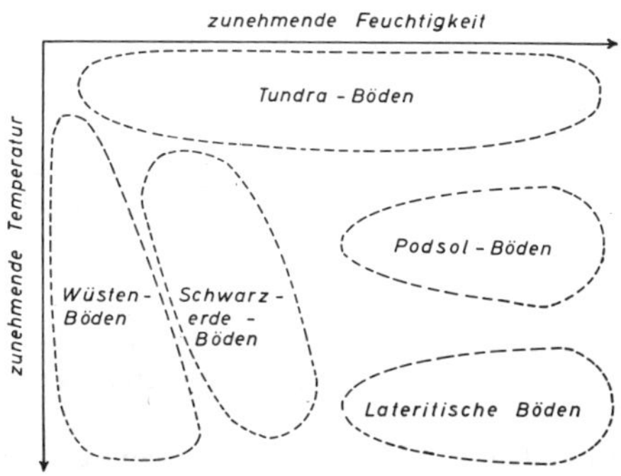

Abb. 10 Diagramm der geographischen Beziehungen zwischen den fünf Hauptgruppen der zonalen Böden (nach KELLOGG aus FINCK 1963)

Würden alle außerklimatischen, die Bodenbildung beeinflussenden Geofaktoren auf der gesamten Erdoberfläche einheitlich sein und konstant bleiben, könnte man einer Klimazonengliederung eine kongruente Gliederung der Bodenzonen gegenüberstellen.

Das ist aber nicht der Fall. Schon die auf den klimatischen Grundlagen beruhende Zonierung wurde durch Massenerhebungen erheblich differenziert. Diese Differenzierungen werden bei den Bodenbildungen noch deutlicher; denn es zeigt sich eben nicht nur der klimatische Einfluß auf die Böden, sondern auch ein erster außerklimatischer, der des Reliefs.

Reliefgesteuerte Bodentypensequenzen, die „Bodencatenen" im Sinne von Milne (1936), werden im Rahmen der Besprechung der einzelnen Landschaftsgürtel noch erläutert. Daß es dabei auch zu sehr kleinräumigen Differenzierungen kommt, sei nur am Rande erwähnt.

Mindestens ein weiterer, sich auch großräumig auswirkender Faktor des außerklimatischen Bereichs verdient starke Beachtung. Bei einer Reihe von Bodentypen spielt bei der Bodengenese und -dynamik das Ausgangs- oder Muttergestein eine die klimatischen Einflüsse überdeckende oder wenigstens stark modifizierende Rolle. Erinnert sei in diesem Zusammenhang daran, daß in den durch Braunerden zu kennzeichnenden, kühlgemäßigten Breiten auf Kalkgestein Rendzinen und diesen verwandte Bodentypen verbreitet sind. Da aber die räumliche Verbreitung der verschiedenen Gesteine nicht vom Klima abhängig ist, sondern im wesentlichen auf die erdgeschichtliche Entwicklung zurückgeht, muß hier ein ausgesprochen azonaler Aspekt berücksichtigt werden.

Diese beiden Gliederungskriterien – das zonale, klimatische und das azonale, gesteins- oder teilweise reliefbedingte – kommen auf einer Erdkarte der Hauptbodentypen von Ganssen und Hädrich 1965 gut zum Ausdruck, ersteres besonders beim afrikanischen Kontinent, letzteres wiederum bei den beiden Amerika mit den N-S-streichenden Kordillerenketten (Karte 3, nach S. 128).

Dabei zeigt sich in beiden Ausschnitten noch eine auf einer Reliefsteuerung im weitesten Sinne beruhende Azonalität bestimmter Bodenbildungen. In den Beckenlandschaften der großen tropischen Stromsysteme des Kongo und des Amazonas sind junge hydromorphe Böden verbreitet, die ihre Ausbildung den die Niederschlagsbeträge dieser Räume weit übersteigenden Mengen an Zuschußwasser verdanken, welche letztlich durch das besonders gestaltete Relief in ihre Abflußbahnen gelenkt werden.

In Abb. 11 wird eine schematische Zusammenstellung der wichtigsten zonalen und azonalen Bodentypen der geoökologischen Zonen in ihrer Abhängigkeit vom Niederschlagsregime von Ganssen 1965 wiedergegeben. Sie zeigt nochmals den Einfluß des Klimas auf die Pedogenese. Außerdem werden durch die Lage im Schema die Beziehungen der Bodentypen zueinander verdeutlicht.

Die Böden der Tropen sind hiernach durch eine sehr große Mächtigkeit der Verwitterungshorizonte gekennzeichnete, stark ausgewaschene und relativ nährstoffarme Bildungen, die in den inneren Tropen laterisierte oder auch leicht podsolierte Braunlehme sein können, in den Randtropen eher als stark rot gefärbte, erdige

Bildungen entwickelt sind. Wegen ihres hohen Gehalts an freien Eisenoxiden werden sie als ferralitische Böden oder auch als Latosole bezeichnet.

Da die zitierte und in Karte 3 wiedergegebene Gliederung der Böden der Erde nach Ganssen und Hädrich in ihrer relativ feinen Differenzierung sowohl die entscheidenden zonalen als auch die wichtigen azonalen Aspekte der Verbreitung der Böden enthält, wird sie Grundlage der Behandlung der Böden im Rahmen der einzelnen Landschaftsgürtel sein.

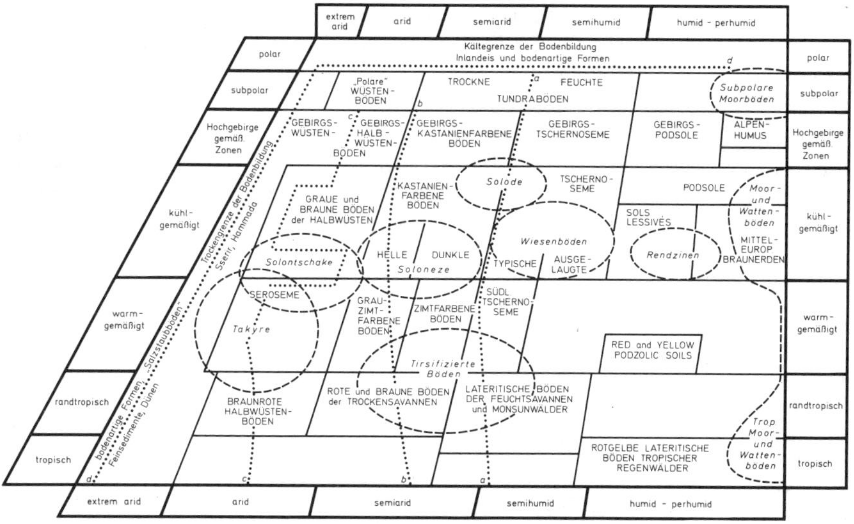

Abb. 11 Schema des Vorkommens wichtiger Böden in typischen Bildungsräumen der Erde (nach Ganssen 1968, verändert)

Zur Erläuterung: Die ungefähren Hauptverbreitungsgebiete der zonalen Böden sind gradlinig, die der azonalen und intrazonalen Böden kreisförmig oder elliptisch mit gerissener Linie angegeben.

Die punktierten Linien bedeuten:

a) klimatische Trockengrenze nach A. Penck b) Trockengrenze des Regenfeldbaus c) Trockengrenze der Viehhaltung d) Trocken- bzw. Kältegrenze der Bodenbildung

1.3.4 Die tellurische Gliederung der Erde

Die wohl älteste und nächstliegende Gliederung der Erde ist die nach der Verteilung von Land und Meer, bei der Landoberfläche sodann nach den Kontinenten. Es wurde bereits darauf hingewiesen, daß diese Gliederung einer solchen in mehr oder weniger breitenkreisparallele Zonen widerspricht und auch als „azonal" bezeichnet werden kann.

Schon bei zweidimensionaler, flächenhafter Betrachtung der tellurischen Gliederung der Erde zeigen sich aber zwei Eigenschaften, die die Anordnung und Ausdehnung der Landschaftsgürtel stark modifizieren:

1. Auf der Nordhalbkugel liegt das Verhältnis der Oberflächen von Land und Meer bei 39 zu 61, auf der Südhalbkugel dagegen nur bei 19 zu 81.

2. Die Nordhalbkugel besitzt darüberhinaus die ausgedehnteren geschlossenen Landmassen.

Beide Eigenschaften führen dazu, daß auf der Nordhalbkugel nicht nur eine größere Zahl an Subzonen innerhalb der Landschaftsgürtel ausgebildet ist, die sich aus der meernäheren bzw. -ferneren Lage erklären lassen, sondern daß der Landschaftsgürtel der kaltgemäßigten, borealen Zone der Südhalbkugel sogar fehlt.

Ein wichtiges Untergliederungskriterium der geoökologischen Zonen bietet die tellurische Gliederung der Erde bei dreidimensionaler, den vertikalen Aufbau der Erdoberfläche mit berücksichtigender Betrachtung. Hieraus ergibt sich die Differenzierung in Hoch- und Tiefländer und die Möglichkeit der Behandlung der Höhenstufen. Erst die Höhenstufen führen zusammen mit den sich horizontal erstrekkenden Zonen zu der auch für die Landschaftsgürtel unerläßlichen dreidimensionalen Betrachtung.

Entscheidend für die gegenwärtige Land-Meer-Verteilung und die ausgebildeten Hoch- oder Tiefländer bzw. das bestehende Großrelief waren und sind endogene und exogene Kräfte. Sie gestalteten im Laufe der Erdgeschichte das heutige Bild der Erdkruste. Geologische und geotektonische Grundlagen und das Großrelief selbst bieten somit Ansätze globaler Gliederungen, die die sehr grobe tellurische Gliederung verfeinern.

1.3.5 Geologische und geotektonische Grundlagen und der Reliefformenschatz als Kriterien für globale Gliederungen

Die Reliefgenese wird von mehreren Geofaktoren nachhaltig gesteuert und beeinflußt, wobei im konkreten Fall den einzelnen Faktoren unterschiedlich hohe Bedeutung zukommt. Die wichtigsten dieser Faktoren sind:

1. Der Gesteinscharakter.

Verschiedene Gesteine sind gegenüber den Kräften der Abtragung unterschiedlich resistent. Zum einen können sie eine relativ leichte Ausräumung erlauben, zum anderen stellen sie ihre möglicherweise hohe Widerstandsfähigkeit gegenüber der Verwitterung in der Ausbildung von Härtlingen unter Beweis. Das Relief kristalliner Grundgebirge sieht im allgemeinen anders aus als das der aus Sedimenten aufgebauten Deckgebirge. In jüngeren Sedimenten ist häufig ebenfalls ein anderer Formenschatz entwickelt als in älteren; Formen des quartären Vulkanismus sind ebenso charakteristisch wie entsprechende aus älterer geologischer Vergangenheit. Schließlich ist der typische Formenschatz in Kalkgebieten ebenso bekannt wie der auf jungen Alluvionen.

Wenn auch eine geologische Erdkarte (z. B. die Karte „Geologie" in der 185. Auflage des DIERCKE-Weltatlas) den vorherrschenden Gesteinscharakter nur überaus stark generalisiert wiedergeben kann, so wird doch eindeutig dokumentiert, daß die räumliche Verbreitung der einzelnen geologischen Formationen keinerlei regelhafte zonale Anordnung erkennen läßt.

Die Reliefformung wird ebenfalls wesentlich mitbestimmt durch

2. Die Krustenbewegungen.

Die Geotektonik umfaßt alle Bewegungen der Erdkruste, die in der geologischen Vergangenheit bis heute in verschiedenen Erdräumen unterschiedlich stark wirksam wurden. Die gegenwärtigen Schwächezonen der Erdkruste werden durch die tätigen Vulkane sowie die Räume hoher Erdbebenhäufigkeit gekennzeichnet. Es ist auch bekannt, daß – abgesehen von den eben genannten spektakulären tektonischen Ereignissen – sich die weniger sichtbaren Bewegungen wie langsame Hebungen, Faltungen und Absenkungen gegenwärtig auf bestimmte Erdräume konzentrieren, andere Räume dagegen relativ stabil sind.

Eine tektonische Erdkarte (z. B. die Karte „Tektonik" in der 185. Auflage des DIERCKE-Weltatlas) zeigt sowohl die gegenwärtig wie auch die in älteren Gebirgsbildungsphasen durch stärkere Krustenbewegungen betroffenen Räume, schließlich auch solche, die nach den bisherigen Erkenntnissen über alle Zeiträume hinweg relativ stabil, also tektonisch unbeeinflußt geblieben sind. Wenn die Verbreitungsgebiete junger Gebirgsbildung oft als Faltengebirgsgürtel bezeichnet werden und ebenso von Senkungs- oder Hebungszonen gesprochen wird, so stimmt dieser Gürtel- oder Zonenbegriff nicht mit dem hier verwendeten überein. Die tektonische Karte zeigt sogar eine deutlich azonale Gliederung der Erdoberfläche.

Gesteinscharakter und Krustenbewegungen erlauben also keine großräumige zonale Gliederung. Massenerhebungen, wie z. B. die im wesentlichen von Norden nach Süden streichenden Kordillerenketten beider amerikanischer Kontinente, beeinflussen und modifizieren sogar eine zonale, breitenkreisparallele Gliederung nach klimatischen oder klimaabhängigen Faktoren ganz erheblich. Nach diesen Feststellungen ist auch klar, daß eine Abgrenzung oder Kennzeichnung der Tropen nach den beiden vorgestellten Variablen nicht möglich ist.

Es ist aber noch ein weiterer Faktorenkomplex zu nennen, der die Reliefgestaltung wesentlich beeinflußt:

3. Das Klima.

Schon die Aufbereitung des Gesteins mit Hilfe der physikalischen und chemischen Verwitterung ist ohne die Mitwirkung von Atmosphärilien, insbesondere der Häufigkeit und Amplitude von Temperaturschwankungen, und des Wassers undenkbar. Das Wasser ist darüber hinaus der entscheidende Faktor für die Abtragung und Umlagerung, für den Transport allen Materials. Somit werden Temperaturen und

Niederschläge je nach Höhe bzw. Menge und jahreszeitlichem Rhythmus sowohl die Art der Aufbereitung als auch die Art und Menge des Transports von verwittertem Material maßgeblich mitbestimmen.

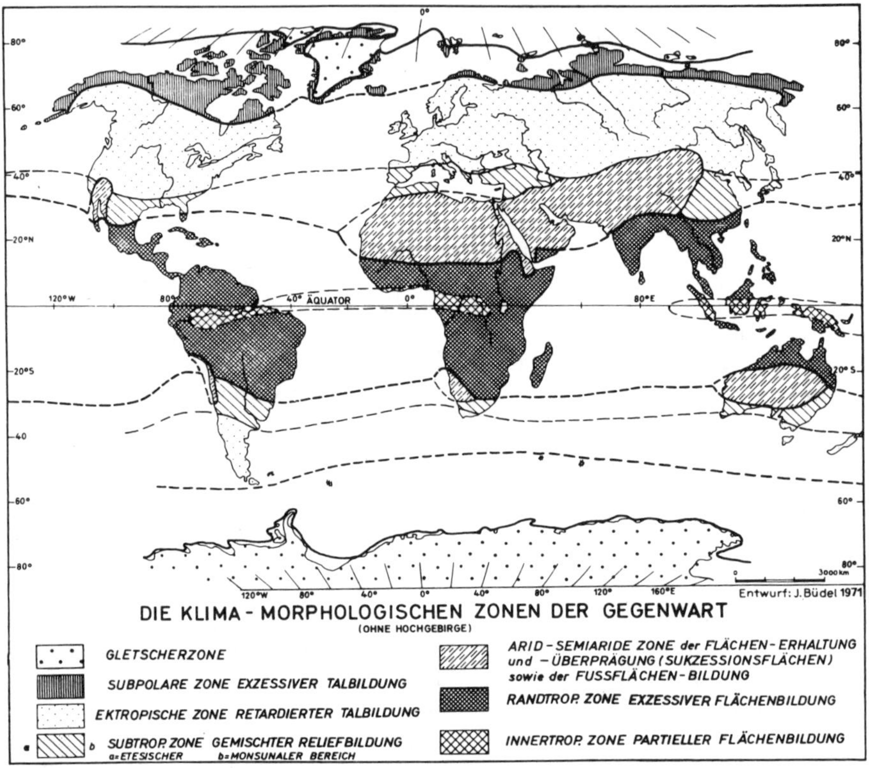

Abb. 12 Die klima-morphologischen Zonen der Gegenwart (nach Büdel 1971)

Die klare Klimaabhängigkeit dieser Prozesse läßt bei globalen Gliederungen deshalb auch ein zonales Element erwarten. Büdel betont 1971 dieses zonale Element in seinem „Aufriß des natürlichen Systems der Geomorphologie" und unterscheidet 7 klimageomorphologische Zonen, die wie folgt charakterisiert sind:

1. Die „Gletscherzone", in der das Relief ausschließlich durch die Eisarbeit gestaltet wird.
2. Die „subpolare Zone exzessiver Talbildung", in welcher bei überwiegend physikalischer Verwitterung und unter Berücksichtigung des sogenannten „Eisrindeneffekts" starke Einschneidung dominiert.
3. Die „ektropische (außertropische) Zone retardierter Talbildung", die in etwa mit der Westwindzone übereinstimmt. Hier wird das Material physikalisch und che-

misch aufbereitet, die Flüsse haben kontinuierlich ausreichende Transportkraft und genügend Erosionswaffen.

4. Die „subtropische Zone gemischter Reliefbildung", in der keine bestimmte Formungstendenz vorherrscht. Die Talbildung wird durch periodische Wasserführung ebenso eingeschränkt, wie Flächen relativ stark konserviert werden.
5. Die „arid-semiaride Zone der Flächenerhaltung und -überprägung (Sukzessionsflächen) sowie der Fußflächenbildung", in welcher Wasser Minimumfaktor für die reliefbildenden Prozesse ist. Wegen zu geringen Materialtransports bilden sich bei vorherrschend physikalischer Verwitterung Schuttschleppen und Fußflächen an den Gebirgsrändern, ältere Flächen bleiben weitgehend erhalten. Für die Abtragung und Umlagerung von Material spielt die Deflation eine größere Rolle.
6. Die „randtropische Zone exzessiver Flächenbildung", in welcher die chemische Verwitterung überwiegt und sehr feinkörniges Material flächenhaft verschwemmt wird. Das wird zu Beginn der Regenzeit durch die fehlende Vegetation erleichtert. Nach dem Modell der „doppelten Einebnungsflächen" können hierbei echte Rumpfflächen entstehen.
7. Die „innertropische Zone partieller Flächenbildung", in welcher bei ähnlicher Ausgangssituation – tiefgründige Verwitterung, feinkörniges Material, fehlende Erosionswaffen – die Flächenbildung unter immerfeuchten Bedingungen wegen der dichten Vegetationsdecke erschwert wird.

Die Konzeption von Büdel fand neben Anerkennung auch Kritik. Letztere richtete sich weniger gegen die Gesamtkonzeption, als vielmehr gegen die Auffassung einzelner morphodynamischer Prozesse oder auch nur gegen bestimmte Begriffe. In jedem Fall kommt Büdel das Verdienst zu, erstmals echte Zonen der klimagesteuerten Reliefgenese ausgegliedert zu haben (Abb. 12). Im Gegensatz zur tellurischen oder auch zur geologisch-tektonischen Gliederung kann somit unter diesem Aspekt eine Reliefgliederung durchaus eine zonale Gliederung der Erdoberfläche stützen. Sie erlaubt auch, wie die tabellarische Übersicht gezeigt hat, eine Kennzeichnung und Abgrenzung der Landschaftsgürtel, also auch der Tropen.

Eine vergleichbare Gliederung nach klimageomorphologischen Gesichtspunkten legten 1974 J. Hagedorn und Poser vor. Die Karte wird „Räumliche Ordnung der rezenten geomorphologischen Prozeßkombinationen" genannt, im Untertitel „Zonen und Regionen unterschiedlicher Prozeßkombinationen". Hierin kommt schon zum Ausdruck, daß sowohl zonale als auch regionale, also azonale Gliederungskriterien berücksichtigt werden.

J. Hagedorn und Poser stellen zunächst in einer Übersicht die denkbaren exogenen geomorphologischen Prozesse – unter bewußter Vernachlässigung der endogenen – zusammen und unterscheiden: fluviale Prozesse, Prozesse denudativer Massenbewegungen, Abspülungsprozesse, glaziäre, äolische und korrosive Prozesse. Die nun ausgegliederten Zonen (und Regionen) unterscheiden sich durch bestimmte typische Prozeßkombinationen voneinander:

Zone 1: Intensivste fluviale Prozesse und starke Massenbewegungen.
Zone 2: Fluviale Prozesse und Flächenspülung.
Zone 3: Intensivste Flächenspülung.

Zone 4: Intensivste äolische Prozesse, episodisch starke Flächenspülung, episodische fluviale Prozesse.
Zone 5: Intensive Hangspülung und periodisch starke fluviale Prozesse.
Zone 6: Mäßige fluviale Prozesse, sonstige Prozesse besonders schwach.
Zone 7: Frostdynamische Prozesse, intensive Abspülung und fluviale Prozesse einschließlich Thermoerosion.
Zone 8: Glaziäre Prozesse.

Die erheblich feinere Untergliederung nach J. HAGEDORN und POSER besitzt neben graduellen Unterschieden auch prinzipielle gegenüber der von BÜDEL. Vor allem wird Wert auf die Prozeßkombinationen gelegt, womit die tatsächlichen Verhältnisse zweifellos exakter umschrieben werden.

Zusammenfassend zeigt die Erörterung von geologischen, geotektonischen und klimageomorphologischen Gliederungen der Erde im Hinblick auf ihre Bedeutung für die geoökologischen Zonen zwei wesentliche Aspekte. Zum einen können die geologischen und geotektonischen Grundlagen allenfalls zur näheren Kennzeichnung einzelner Subzonen herangezogen werden und dabei das Verständnis für beispielsweise gesteins- oder reliefbedingte Abweichungen von der „Zonennorm" fördern. Zum anderen helfen klimageomorphologische Gliederungen nicht nur bei der Kennzeichnung ausgegliederter Räume, sondern sie können diese Ausgliederungen auch stützen.

Bei der Untergliederung der Landschaftsgürtel und bei der Kennzeichnung ihres Formenschatzes und der gegenwärtigen reliefbildenden Tendenzen werden die Ergebnisse von BÜDEL (Abb. 12), vor allem aber von J. HAGEDORN und POSER herangezogen.

1.3.6 Agrarische Landnutzung und Landschaftsgürtel

Es wäre durchaus möglich, eine Behandlung der jeweiligen Landschaftsgürtel auf eine Skizzierung der primären Ökosysteme im Sinne von MÜLLER 1977 zu beschränken. Hier liegt auch selbstverständlich der Schwerpunkt. Wir wissen aber, daß die primären Ökosysteme der Naturräume heute weitgehend durch anthropogene Einflüsse verändert, teilweise schon zerstört worden sind. Insbesondere ist hiervon das Pflanzenkleid betroffen, so daß auch wir uns bei unserem Überblick auf die potentielle natürliche Vegetation stützen müssen (vgl. Karte 2). Die Veränderungen der natürlichen Pflanzengesellschaften vollzogen sich großflächig vor allem durch die fortschreitende Landnahme und die verschiedenen Formen der Landnutzung, den Ackerbau wie auch die weide- und waldwirtschaftliche Nutzung. Die natürliche Vegetation ist also entweder durch Nutzpflanzen ersetzt oder ihr Artenbestand durch Auslese, Förderung einiger und Ausrottung anderer Arten in ihrer Zusammensetzung verändert worden.

Diese Ersatzgesellschaften, in welche wir auch reine Nutzpflanzenbestände mit einbeziehen, sind aber nicht wahllos über die Erdoberfläche verbreitet. Es zeigt sich vielmehr, daß die Kulturpflanzen ebenso wie die natürliche Vegetation in ihrer Verbreitung von klimatischen und edaphischen Faktoren mit beeinflußt werden.

Räume mit einem bestimmten ökologischen Potential bieten auch bestimmten Kulturpflanzen bessere Standortbedingungen als anderen. Zwar wird die natürliche Konkurrenz unter den einzelnen Pflanzen durch menschliche Einflußnahme weitgehend ausgeschaltet, enge standörtliche Bindungen können durch Düngung, Zucht resistenterer Sorten und kulturtechnische Maßnahmen erweitert werden, und selbstverständlich muß eine Kulturpflanze nicht tatsächlich in Räumen mit ihr zusagenden Bedingungen verbreitet sein oder sogar vorherrschen. Dennoch zeichnen aber Klima, Boden und Relief den natürlichen Rahmen von Eignungsräumen für die Landnutzung vor.

Mit den Eignungsräumen sprechen wir also einen ersten wichtigen Zusammenhang zwischen Landschaftsgürteln als Naturräumen und der Landnutzung an. Unter diesem Aspekt ist der Versuch einer „Karte der Landbauzonen" von ENGELBRECHT 1930 zu sehen (Abb. 13). Grundlage der Karte ist eine an KÖPPEN orientierte Klimakarte, wobei den einzelnen Klimaräumen die wichtigsten Nutzpflanzen zugewiesen werden.

Hierin liegt aber auch eine Schwäche dieser Karte, da die Anbaugrenzen wichtiger Arten nicht mit den klimatischen Grenzen der Großräume nach KÖPPEN zusammenfallen. Als Beispiel soll hier nur der nach ENGELBRECHT die Tropenzone kennzeichnende Reis genannt werden. Außerdem werden – wie schon der Reis zeigt – annuelle Nutzpflanzen bevorzugt. Wenn so auch die Beziehungen zwischen Landnutzung und natürlicher Vegetation und dem Eignungsraumgedanken nur sehr vage angedeutet werden, so sind doch die Karte von ENGELBRECHT und eine vergleichbare von TROLL 1925 der „Landbauzonen EUROPAS" ein – wenn auch sehr kritisch zu betrachtender – Anknüpfungspunkt zwischen Landschaftsgürteln und Landnutzung in globaler Sicht.

Kulturpflanzen können in ihrer Verbreitung darüber hinaus als wichtiges Hilfsmittel nicht nur bei der Kennzeichnung, sondern auch bei der Abgrenzung von Landschaftsgürteln oder ihrer Subzonen betrachtet werden. Dieser zweite wichtige Zusammenhang wird insbesondere dort sichtbar, wo schon seit Jahrtausenden das natürliche Pflanzenkleid durch die Landnutzung verändert wurde und nur schwer zu rekonstruieren ist und wo heute mitunter Kulturpflanzen helfen können, Abgrenzungen zu stützen. Als Beispiele mögen hierfür der Ölbaum im europäischen Mittelmeerraum dienen (vgl. Abb. 5) oder auch der Kaffeebaum, den schon VON WISSMANN 1948 wegen seiner fehlenden Winterhärte und seines relativ hohen Wärmesummenanspruchs für die Abgrenzung der Tropen zu Hilfe nahm.

Ein dritter Zusammenhang zeigt sich schließlich in den Ökosystemen, bei denen lange ungeklärt war – und zum Teil auch noch ist –, ob sie als natürlich anzusehen sind oder ob und wie sie durch extensivere Formen der Landnutzung in ihren Strukturen maßgeblich verändert wurden. Hier werden in den einschlägigen Kapiteln beispielsweise Savannentypen, die Pampa oder auch die mediterranen Macchien zu diskutieren sein. Es gibt zu diesem Aspekt, der quasi der Intensität der Beeinflussung durch die Landnutzung Rechnung trägt, noch keine weltweite Kartendarstellung. In gewissem Maße wird aber dieser Gesichtspunkt wenigstens indirekt in einer

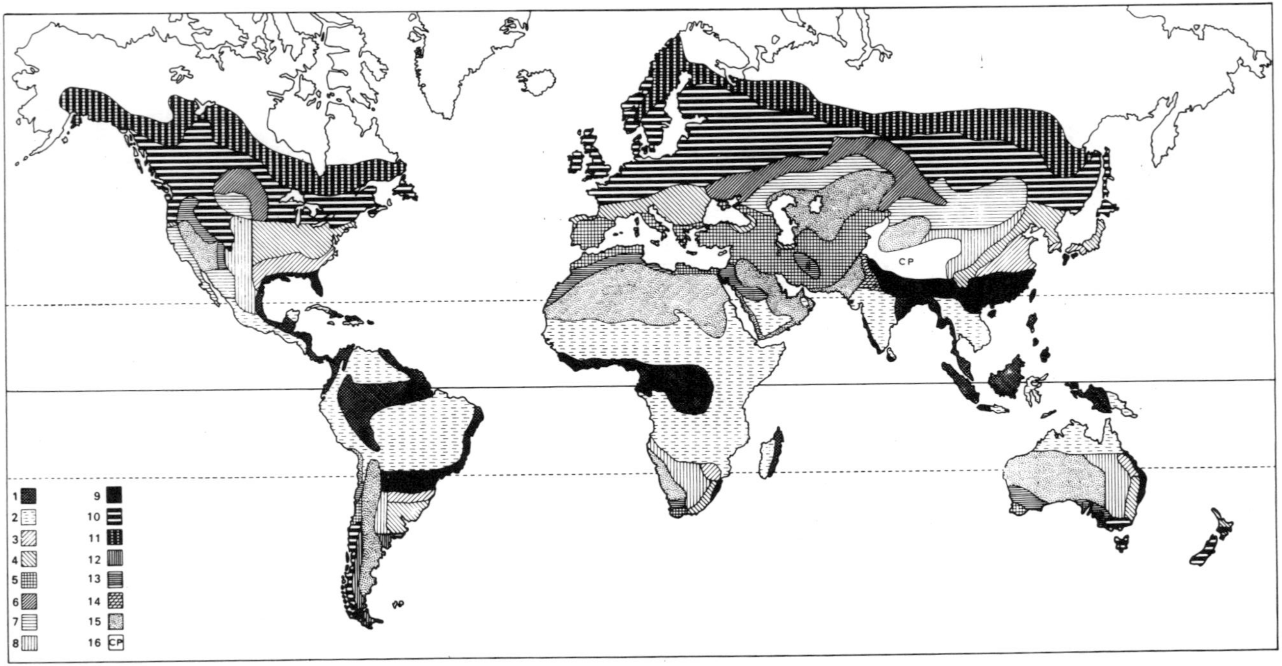

Abb. 13 Die Landbauzonen der Erde (nach ENGELBRECHT aus GRIGG 1969)
1 = Tropische Reiszone (feuchtheißes Urwaldgebiet) 2 = Andere tropische Landbauzonen 3 = Subtropische Baumwollzone 4 = Subtropische Maiszone (im trockenen Binnenlande der Mais zum Teil durch Hirsearten ersetzt). 5 = Subtropische Zone der Wintergerste 6 = Zone des Sommerweizens im winterkalten Steppengebiet 7 = Zone des Sommerweizens mit künstlicher Bewässerung 8 = Maiszone mit künstlicher Bewässerung 9 = Subtropische Zone des Zuckerrohrs 10 = Haferzone 11 = Subarktische Gerstenzone 12 = Haferzone mit künstlicher Bewässerung 13 = Gerstenzone mit Bewässerung 14 = Subtropische Zone des Zuckerrohrs mit Bewässerung 15 = Wüstengebiet (nach KÖPPEN) 16 = Kontinentales Plateauklima

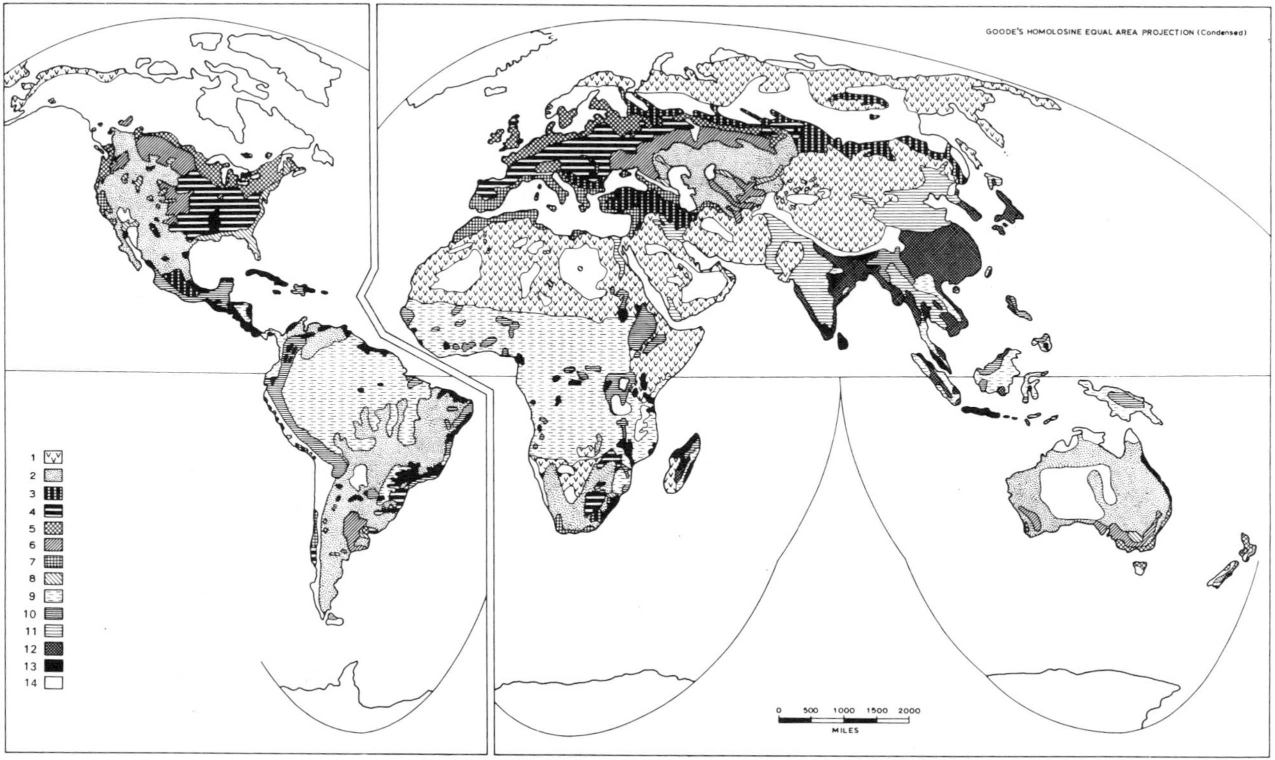

Abb. 14 Die Hauptlandwirtschaftsregionen der Erde (nach WHITTLESEY aus GRIGG 1969, verändert)
1 = nomadische Weidewirtschaft 2 = stationäre Weidewirtschaft 3 = Ackerbau und Viehzucht zur Selbstversorgung 4 = marktorientierte Viehzucht und Ackerbau 5 = Milchviehhaltung 6 = Ackerbau (Getreide oder Baumwolle vorherrschend) 7 = mediterrane Landwirtschaft 8 = Anbau von Sonderkulturen 9 = Wanderfeldbau (meist Brandrodung) 10 = nur inselhaft Landnutzung von Seßhaften 11 = intensiver Selbstversorgungsfeldbau (Reis unwichtig) 12 = intensiver Selbstversorgungsfeldbau (Reis vorherrschend) 13 = Plantagenwirtschaft 14 = ohne landwirtschaftliche Nutzung

Karte der „Landnutzungsregionen" von WHITTLESEY 1936 berücksichtigt (Abb. 14). Sie kann selbstverständlich nur grobe Anhaltspunkte bieten und darf auch nicht als stabil gelten, da sich Änderungen und Entwicklungen in der Landnutzung vollziehen, die auch in diesem Maßstab ihren Niederschlag finden.

Wir werden vor allem unter diesen drei Aspekten die Landnutzung innerhalb der Landschaftsgürtel oder ihrer Subzonen ansprechen. In den einschlägigen Kapiteln werden also nur wenige Hinweise auf Zusammenhänge zwischen den terrestrischen Ökosystemen und der Landnutzung gegeben und damit auf Fragen, die in einer regionalen Agrargeographie ausführlicher behandelt werden müssen.

1.4 Landschaftsgürtel und „Naturräumliche Gliederung"

In den vorangegangenen Kapiteln wurden Fragen der Gliederung der Erdoberfläche nach verschiedenen Kriterien diskutiert und Möglichkeiten sowohl der Aus- und Untergliederung von Landschaftsgürteln als auch ihrer inhaltlichen Kennzeichnung angedeutet. Mit diesen Kriterien haben wir vor allem die in der einleitend aufgeführten Landschaftsgürtel-Definition enthaltenen Faktorenkomplexe oder auch Ökosystemstrukturen in einem angemessenen Grad der Abstraktion kennengelernt. Der Grad der Abstraktion hängt eng zusammen mit der Größe von Landschaftsgürteln.

Wir versuchen hier also zunächst die Frage der Größenordnung von geoökologischen Zonen zu klären, bevor wir zusammenfassend unsere eigene Konzeption zur Gliederung und inhaltlichen Gestaltung der Landschaftsgürtel in diesem Studienbuch darlegen.

Vorstellungen von der Größenordnung von Landschaftsgürteln sind am leichtesten zu vermitteln, wenn sie als Glieder oder Stufen der „Naturräumlichen Gliederung" oder der „Naturräumlichen Ordnung" verstanden werden. Die Literatur zu diesen Themenkreisen wurde von KLINK 1967 und RICHTER 1967 zusammengefaßt. KLINK gibt eine Übersicht zur regionalen Systematik der naturräumlichen Gliederung, die hier zum besseren Verständnis in tabellarischer Form geringfügig ergänzt und verändert wiedergegeben und erläutert wird (Tabelle 2). Zonen und Gürtel nehmen danach die oberste Ordnungsstufe innerhalb einer naturräumlichen Gliederung ein.

Bei den stofflichen Merkmalen ist eine Tendenz zu immer stärker generalisierender Betrachtung der Geofaktoren und ihrer Zusammenhänge zu beobachten.

Entscheidend ist allerdings, daß bei der zunehmenden Generalisierung in jeder Ordnungsstufe jene Merkmalskombinationen zu erfassen sind, die die natürliche Differenzierung der Erdoberfläche in der jeweiligen Größenordnung hauptsächlich bedingen. Großklimatische Daten und die Angabe von Vegetationsformationen oder sogar nur Formationsklassen werden für Landschaftsgürtel zur Kennzeichnung heranzuziehen sein. Für die Größenordnung von Ökotopgefügen dagegen müssen diesbezüglich andere Merkmale, z. B. kleinklimatische Daten und Pflanzenassoziationen in den Vordergrund gestellt werden. Das ist auch für die konkrete Behand-

Tab. 2 Schema der regionalen Systematik in der Naturräumlichen Gliederung nach KLINK 1967 (verändert und ergänzt)

Ordnungsstufe	unterste Ordnung	6./5. Ordnung	4. Ordnung	3. Ordnung	2. Ordnung	1. Ordnung	oberste Ordnung
Arealeinheiten der großmaßstäbigen geoökol. Arbeiten (TROLL, KLINK)	Physiotop/Ökotop (Fliese)	Ökotopgefüge					
Arealeinheiten der Naturräumlichen Gliederung (SCHMITHÜSEN u. a.)	Naturräumliche Grundeinheit	Grundeinheit landeskundl. Betrachtung, kleinste Karteneinheit	Haupteinheit beschrieben Handbuch d. Naturräuml. Gliederung	Gruppe von Haupteinheiten	Region	Großregion	Zone (Gürtel)
Arealeinheiten der Naturräumlichen Ordnung (RICHTER u. a.)	Physiotop/Ökotop	Mikrochore	Mesochore	Makrochore	Megachore	Region	Zone
Stoffliche Merkmale	homogene stoffliche Systeme	heterogene stoffl. Systeme spezifisch – vielgestaltig – general.			stark general.	allgemeine Geofaktoren (Geländegestalt, Klima, Vegetation)	
Dimension	topologisch	chorologisch			regional		planetarisch
Beispiel (von einer Flußterrasse im Bayerischen Wald zur kühlgemäßigten Zone)	Rothbach-Niederterrasse	Bodenmaiser Kessel	Regensenke	Oberpfälz. und Bayerischer Wald	mitteleuropäische Mittelgebirge		kühlgemäßigte Zone

lung der Landschaftsgürtel von Bedeutung, z. B. bei der übergreifenden Kennzeichnung der gesamten geoökologischen Zonen einerseits wie auch der Besprechung der Subzonen oder charakteristischen Ökotopgefüge andererseits.

Solche charakteristischen Ökotopgefüge – etwa Talquerschnitte, Dünenfelder, Moore u. a. m. – werden auch wir innerhalb der einzelnen geoökologischen Zonen immer wieder näher besprechen.

Auch RICHTER (1965, 1967) sieht die Landschaftsgürtel als „höchste Ordnungsstufe in einem System von Naturräumen, dessen größere Einheiten jeweils als Gefüge kleinerer Naturräume aufgefaßt werden" (1965, S. 153). Inhalt und Lage werden primär durch die großen planetarischen Klimagürtel bestimmt, Land-Meer-Verteilung und Gebirgsgliederung differenzieren weiter.

Im Gegensatz zu KLINK aber und der Auffassung der Naturräumlichen Gliederung (SCHMITHÜSEN 1949f. u. a.), die als im wesentlichen deduktiv, d. h. von „oben herab" erarbeitet gelten darf, wird hier der induktive Weg, also von „unten herauf", beschritten. Es wird die Ordnung betont, weniger die Gliederung. Das aber bedeutet, daß weniger Wert auf die Abgrenzung gelegt wird – so notwendig sie auch immer ist –, sondern mehr Wert auf den Inhalt, die typischen Strukturen der Landschaftsgürtel.

Naturräumliche Gliederung oder Naturräumliche Ordnung, in beiden Fällen werden Standort und räumliche Dimension der Landschaftsgürtel klar bestimmt. Sie sind oberstes, heterogenstes Glied des Systems. Das bedeutet, daß – um eine gleichgewichtige, ausgewogene Behandlung aller Landschaftsgürtel zu gewährleisten – eine relativ grobe, übergreifende physisch-geographische Typisierung vorzunehmen und gegebenenfalls näher auf Untergliederungen einzugehen ist, die vom Maßstab her eventuell den Großregionen zuzuordnen wären.

Dabei sind die Beziehungen zwischen den Geofaktoren vereinfacht und verständlich in Modellen für die einzelnen Landschaftsgürtel darzustellen und die klimatisch oder morphotektonisch bedingten Großregionen – oft also die Zellen in unserer Gürtelstruktur – als Modellvarianten.

Die Zusammenstellung von KLINK und auch die Anschauungen RICHTERS haben allerdings gezeigt, daß die Heterogenität von Räumen umgekehrt proportional zum Maßstab wächst, die Generalisierung in der Darstellung Platz greift und wertvolle, auf kleinstem Raum erarbeitete Erkenntnisse verlorengehen. Deshalb werden – wie oben bereits angedeutet – auch einige Beispiele typischer Ökotopgefüge innerhalb der einzelnen Landschaftsgürtel in die Darstellung mit einbezogen.

1.5 Zur Auffassung und Untergliederung der Landschaftsgürtel in diesem Studienbuch

Die in diesem Studienbuch vertretene Auffassung der Landschaftsgürtel (auch Landschaftszonen oder geoökologische Zonen) basiert auf einer Landschaftsdefinition von TROLL 1950 und wird durch Überlegungen zu hierarchischen Systemen von Naturräumen gestützt, wie sie ihren Niederschlag in der „Naturräumlichen Gliederung" oder in der „Naturräumlichen Ordnung" gefunden haben (Klink 1967, Richter 1967).

Hiernach wurden schon in der Einleitung die Landschaftsgürtel definiert als *zonal angeordnete Teile der Erdoberfläche, welche durch die Zusammenhänge zwischen den Faktorenkomplexen Klima, Boden, Pflanzen- und Tierwelt charakteristische räumliche Wirkungsgefüge besitzen (primäre Ökosysteme). In einem System von Naturräumen nehmen sie die höchste Ordnungsstufe ein.*

Bei der Aus- und Untergliederung der Landschaftsgürtel fassen wir Klima-, Vegetations- und Großreliefgrenzen als Hilfslinien für Grenzsäume (im Sinn von Maull 1954) auf, die Räume mit unterschiedlichen Ökosystemen trennen. Es wird also für wichtiger erachtet, die geoökologischen Zonen inhaltlich zu kennzeichnen und zu typisieren, als nach möglichst „richtigen" Grenzkriterien zu suchen.

Dennoch muß aus praktischen Gründen auch in diesem Studienbuch eine konkrete, nachvollziehbare Gliederung zu Grunde gelegt werden. Klimatische oder klimaabhängige Variablen bieten dabei die besten Voraussetzungen als Grenzwerte, doch sind auch hierunter die Möglichkeiten der Auswahl praktisch unbegrenzt.

Es wird nicht versucht, den bestehenden und gut begründeten Klimagliederungen der Erde eine weitere hinzuzufügen. Vielmehr wird bei der zonalen Abgrenzung der Landschaftsgürtel und ihrer großregionalen Untergliederung im wesentlichen der Auffassung von Troll und Paffen 1964 gefolgt, da in dieser der jahreszeitliche Klimaablauf besonders betont wird.

Mit diesen beiden Autoren unterscheiden wir somit, den dort ausgeschiedenen 5 Hauptklimazonen entsprechende, fünf Landschaftsgürtel:

1. Die Tropen (Tropenzone)
2. Die Subtropen (warmgemäßigte Subtropenzonen)
3. Die kühlgemäßigten Zonen
4. Die kaltgemäßigte Zone
5. Polare und subpolare Zonen

In einem Fall weichen wir allerdings von dieser Gliederung ab. Zwar ist die mit der Abgrenzung der Klimagebiete verbundene Trennung der Trockengebiete in tropische und subtropische bei Troll und Paffen durchaus begründet, doch erscheinen uns hier die die Trockenräume verbindenden hygrischen Verhältnisse als stärkere Klammer. Sie werden geschlossen im Rahmen der Subtropen behandelt.

Eine weitere Untergliederung der Landschaftsgürtel oder -zonen in Subzonen – auch unter Berücksichtigung der Höhenstufung – erfolgt nach klimatischen Werten und nach den bei Schmithüsen 1976 differenzierten Vegetationsformationsklassen und Vegetationsformationen.

1.6 Die inhaltliche Behandlung der Landschaftsgürtel in diesem Studienbuch

Einleitend werden die Landschaftsgürtel jeweils übergreifend physisch-geographisch charakterisiert. Bei dieser Charakterisierung dient als ordnendes Gerüst ein einfaches Ökosystem-Strukturmodell. Besonderer Wert wird auf die Erläuterung der Zusammenhänge und Wechselwirkungen zwischen den einzelnen Strukturelementen bzw. Faktorenkomplexen des skizzierten Modells gelegt (Abb. 15).

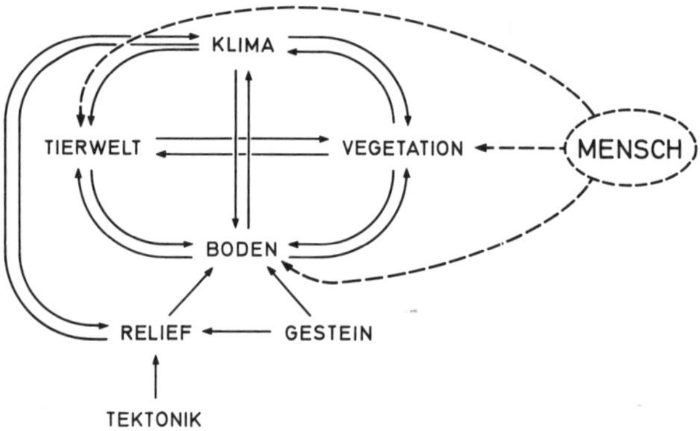

Abb. 15 Einfaches Strukturmodell eines Ökosystems

Es schließt sich sodann die Untergliederung der Landschaftsgürtel in Subzonen auf der Grundlage der zitierten Arbeiten von Troll und Paffen 1964 und Schmithüsen 1976 an. Bei der weiteren Behandlung wird kein starres Gliederungsschema verfolgt. Es ist im Rahmen dieses Buches nicht möglich, alle Subzonen oder Großregionen bzw. alle Höhenstufen der einzelnen geoökologischen Zonen darzustellen. Hier wird eine Auswahl getroffen; auch bei der inhaltlichen Behandlung sind Schwerpunkte gesetzt.

Bei der Darstellung der Subzonen wird wiederholt versucht, Verbindungen zwischen natürlichem Potential und aktueller Landnutzung herzustellen, wobei die physisch-geographischen Grundlagen als Rahmenbedingungen für die Landnutzung aufgefaßt werden.

Innerhalb der Subzonen werden schließlich auch an einigen Beispielen Räume unterer Ordnungsstufen, also etwa typische Ökotopgefüge, erörtert, z. B. die Mangrove tropischer Küsten oder die Moore der borealen Zone.

Bei den Überlegungen zur Ausgliederung und Kennzeichnung der Landschaftsgürtel und ihrer Subzonen waren das Klima bzw. ausgewählte klimatische Variablen als übergeordnete Kriterien erkannt worden. Eine umfassende und dabei vergleichbare klimatische Kennzeichnung muß deshalb auch die Beschreibung der ausgegliederten Räume einleiten. Hierzu wird auf drei verschiedene Darstellungen, die die Vergleichbarkeit gewährleisten, zurückgegriffen.

Eine erste Kennzeichnung erfolgt mit Hilfe der Gliederung von Troll und Paffen 1964, die in Karte 1 (nach S. 64) leicht verändert wiedergegeben ist. Eine zweite wird mit Klimadiagrammen nach der Methode von Walter 1955 vorgenommen. Eine Erläuterung dieser Diagramme wird z.B. bei Walter 1973, S. 29, gegeben. Für eine dritte Form der klimatischen Kennzeichnung wird die Darstellung von Thermoisoplethendiagrammen nach Troll 1943 gewählt.

Die anschließenden Beschreibungen der Vegetation und der Böden werden in den einschlägigen Kapiteln durch eine Reihe spezieller Abbildungen gestützt oder verdeutlicht. Für alle Landschaftsgürtel sei aber insbesondere auf die in enger Anlehnung an Schmithüsen 1976 bzw. Ganssen und Hädrich 1965 entworfenen Karten 2 (nach S. 96) und 3 (nach S. 128), die Karten der „Vegetation der Erde" und der „Böden der Erde", verwiesen.

Um letztlich auch eine möglichst vergleichbare qualitative und gegebenenfalls quantitative Beschreibung aller Strukturelemente zu erreichen, wurde für die Faktorenkomplexe Relief, Boden, Vegetation, Tierwelt das grundlegende Material wenigen, als wichtig erachteten Quellen entnommen. Diese nachfolgend genannten Quellen können auch als Einstieg für ein vertiefendes Studium der Landschaftsgürtel dienen und sollten bei der Lektüre des Studienbuchs greifbar sein:

1. Blüthgen, J.: Allgemeine Klimageographie. 2. verbesserte und erweiterte Auflage Berlin 1966 (Lehrbuch der Allgemeinen Geographie, hrsg. von Erich Obst, Band 2)

2. Büdel, J.: Aufriß des natürlichen Systems der Geomorphologie. Würzburg 1971 (= Würzburger Geographische Arbeiten, Sonderheft 34 a)

3. Dongus, H.: Die geomorphologischen Grundstrukturen der Erde. Stuttgart 1980 (Teubner Studienbücher der Geographie

4. Flohn, H.: Neue Anschauungen über die allgemeine Zirkulation der Atmosphäre und ihre klimatische Bedeutung. Erdkunde 4, 1950, S. 141–162

5. Ganssen, R. und F. Hädrich (Hrsg.): Atlas zur Bodenkunde. Mannheim 1965 (B. I.-Hochschulatlanten, 301 a–301 e)

6. Ganssen, R.: Bodengeographie mit besonderer Berücksichtigung der Böden Mitteleuropas. 2. Auflage Stuttgart 1972

7. Hagedorn, J. und H. Poser: Räumliche Ordnung der rezenten geomorphologischen Prozesse und Prozeßkombinationen auf der Erde. Abhandlungen der Akademie der Wissenschaften, Göttingen, III. Folge, Nr. 29, 1974, S. 426–439

8. Müller, P.: Tiergeographie. Struktur, Funktion, Geschichte und Indikatorbedeutung von Arealen. Stuttgart 1977 (Teubner Studienbücher der Geographie)

9. Schmithüsen, J.: Allgemeine Vegetationsgeographie. – 3. neubearbeitete und erweiterte Auflage Berlin 1968 (Lehrbuch der Allgemeinen Geographie, hrsg. von Erich Obst, Band 4)

10. Schmithüsen, J. (Hrsg.): Atlas zur Biogeographie. Mannheim, Wien, Zürich 1976 (B. I.-Hochschulatlanten, 303)

11. SEMMEL, A.: Grundzüge der Bodengeographie. Stuttgart 1977 (Teubner Studienbücher der Geographie)
12. TISCHLER, W.: Synökologie der Landtiere. Stuttgart 1955
13. TROLL, C. und K. PAFFEN: Karte der Jahreszeitenklimate der Erde. Erdkunde, Bd. 18, 1964, S. 5–28
14. TROLL, C.: Thermische Klimatypen der Erde. Petermanns Geographische Mitteilungen, Bd. 89, 1943, S. 61–89
15. WALTER, H. und H. LIETH: Klimadiagramm-Weltatlas. Jena 1960–1967
16. WALTER, H.: Vegetationszonen und Klima. 2. Auflage Stuttgart 1973 (Uni-Taschenbücher, 14)
17. WEISCHET, W.: Einführung in die Allgemeine Klimatologie. 2. Aufl. Stuttgart 1979 (Teubner Studienbücher der Geographie)

2 Die Tropenzone

2.1 Allgemeine, übergreifende Charakterisierung der Tropen

Die Tropen nehmen nahezu zwei Fünftel der gesamten Landoberfläche der Erde ein. Wenn sie deshalb auch vergleichsweise ausführlich behandelt werden müssen, so läßt sich ihre übergreifende Kennzeichnung doch leicht und knapp vornehmen, da schon im einleitenden Teil als Beispiel immer wieder auf die Tropen zurückgegriffen wurde.

Klimatisch sind die Tropen als der Bereich zwischen den Wendekreisen mit Tageszeitenklima zu kennzeichnen ($dT_t < dT_a$, kältester Monat im Tiefland im Mittel über 18°C). Vor allem die jahreszeitliche Verteilung der Niederschläge und die Niederschlagssummen zwingen innerhalb der Tropen zu einer weiteren Untergliederung. Ausdruck dieser klimatischen Verhältnisse, die für die Vegetationsentwicklung und die Bodengenese eine Unterbrechung durch zu niedrige Temperaturen ausschließen (abgesehen von den Hochgebirgen), jedoch eine jeweils von Äquatornähe polwärts zunehmende Anpassung an periodisch auftretende Trockenzeiten verlangen, sind Bodenbildungen und Vegetationsformationen, die in der angesprochenen Richtung regelhaften Veränderungen unterliegen. Die im allgemeinen zusammenfassend als Rotlehme bezeichneten tropischen Böden haben folgende charakteristischen Merkmale, die in ihrer Intensität in Richtung auf die Wendekreise regelhaft abnehmen: tiefgründig chemisch verwittert mit hohem Tongehalt (bis über 50%), hoher Gehalt an die Rotfärbung bedingenden Sesquioxiden (Al_2O_3, Fe_2O_3), hohe Aggregatstabilität, stark ausgewaschen und entsprechend nährstoffarm, niedriges pH und geringe Austauschkapazität (vgl. Semmel 1977, S. 92f.). Ein wichtiges Merkmal aller tropischen Böden ist die fehlende Einwirkung der Kaltzeiten, die z.B. in der kühlgemäßigten Zone für die Pedogenese von großer Bedeutung sind. Charakteristisch ist weiterhin die weitverbreitete Bodenbildung auf allochthonem Material, welches sich infolge natürlicher Abtragung, Umlagerung und Akkumulation in tiefer gelegenen Bereichen ansammelte.

Morphogenetisch ist für die Kennzeichnung der Tropen ebenfalls ein regelhafter Wandel von den inneren Tropen mit einem Überwiegen fluvialer Prozesse bis zu den Randtropen festzuhalten, woselbst die intensivsten flächenbildenden Prozesse beobachtet werden können.

Den geschilderten klimatischen und edaphischen Verhältnissen entspricht ein sehr differenziertes Vegetationskleid. Eine Abgrenzung der Tropen erwies sich deshalb nach diesem Kriterium schon als sehr schwierig. Eine Kennzeichnung führt zu einer langen Liste unterschiedlichster Vegetationsformationen, die in einer Auswahl erst bei der folgenden Untergliederung näher zu behandeln sind.

Übergreifend lassen sich aber – wie schon beim Klima, bei den Böden und beim Formenschatz – regelhafte Änderungen der Vegetation jeweils vom Äquator zu den Wendekreisen feststellen, die mit zunehmender Entfernung vom Äquator und damit einer zunehmenden Dauer der trockenen Jahreszeiten die Pflanzen zu Anpassungen an die periodische Trockenheit zwingen. Das findet seinen Ausdruck sowohl in einem Wechsel des Artenbestands als auch in einem allmählichen Lichter- und Niedrigerwerden der Baumschicht. In gleichem Sinne läßt sich eine Abnahme der pflanzlichen Primärproduktion feststellen.

Wenn auch eine Abgrenzung der Tropen mit Hilfe von Floren- oder Tierreichen nicht möglich war – erinnert sei an die Ausdehnung und räumliche Anordnung von Paläo- und Neotropis –, so lassen sich doch die gesamten Tropen durch die ausschließlich in diesem Bereich erfolgte Verbreitung verschiedener Arten und Gattungen aller Biota kennzeichnen. Pantropische Gattungen sind beispielsweise die Palmen, die *Gesneriaceae* (meist Bäume) und auch die die Mangrove bildenden Taxa. Bei den Tieren wären die *Simiae* (Affen), die *Trogoniformae* (Verkehrtfüßler, kukkucksgroße Vögel), die *Gymnophionen* (Blindwühlen) und alle korallenbildenden Organismen zu nennen, die nur in relativ gleich und hoch temperiertem Wasser wachsen können.

Für die agrargeographische Gliederung und Kennzeichnung der Tropen waren die Landbauzonen von ENGELBRECHT herangezogen worden. Sie werden durch die jeweils dominierenden Kulturpflanzen bestimmt. Die innere Tropenzone ist hiernach durch den Reisbau charakterisiert, für die „anderen tropischen Landbauzonen" werden bei ENGELBRECHT keine speziellen Pflanzen mehr genannt. Hierin zeigt sich bereits, daß wir der Gliederung von ENGELBRECHT kritisch gegenüberstehen müssen. Der Reisanbau dominiert zwar in den südostasiatischen Tropen, in den Tropen Afrikas und Südamerikas herrschen aber andere Anbaufrüchte vor. Das berücksichtigt auch OBST 1932, in dem er detaillierter den Tropenanteilen der einzelnen Kontinente bestimmte Nutzpflanzen zuweist. Das ist allein deshalb möglich, weil schon aus florengeschichtlichen Gründen nicht überall dieselben Arten zur Verfügung standen.

In Tabelle 3 sind die wichtigsten Arten der verschiedenen Räume genannt. Dabei unterscheidet OBST Pflanzen, die in erster Linie dem Eigenverbrauch der einheimischen Bevölkerung dienen, von solchen, die vorwiegend für den Weltmarkt produziert werden. Für die tropischen Weltmarktpflanzen bietet diese Zusammenstellung heute nur noch grobe Anhaltspunkte. Wirtschaftshistorische und -politische Entwicklungen haben zu einer weiteren Verbreitung der Arten innerhalb der Tropen geführt. Neue Sorten, Düngemittel und kulturtechnische Maßnahmen

Tab. 3 Tropische Kulturpflanzen für Eigenverbrauch und Weltmarkt nach OBST 1932 und MANSHARD 1968

	Eigenverbrauch	Weltmarkt
Amerika	Mais, Maniok, Batate, Yams (Sorghum)	Bananen, Kaffee, Kakao, Rohrzucker
Afrika	Sorghum, Maniok, Batate, Yams, Mais	Palmkerne, Palmöl, Kakao, Erdnüsse
Australien/ Ozeanien	Reis, Mais, Yams, Maniok, Batate, Taro	Kopra, Tee, Kautschuk, Erdnüsse, Rohrzucker

dehnten den Eignungsraum aus. Allerdings sind auch von ihrer ökologischen Valenz, vom Spielraum ihrer Lebensbedingungen her, in welchen sie gedeihen können, nicht alle der in der Tabelle genannten Arten streng auf die Tropen beschränkt, z. B. Mais, Zuckerrohr und Erdnuß. Die physisch-geographischen Grundlagen sind also nur als ein Rahmen zu verstehen, der die Möglichkeiten für den Anbau bestimmter Nutzpflanzen umreißt.

Welche Räume gehören nach den bisher genannten Kriterien in den einzelnen Erdteilen zu den Tropen?

In der Neuen Welt ist hierzu der weitaus größte Teil Südamerikas zu rechnen, etwa bis zum 25. Grad südlicher Breite, also den N Argentiniens, Paraguay und fast ganz Brasilien mit einschließend. Südamerika darf somit als der tropische Kontinent schlechthin gelten. Auch im N liegt die Grenze bei etwa 25 Grad nördlicher Breite. Die Großen und Kleinen Antillen und auch die Südspitze Floridas sowie Mexiko bis auf den nördlichen Randbereich gehören zu den Tropen.

Auf dem afrikanischen Kontinent verläuft die Nordgrenze der Tropen etwa parallel zum 20. Breitengrad, den S der arabischen Halbinsel mit einschließend, im S etwa parallel zum südlichen Wendekreis, hier Madagaskar mit umfassend. Es wurde schon darauf hingewiesen, daß wegen der großen Landmasse in Afrika die breitenkreisparallele Anordnung der Klima- und Landschaftszonen am besten zum Ausdruck kommt.

In Asien greift die Tropenzone auf Grund der monsunalen Zirkulation am weitesten nach N bis an den Südrand des Himalaya aus, umfaßt also den gesamten indischen Subkontinent, Birma, Thailand, Vietnam sowie Südchina und Taiwan.

Schließlich gehört ganz Ozeanien zu den Tropen und auch der nördliche Teil des australischen Kontinents, wiederum etwa bis zum südlichen Wendekreis.

2.2 Die klimatische und vegetationsgeographische Untergliederung der Tropen

Die auch für die Tropen sehr differenzierte Karte der Jahreszeitenklimate von Troll und Paffen 1964 sowie die Vegetationsgliederung von Schmithüsen 1976 sollen in erster Linie bei der Untergliederung der Tropen helfen.

Troll und Paffen unterscheiden insgesamt fünf tropische Klimazonen, bei Schmithüsen werden 11 Vegetationsformationsklassen für die tropischen Räume auf einer Erdkarte im Maßstab 1 : 80 000 000 ausgewiesen. Da auch von Walter 1970 und Manshard 1968 Gliederungsversuche der Tropen vorliegen – um nur zwei besonders wichtige zu nennen – und auch eine Reihe konventioneller Tropenbegriffe immer wieder Verwendung finden, soll eine anschließende tabellarische Übersicht helfen, mögliche Verwechslungen auszuschließen und Klarheit zu schaffen (Tabelle 4).

In dieser Übersicht sind bis auf eine Ausnahme (bei Walter) die Höhenstufen nicht berücksichtigt. Außerdem konnte eine typische Vegetationsformation der Tropen,

Tab. 4 Die Untergliederung der Tropen nach TROLL/PAFFEN 1964, SCHMITHÜSEN 1976, WALTER 1970 und MANSHARD 1968

	TROLL/PAFFEN	SCHMITHÜSEN	WALTER	MANSHARD	Konventionelle Bezeichnungen
V/1:	immerfeuchte Regenwald – Klimate (ohne ausgeprägte Trockenzeit)	tropische Regenwälder, tropische Gebirgsregenwälder	immergrüne Regenwälder der Niederungen und Gebirgshänge (Nebelwälder)	feuchter, immergrüner Wald (Regenwald), 10–12 humide Monate über 2000 mm Ns	immerfeuchte Tropen, innere Tropen
V/2:	Feuchtsavannen-Klimate (Trockenzeit von 2½ bis 5 Monaten, vorwiegend im Winter	tropische halbimmergrüne Regenwälder, regengrüne Monsunwälder, Feuchtsavannen	halbimmergrüne und regengrüne Wälder	teilweise laubwerfender wechselgrüner Feuchtwald (Monsunwald), 9–10 hum. Monate, über 1500 mm Ns + Feuchtsavanne (mit Galerie- und Uferwäldern), 7–9 hum. M. über 1000 mm	wechselfeuchte Tropen, äußere Tropen
V/3:	wechselfeuchte Trockensavannen – Klimate (winterliche Trockenzeit 5–7½ Monate)	Trockensavannen, tropische Trockenwälder, Campos cerrados	trockene Gehölze, natürliche Savannen, Grasland	Trockensavanne 750–1000 mm Ns 3½ bis 6 humide Monate	
V/4:	Dornsavannen – Klimate (Trockenzeit von 7½ bis 10 Monaten, vorwiegend im Winter)	Dornsavannen, Dornbaum- und Sukkulentenwälder		Dornstrauchsavanne über 400 mm Ns 2 bis 3½ humide Monate	Randtropen
V/5:	tropische Halbwüsten- und Wüstenklimate	Halbwüsten, Trockenwüsten	heiße Halbwüsten und Wüsten (auch außertropische !!)	Halbwüste und Wüste unter 400 mm Ns kein oder 1 humider Monat	

die Mangrove, nicht zugeordnet werden, da sie gewissermaßen azonal – weil an die Küsten gebunden – im gesamten tropischen Bereich verbreitet ist.

Um durch die Vielfalt der neuen Termini nicht verwirrt zu werden, wird im folgenden in Anlehnung an die Begriffe von TROLL und PAFFEN von insgesamt fünf tropischen Zonen oder besser „Subzonen" gesprochen:

1. Regenwaldzone
2. Feuchtsavannenzone
3. Trockensavannenzone
4. Dornsavannenzone
5. Tropische Wüsten- und Halbwüstenzone.

Es können nicht innerhalb aller tropischen Subzonen auch die jeweiligen Höhenstufen besprochen werden, doch wird dies für die Regenwaldzone exemplarisch durchgeführt.

Hierzu muß aber noch eine weitere Möglichkeit der inhaltlichen Bestimmung, begrifflichen Definition und Untergliederung der Tropen vorgestellt werden, die im wesentlichen dreidimensional konzipiert ist. Sie basiert auf vor allem klimaökologischen Überlegungen und ist von LAUER 1975 in einer sehr anregenden Arbeit erläutert worden. Dabei werden Gedanken TROLLS aufgenommen und konsequent und verblüffend einfach weitergeführt. LAUER erkennt in der ökologischen Vielfalt der Tropen die unterschiedlichen Verbindungen von Klima und Böden, die sich am deutlichsten im Pflanzenkleid, in der Fülle der Lebensformen und Formationen widerspiegeln. Diese Vielfalt führt er auf die Interferenz von vier klimatischen Kategorien zurück und unterscheidet sowohl die warmen und kalten als auch die feuchten und trockenen Tropen. Die Grenzwerte sollen hier nicht weiter diskutiert werden, zumal sie mit bereits genannten Schwellenwerten zusammenfallen oder kaum von ihnen abweichen. Entscheidend ist aber nun, daß sich durch die genannte Interferenz bestimmte Kombinationsmöglichkeiten ergeben (Abb. 16).

Da sind zunächst die warm-feuchten Tropen, die im wesentlichen mit dem Regenwald und den Feuchtsavannen zusammenfallen. Die warm-trockenen schließen sich in überwiegend zonaler Anordnung jeweils polwärts den warmfeuchten Tropen an, umfassen also noch die tropischen Wüsten und grenzen im allgemeinen an die Subtropen. Als kalt-feuchte und kalt-trockene Tropen werden insbesondere Hochgebirge wie die Anden (kalt-feucht) oder Hochländer wie Mexiko und Äthiopien (vorwiegend kalt-trocken) ausgewiesen.

Gemeinsames und damit übergeordnetes Kriterium aller tropischen Gebiete ist also – wie schon TROLL herausgestellt hat – die Isothermie der Jahreszeiten.

Entscheidender Aspekt und Fortschritt der Konzeption von LAUER ist aber nun, daß die als „azonal" empfundenen und die „tropische Einheit" scheinbar störenden, bei TROLL pauschal als Gebirgsklimate ausgegliederten Räume sich zwanglos und einleuchtend als echt tropische Räume auffassen lassen.

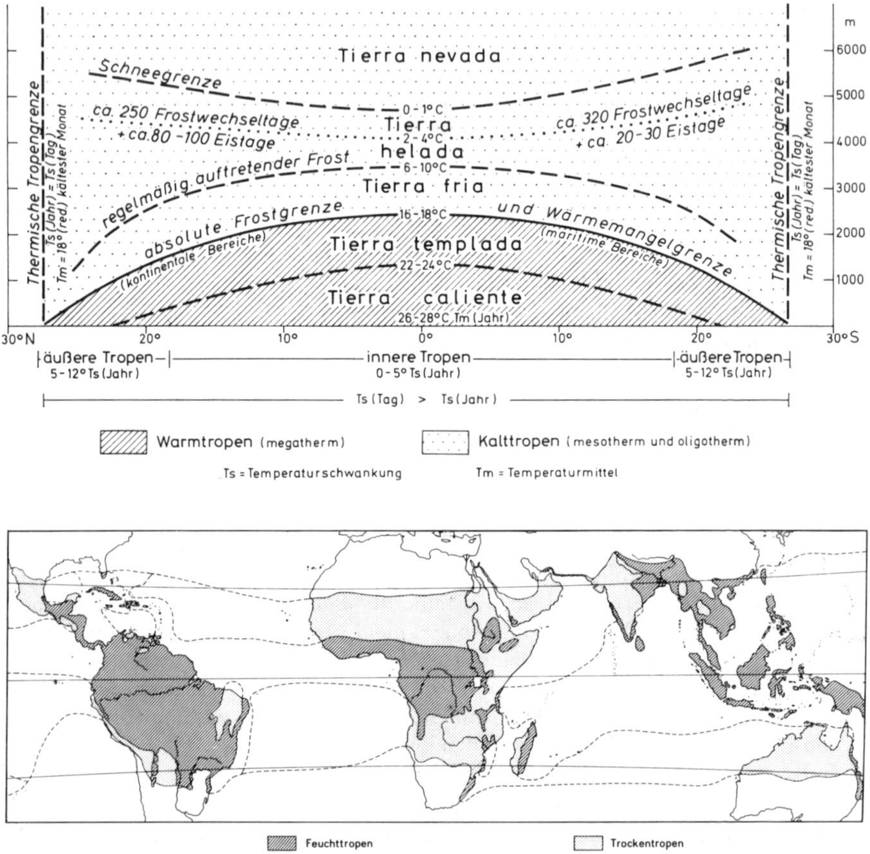

Abb. 16 Horizontale und vertikale Verteilung klimatischer Kriterien zum Inhalt und zur Abgrenzung der Tropen (schematisch) sowie die Verbreitung der Feucht- und Trockentropen (nach LAUER 1975)

2.3 Die Regenwaldzone

Einleitend darf an das Ökosystem-Strukturmodell (Abb. 15) erinnert werden, welches bei der Betrachtung der Subzonen der Landschaftsgürtel als Schema dienen soll. Gemäß seiner zentralen Stellung müssen also zunächst das Klima inhaltlich bestimmt und sodann seine Auswirkungen auf die Pedogenese geprüft werden. Als ein Ergebnis des Zusammenwirkens edaphischer und klimatischer Parameter ist schließlich die natürliche Vegetation zu kennzeichnen und zu interpretieren.

2.3.1 Das Klima der immerfeuchten tropischen Regenwaldzone

Zur näheren Kennzeichnung des immerfeuchten tropischen Klimas soll das Diagramm von Douala (Kamerun, tropisches Tiefland) herangezogen werden (Abb. 17).

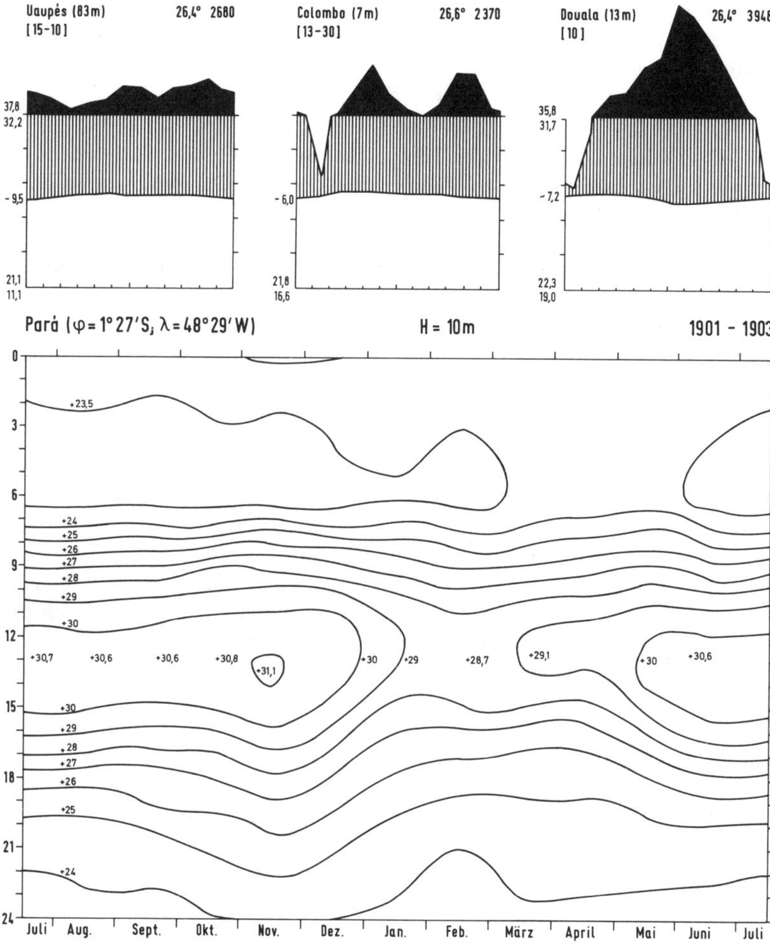

Abb. 17 Klima- und Thermoisoplethendiagramme der immerfeuchten tropischen Regenwaldsubzone (nach WALTER/LIETH und TROLL)
DOUALA (4°04′N, 9°43′E) mit immerfeucht-tropischem Tieflandklima (sommerliches Ns.-Max.) COLOMBO (6°55′N, 79°52′E) mit immerfeucht-tropischem Tieflandklima (mit 2 Ns.-Max.) UAUPES (0°07′S, 67°05′W) mit immerfeucht-tropischem Tieflandklima (ausgeglichener Niederschlagsjahresgang) PARA (1°27′S, 48°29′W) mit immerfeucht-tropischem Tieflandklima

In Douala (13 m), wo alle Tage und Nächte ± 12 h lang sind (noch an den Wendekreisen lautet das Verhältnis ca. 13½ zu 10½ h), sind dem Diagramm folgende auf 10jähriger Beobachtungszeit beruhende Werte zu entnehmen:

Mittlere Jahrestemperatur (mTJ)	26.4°C
Mittlerer Jahresniederschlag (NsJ)	3948 mm
absolutes Temperaturmaximum (amaxT)	35.8°C
mittleres Temperaturmaximum (mmaxT)	31.7°C
mittleres Temperaturminimum (mminT)	22.3°C
absolutes Temperaturminimum (aminT)	19.0°C

Im Mittel schwankt die tägliche Temperatur um 7.2°C; wie wenig sie im Jahresgang schwankt, ist in der unteren Temperaturkurve im Diagramm abzuschätzen. Ein kaum wahrnehmbares Tmin fällt mit einem NsMax zusammen. Insgesamt werden 3°C Jahresschwankung kaum erreicht. Noch eindrucksvoller ist die thermische Kennzeichnung des tropischen Klimas mit Hilfe eines Thermoisoplethendiagramms der Station Para im Amazonas-Tiefland möglich (Abb. 17). Als besonders charakteristisch für tropische Klimate ist der überwiegend waagrechte Verlauf der Thermoisoplethen anzusehen. Die täglichen, jeweils zwischen 12 und 14 Uhr liegenden Tmax schwanken im Jahresverlauf hier nur um etwa 3°C, ebenso die ausgeglichenen Nachttemperaturen etwa zwischen 8 Uhr abends und 6 Uhr morgens.

Eindrucksvoll wird später ein Vergleich dieses Diagramms mit Diagrammen tropischer Höhenstationen – die dann als wirklich tropisch im Sinne der Definition von Lauer zu erkennen sind – und außertropischer Stationen mit ganz anderen Charakteristika sein. Die relativ hohen Temperaturschwankungen innerhalb eines Tages führen zu einer starken Erwärmung der feuchtigkeitsgesättigten Luft am Vormittag. Fast täglich ist sodann in den inneren Tropen mit konvektiv bedingten, meist gewittrigen Schauern zu rechnen. Am Beispiel Doualas summieren sich die Regenspenden zu einer mittleren Jahresniederschlagsmenge von nahezu 4000 mm. Insbesondere von tropischen Küstenstationen sind sogar Jahresniederschlagswerte von über 10000 mm bekannt.

Die Niederschläge sind auch in den inneren Tropen nicht gleichmäßig über das Jahr verteilt. Die Niederschlagsmaxima sind in der Regel auf Zenitalregen zurückzuführen. Typischerweise wird deshalb dem zweimaligen Zenitstand der Sonne ein zweigipfliges, durch eine trockenere Zeit getrenntes Maximum entsprechen, wie es das Diagramm von Colombo zeigt (Abb. 17).

Wichtig ist aber vor allem, daß nach der von Walter und hier zu Grunde gelegten Definition die Trockengrenze nie erreicht wird und kein Trockenmonat zu verzeichnen ist.

2.3.2 Rezente Reliefformung, Pedogenese und Bodentypen der Regenwaldzone

Von Büdel (1971) wird die Regenwaldzone als „innertropische Zone partieller Flächenbildung" bezeichnet. Die ganzjährig geschlossene Pflanzendecke verhindert die für die noch zu behandelnden wechselfeuchten Tropen charakteristische intensive Flächenspülung. So herrscht nach Meinung vieler Autoren (Wilhelmy 1975,

J. HAGEDORN und POSER 1974) die erosive Zerschneidung und Talbildung vor. Sie wird durch die intensive chemische und tiefreichende Verwitterung erleichtert.

Letztere ist auch für die Pedogenese in der Regenwaldzone von großer Bedeutung. Ein erstes übergeordnetes Merkmal innertropischer Bodenbildungen ist ihre außerordentliche Tiefgründigkeit. Sie wird durch die gleichmäßigen und relativ hohen Temperaturen sowie die ständige Feuchte erreicht.

Der Wasserüberschuß und der ständig zum Grundwasser gerichtete Bodenwasserstrom erklären auch das zweite Hauptcharakteristikum dieser Böden, die überdurchschnittlich hohe Auswaschung aller Basen und der Kieselsäure. Hieraus resultiert eine indirekte Anreicherung von Sesquioxiden, was im weitesten Sinne als Lateritisierung bezeichnet wird. Kalk bzw. $CaCO_3$ fehlt meist völlig, Stickstoff- und Phosphorverbindungen sind nur in Spuren enthalten. Die pH-Werte liegen bei 4-5. Diese Böden werden im allgemeinen als Latosole oder Ferralite bezeichnet, als Laterite im engeren Sinn erst dann, wenn die Eisen- und Aluminiumanreicherung zu einer Verkrustung geführt hat. Detaillierte Profilbeschreibungen von Latosolen und Lateriten geben MÜCKENHAUSEN (1975) und BUNTING (1965).

Diese lateritische, zu den Latosolen und Lateriten führende Entwicklung ist nicht die einzig mögliche. Relief und Gestein wirken sich auch in der Regenwaldzone bodendifferenzierend aus. In Becken und Tiefenlinien kann es unter dem Einfluß von Stauwasser, das den schnellen Abbau von organischem Material hemmt und die Mineralisierung durch die Zufuhr junger Auesedimente verlangsamt, zu gleyartigen, auch moorigen Bildungen kommen. Auf extrem sauren Gesteinen, z.B. extrem nährstoffarmen Sandsteinen, sind Podsole vertreten. Ein besonders vielfältiges Bodenmosaik wird aus Kalkgebieten mit Kegelkarstrelief beschrieben, mit entkalkten Rotlehmen in den Senken *(cockpits)* und meist geringmächtigen, mehr oder weniger kalkreichen Bildungen über dem Anstehenden der Kegel *(mogods)*.

2.3.3 Der immerfeuchte tropische Regenwald

Es muß auf den ersten Blick als geradezu widersprüchlich erscheinen, daß sich auf so nährstoffarmen, insgesamt ungünstigen Substraten eine – wie noch zu zeigen ist – so überaus üppige Vegetation mit der höchsten Primärproduktionsrate überhaupt entwickeln kann. Die Erklärung liegt darin, daß fast der gesamte Nährstoffvorrat eines solchen Regenwaldes in der Phytomasse selbst, im lebenden und gerade abgestorbenen organischen Material liegt. Letzteres wird vor der Mineralisierung, ja vor der Humifizierung über Mykorrhiza den Saugwurzeln der lebenden Pflanzen in organischer Form wieder zugeführt. Der Kreislauf der Stoffe ist außerordentlich schnell und sehr direkt, und es deutet sich schon hier an, daß eine Störung dieses Kreislaufs katastrophale Folgen haben muß.

Dieser Stoffkreislauf erklärt aber auch eine Reihe morphologischer Eigenschaften vieler Regenwaldtaxa. Hier ist z.B. ein ausgesprochen flach streichendes Wurzelwerk zu nennen, da wegen der starken Auswaschung in größerer Tiefe keine Nährstoffe mehr erreicht werden; es sei denn, die Pflanzen bilden ein so tief reichendes Wurzelwerk aus, daß durch die mächtigen Verwitterungsdecken hindurch das angewitterte, noch Nährstoffe bereitstellende Muttergestein erreicht wird. Für viele der hochgewachsenen Phanerophyten ist so auch die Ausbildung von Brett- und Stelzwurzeln logische Folge. Über diese wohl wichtigsten Einflüsse des Bodens hinaus können weitere der Literatur entnommen werden, wobei speziell für die Tropen auf FINCK 1963 und MOHR et al. 1972 hinzuweisen ist. Wenn auch edaphische Eigenschaften die Zusammensetzung des Pflanzenkleids im tropischen Regenwald mitbestimmen, so sind doch für die typischen Strukturmerkmale in erster Linie die geschilderten klimatischen Bedingungen verantwortlich. Dies soll am Beispiel des Idealtyps des immerfeuchten tropischen Waldes gezeigt werden. Floristische Besonderheiten, etwa im Vergleich der amerikanischen, afrikanischen und ozeanischen Regenwälder, rücken in den Hintergrund. Im Vordergrund stehen ökologische Aspekte.

Im Vergleich mit den Waldformationen der gemäßigten Zone fällt äußerlich zweierlei auf: einerseits eine oft 60 bis 80 m hohe Baumschicht, die eine horizontale Gliederung (Stratifikation) in mehrere Stockwerke erkennen läßt, und andererseits eine ungewöhnliche Artenvielfalt (vgl. Abb. 18). Es wird von bis zu 100 verschiedenen Baumarten pro ha berichtet, die vielen verschiedenen Familien angehören. Hieraus resultiert nicht nur eine hohe ökologische Eigenstabilität, sondern auch eine denkbar ungünstige Eignung für eine waldwirtschaftliche Nutzung. Durch den sich hieraus ergebenden mehrfachen Kronenschluß kann der Lichteinfall auf den Erdboden so gemindert werden, daß der untere Stammraum oft frei ist, d.h. eine Krautschicht weitgehend fehlt. Dieser Stockwerkbau mit dem insgesamt überdurchschnittlichen Längenwachstum muß bei stets ausreichender Wärme und Feuchte, die optimale Wuchsbedingungen eröffnen, als Anpassung und Kampf um den verbleibenden Minimumfaktor gedeutet werden, den Faktor Licht.

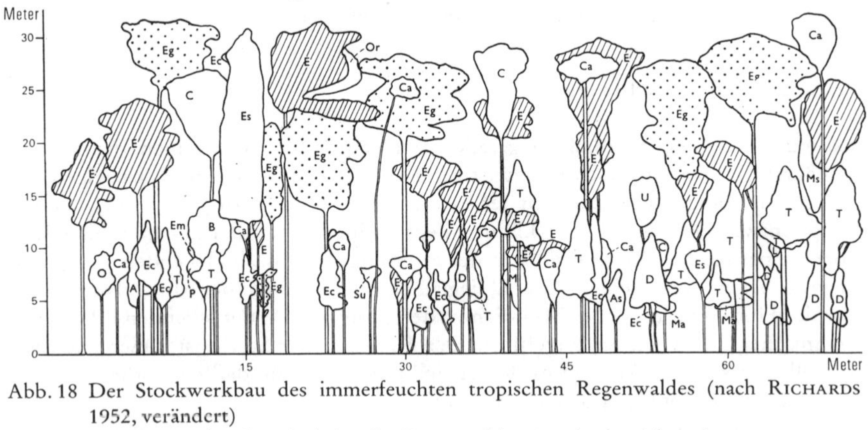

Abb. 18 Der Stockwerkbau des immerfeuchten tropischen Regenwaldes (nach RICHARDS 1952, verändert)
(Mit den Buchstaben sind einzelne Regenwaldarten gekennzeichnet.)

Äußere Merkmale der Bäume sind in der Regel hohe, dünnrindige Stämme mit einer relativ kleinen Krone nach einer erst hoch oben ansetzenden Verzweigung. Bei näherer Betrachtung der einzelnen Regenwaldtaxa fällt die häufige Ausbildung von der besseren Standhaftigkeit dienenden Wurzelformen auf, z. B. Brett- oder Stelzwurzeln. Dabei handelt es sich sowohl um statische Hilfen als auch um ökologische Anpassungen an die geschilderten Bodenverhältnisse.

Klimaökologische Anpassungen zeigen andere Organe, z. B. die Blätter. Grundsätzlich ist eine starke Heterophyllie festzustellen, die den unterschiedlichen Lichtverhältnissen Rechnung trägt. Besonders große, ganzrandige und mit einer sogenannten „Träufelspitze" versehene Blätter sind in den unteren, schattigen Bereichen typisch. Wesentlich kleiner werden dann am selben Individuum die verhältnismäßig derben, lederigen Blätter in größerer Höhe, wo sie direkt dem Licht und für einige Stunden des Tages auch relativ großer Trockenheit ausgesetzt sind. Sie besitzen also bereits xeromorphe Merkmale und können durch aktiven Spaltöffnungsverschluß die Verdunstung herabsetzen. Auf diese Weise ergeben sich Blattgrößenunterschiede an einer Pflanze in einem Verhältnis bis zu 1 : 28.

Die Lauberneuerung wie auch die Blüten- und Fruchtbildung erfolgt unregelmäßig oder in bestimmten autonomen Periodizitäten von 6, 9, 12, 32 Monaten, die keine Anpassung an Klimafaktoren erkennen lassen. Es gibt keine ausgesprochene Blütezeit. Allerdings gleicht sich diese endogene Rhythmik bei vielen Arten einer mit zunehmender Höhe oder Breitenlage auftretenden klimatischen Rhythmik an. Umgekehrt vermögen Arten, die an einen Langtag-Rhythmus angepaßt sind, im Regenwald unter Kurztagverhältnissen wohl vegetativ zu gedeihen, jedoch nicht zu blühen und zu fruchten. Bei WALTER 1973 werden hierzu Beispiele aufgezählt.

Verbreitet ist die Erscheinung des sogenannten „Schüttellaubes". Dabei bilden sich beim Laubschub aus den oft ungeschützten Knospen zunächst durch Anthozyane rot gefärbte Laubbüschel, in denen Stützgewebe und Chlorophyll erst später ausgebildet werden, so daß sie anfangs schlaff herabhängen.

Verbreitete Erscheinung bei tropischen Regenwaldbäumen ist die Kauliflorie, d. h. die Stammblütigkeit. Mit *Theobroma cacao* wurde schon ein Beispiel hierfür unter den Kulturpflanzen vorgestellt. Die Kauliflorie wird in einem biozönotischen Zusammenhang gesehen. Diese Arten werden oft von stammbewohnenden Tieren, insbesondere Fledermaus- und Flughundarten, bestäubt *(chiropterogam)* bzw. ihre nur kurzfristig keimungsfähigen Samen von solchen Tierarten verbreitet *(chiropterochor)*.

Die überwiegende Zahl aller Regenwaldarten gehört zu den Bäumen, den Phanerophyten (etwa 70%). Kraut- und Strauchschicht fehlen oft (vgl. Abb. 6). Es gibt aber noch andere Lebensformen, die ebenso erfolgreich wie die Bäume in den Kampf um das Licht eingreifen können. Das sind Lianen und Epiphyten, die in keiner anderen Vegetationsformation eine annähernd hohe Bedeutung erreichen. Lianen sind dabei vor allem auf von Natur aus lichtere Standorte konzentriert und werden durch anthropogene Eingriffe in den Regenwald – Rodung, Straßenbau u. a. m. – in ihrer Verbreitung gefördert.

Die Lianen gehören – wie auch die Epiphyten – ganz verschiedenen Pflanzenfamilien an, zeichnen sich aber durch eine gewisse Konvergenz in Bezug auf bestimmte Organe aus, die ihnen ein relativ schnelles Klettern und sicheres Festhalten an den Bäumen erlauben. Unterschieden werden ja nach Art der gebildeten Organe Spreizklimmer, z.B. die Rotanpalme, Wurzelkletterer (viele *Araceen,* auch die als Zimmerpflanzen bekannten Fensterblattpflanzen der Gattungen *Philodendron* und *Monstera* oder die Vanille liefernde Orchidee *Vanilla planifolia*), Windepflanzen (Osterluzeiarten, *Aristolochia spec.*) und Rankenpflanzen wie die Passionsblume. Besonders interessante Lebensformentypen sind die Epiphyten. Sie nutzen die günstigen Lichtverhältnisse im oberen Stamm- und Kronenraum für die Keimung auf Ästen und in Astgabeln. Da ihnen dort, jedenfalls am Anfang, eine wasserspeichernde Humuslage fehlt, ist für sie die Wasserversorgung das größte Problem, wobei ihnen die innertropische Regenhäufigkeit mehr hilft als die großen Niederschlagsmengen. Sie besitzen aber auch eigene Hilfen. Die zahlreichen Orchideen unter den Epiphyten vermögen oft Wasser in Blatt- und Sproßknollen zu speichern und nehmen es zusätzlich auch noch durch Luftwurzeln auf. Die Bromelien sammeln Wasser in Blatttrichtern und Blattschuppen. Viele Farne, die zur dritten und letzten wichtigen epiphytischen Pflanzengruppe gehören, besitzen Humussammeleinrichtungen, bilden also ihren eigenen Boden. Die staubfeinen Epiphytensamen, z.B. die der Orchideen, werden durch den Wind verbreitet, andere größere von Vögeln oder auch von Ameisen, womit sich ein weiterer biozönotischer Zusammenhang zeigt.

Neben diesen „Großepiphyten" gibt es zahlreiche „Kleinepiphyten", Moose, Flechten, Algen, die mitunter die Stämme von Bäumen ganz umkleiden. Schließlich sind auch noch Hemi-Epiphyten zu nennen, z.B. die würgenden *Ficus*-Arten, die zunächst einen Baum als Stütze benutzen, um ihn nach Ausbildung einer ausreichenden Zahl von stützenden Stelzwurzeln regelrecht zu erdrosseln. Auf diese Weise können z.B. Exemplare von *Ficus bengalensis* heranwachsen, die einen Kronenumfang von mehreren hundert Metern aufweisen. Sie gehören damit im Gegensatz zu den anderen Epiphyten zu den Parasiten.

Wird der immergrüne tropische Regenwald als Ökosystem unter energetischen Gesichtspunkten betrachtet, so muß betont werden, daß die besonders hohen Werte, die einst für die Phytomasse und die Primärproduktion angenommen wurden, überschätzt worden sind. Zwar können hier die Pflanzen ohne Kälte- und Trockenruhe das ganze Jahr über assimilieren, bei den hohen nächtlichen Temperaturen sind aber auch die Atmungsverluste sehr hoch. Es werden so etwa Holzerträge bei tropischen Plantagen genannt, die mit 13 t/ha nur etwa doppelt so hoch sind wie bei einem mitteleuropäischen Buchenwald (Walter 1973). Auch die Werte der Primärproduktion liegen nach Schulze 1967 mit 30 t/ha etwa doppelt so hoch, wie ja im übrigen auch die Vegetationsdauer pro Jahr etwa zweimal so lang ist. Die gesamte Phytomasse erreicht allerdings nach Rodin und Basilevic (1968) zwischen 500 und 1700 t/ha und damit die weitaus höchsten Werte aller Vegetationsformationen. Weitergehende Ausführungen zum tropischen Regenwald können vor allem Walter (1964) und Schnell (1971) entnommen werden. Dort werden ausführlich weitere Vegetationsformationen der tropischen Regenwaldzone behandelt, die als gesteins- bzw. bodenbedingt anzusehen sind, z.B. die Gesellschaften des tropischen Kegelkarsts oder die artenärmeren Wälder auf nährstoffarmen Podsolen. Hier werden im folgenden noch die durch besondere hydrologische Verhältnisse bedingten Mangrove- und Flußufergesellschaften der Tropen besprochen.

2.3.4 Die Mangrove und die Flußufergesellschaften der immerfeuchten Tropen

Der tropische Regenwald reicht nie unmittelbar an das Meer, sondern wird dort von Formationen abgelöst, deren Struktur und Zusammensetzung eng an die Ausbildung der Küstenformen gebunden erscheint. Felsküsten besitzen eine strauchreiche, oft xerophile Vegetation, auf Dünensanden gedeihen halophile Gesellschaften, denen sich die typische *Restinga*-Formation anschließt. Das ist eine immergrüne, überwiegend aus Sukkulenten zusammengesetzte Gesellschaft, die in ihrem xerophilen Habitus an Trockenwälder, an *Campos cerrados* erinnert. Für ihre Ausbildung sind Seewind und Sandboden die wichtigsten Standortfaktoren.

An den tropischen Flachküsten ist in der Gezeitenzone dort, wo der Wellenschlag durch vorgelagerte Inseln oder Korallenriffe gemildert wird, und in Flußmündungen die typische Formation der Mangrove ausgebildet. Diese wegen ihres besonders durch den Salzgehalt von Wasser und Boden gekennzeichneten Standorts als azonal bezeichnete Vegetationsformation muß auch in gewisser Weise als überzonal angesehen werden. Zwar erlangt sie in den inneren Tropen ihre floristisch reichste Ausprägung. Sie erreicht jedoch auf den Bermudas 32° nördlicher Breite, in Australien und Neuseeland sogar 38° südlicher Breite, damit also die Zone der warmgemäßigten Subtropen, wo in dieser allerdings noch keine Frostgefahr besteht.

Im Vergleich mit dem Regenwald ist die Mangrove artenarm, es gibt keinen Unterwuchs, kaum Lianen und Epiphyten.

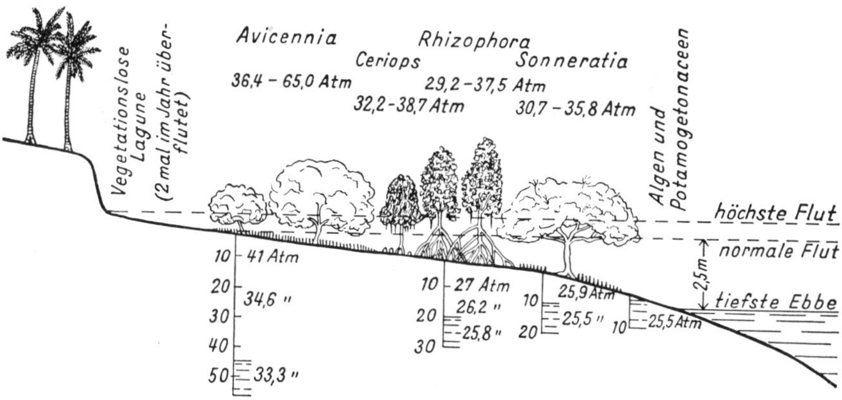

Abb. 19 Profil einer Mangroveküste mit Angabe der osmotischen Werte der Mangrovearten und der Bodenlösungen (nach WALTER 1960)
(Bei den Mangrovearten sind die jeweils höchsten und tiefsten osmotischen Werte angegeben, für die Bodenlösungen gelten die Werte für die in cm angegebenen Entnahmetiefen.)

Innerhalb der Mangroveformation läßt sich an der Küste eine deutliche Zonierung erkennen, die von drei wichtigen ökologischen Faktoren gesteuert wird: 1. der Häufigkeit und Dauer der Überschwemmung mit Meerwasser, 2. der Bodenbeschaffenheit und 3. dem Mischungsverhältnis von Salzwasser/Süßwasser in Flußmündungsbereichen.

Die wichtigsten Pflanzengattungen der Mangrove lassen sich nach ihrer Salztoleranz (Salz in Wasser und Boden) in einer gewissen streifenförmigen Anordnung feststellen. Das ist an einem von WALTER (1960) mitgeteilten Beispiel der ostafrikanischen Küstenmangrove zu verfolgen (Abb. 19). Es handelt sich dabei um eine Mangrove in einem wechselfeuchten tropischen Klima mit ausgeprägter Trockenzeit. Entsprechende Gliederungen sehen in den immerfeuchten Tropen und an Flußmündungen anders aus. Bei diesem Beispiel ist eine Abfolge der Gattungen *Sonneratia, Rhizophora, Ceriops* und *Avicennia* festzustellen, an welche sich bis zum überschwemmungsfreien Hochgestade noch ein vegetationsfreier Bereich anschließt.

Faltkarte 1 Klimate der Erde

Tropische Klimate:

1 Immerfeuchte Regenwaldklimate ohne ausgeprägte Trockenheit
2 Feuchtsavannenklimate mit vorwiegend winterlicher Trockenzeit von 2½ bis 5 Monaten
3 Wechselfeuchte Trocken- und Dornsavannenklimate mit vorwiegend winterlicher Trokkenzeit von 5 bis 10 Monaten

Subtropische Klimate:

4 Subtropische und tropische Halbwüsten- und Wüstenklimate
5 Mediterrane Winterregenklimate und winterfeuchte Steppenklimate
6 Sommerfeuchte Steppenklimate
7 Ständig feuchte Grasland- und Waldklimate

Kühlgemäßigte Klimate:

8 Ozeanische und Übergangs-Waldklimate mit kühlen Wintern und jährlicher Schwankung bis max. 25 °C
9 Kontinentale und hochkontinentale Waldklimate mit kalten Wintern und jährlicher Schwankung über 20 °C
10 Sommerwarme Waldklimate
11 Feuchtsteppenklimate (über 5 Monate feucht)
12 Trockensteppenklimate (weniger als 6 Monate feucht)
13 Halbwüsten- und Wüstenklimate

Kaltgemäßigte Klimate:

14 Borealklimate mit schneereichen Wintern und jährlicher Schwankung bis 40 °C
15 Extrem kontinentale Borealklimate mit trockenen Wintern und jährlicher Schwankung über 40 °C

Polare und subpolare Klimate:

16 Polare Klimate
17 Subpolare Tundren- und Graslandklimate
18 Gebirgsklimate (je nach Klimazone und Höhe über NN. gestuft)

DIE KLIMATE DER ERDE

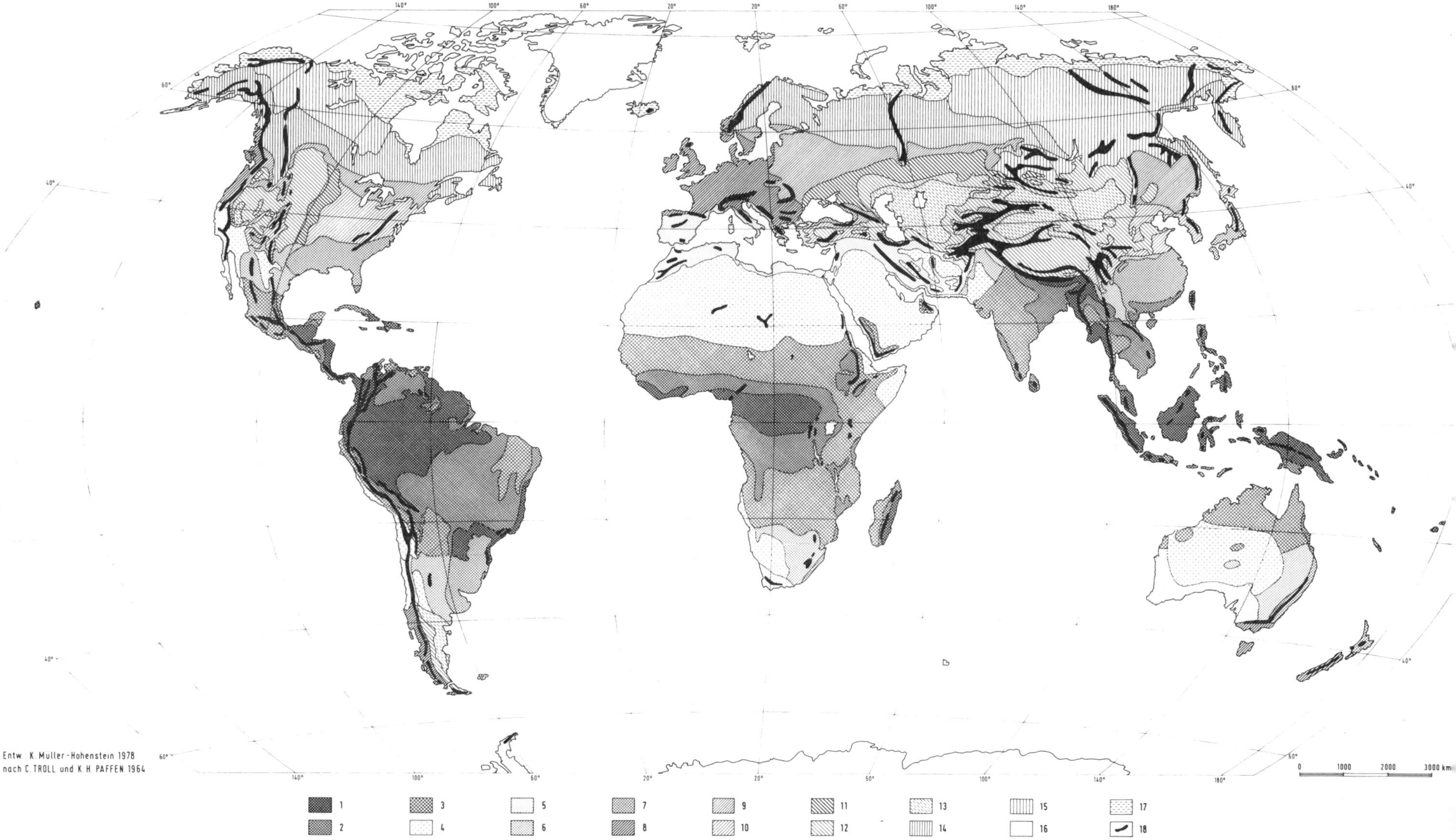

Die Gliederung ergibt sich aus Bereichen, die unterschiedlich oft von Meerwasser überflutet werden. Alle Arten müssen wenigstens die Salzkonzentration des Meerwassers ertragen. Die küstennäheren, in Bereichen geringerer Überflutung gedeihenden Arten müssen aber eine noch höhere Salzanreicherung tolerieren, da hier bei Niedrigwasser während der Trockenzeit durch die Verdunstung und den aufwärts gerichteten Bodenwasserstrom zusätzlich Salz aus der Bodenlösung an der Oberfläche angereichert wird. Die Zunahme der Salze in den küstennäheren Streifen belegen auch die höher werdenden Werte des osmotischen Drucks der Bodenlösungen, die in atm angegeben sind. Damit sich hier die Arten überhaupt noch mit Wasser versorgen können, müssen die osmotischen Werte der eigenen Zellsaftkonzentration jeweils noch höher liegen. Bei *Avicennia* werden so auch bis zu 65 atm erreicht. Im ufernächsten Streifen kann wegen der hohen Salzkonzentration und der fehlenden Auswaschung durch Regenwasser überhaupt keine Vegetation mehr gedeihen.

Natürlich müssen Pflanzen in diesem extremen Lebensraum besondere physiologische Leistungen vollbringen, zu denen sie nur bestimmte Organe befähigen. Besonders mannigfaltig sind die Anpassungen hinsichtlich der Bewurzelung. Bei *Rhizophora* werden Stelzwurzeln ausgebildet, die gleichermaßen besseren Halt und höhere Sauerstoffzufuhr garantieren (Pneumatophoren). Wurzelknie oder Wurzelknorren, die ebenfalls die Sauerstoffzufuhr verbessern, besitzen *Brugiera*- und *Ceriops*arten. Die Gattungen *Avicennia* und *Sonneratia* haben orthotrophe Luftwurzeln entwickelt, verdickte Seitenwurzeln, die aus dem stark verdichteten Schlick herausragen. Auch dabei steht die Sauerstoffversorgung der unterirdischen Pflanzenteile im Vordergrund.

Weitere Anpassungen sind drüsenähnliche Bildungen, die Salz ausscheiden *(Avicennia)*, und die verbreitete Viviparie. Letztere besagt, daß der Keimling (z.B. bei *Rhizophora* und *Avicennia)* bereits an der Mutterpflanze keimt, sich dann nach Ablösen sofort im Schlamm verankert und deshalb nicht mehr vom Gezeitenstrom fortgeführt werden kann.

Die wesentlich einfacher strukturierten Flußmündungsmangroven gehen außerhalb des Gezeiteneinflusses in Flußauenvegetation über. Dabei zeigen in den inneren

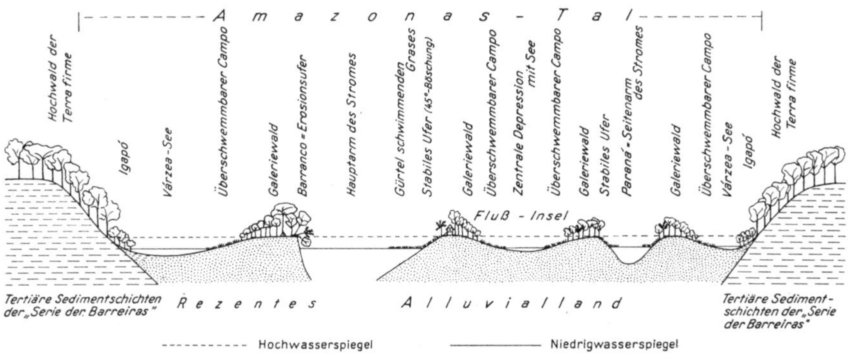

Abb. 20 Schematischer Querschnitt durch das Tal des unteren Amazonas (nach Sioli 1956)

Tropen die Talquerprofile der Tieflandsflüsse eine durch die besondere Talgenese mit den Dammflüssen bedingte charakteristische Anordnung von Pflanzengesellschaften, die abschließend näher betrachtet werden soll. Das geschieht an einem Beispiel von SIOLI (1956), in welchem das Vegetationsprofil einer tropischen Flußaue vorgeführt wird (Abb. 20). In diesem Querprofil ist zunächst einmal das morphologische Grundmuster kurz zu interpretieren. Es zeigt zwischen den beiden Hochufern, auf dem „Festland" (der *Terra firme*) die für tropische Bereiche charakteristische, dammförmige Einfassung des eigentlichen Flußbetts, wonach diese Flüsse auch als Dammflüsse bezeichnet werden.

Die Genese eines solchen Profils ist auf mehrere Faktoren zurückzuführen. Zunächst fällt wegen der überwiegend chemischen Verwitterung vor allem feinkörniges Material an, welches größtenteils als Flußtrübe oder -schwebe abtransportiert wird. Grobkörniges Material, welches gleichzeitig als „Erosionswaffe" an der Tieferlegung des Flußbettes arbeitet, fehlt weitgehend. Infolgedessen muß sich bei den gefällsarmen, trägen Tieflandsflüssen der Tropen durch Akkumulation das Flußbett allmählich erhöhen; am Rand, bei geringster Fließgeschwindigkeit und mit Hilfe der bremsenden Vegetation, führt das zu der geschilderten Wallbildung. Nur die regelmäßig auftretenden Hochwasser zerstören gelegentlich einen Teil dieser Dämme wieder, überfluten die angrenzenden Bereiche *(Varzea-See)* bis zum Hochgestade und verhindern ein kontinuierliches Herauswachsen der Flußsohlen. Die Reliefgliederung bestimmt auch ein charakteristisches Vegetationsmosaik: Vom Hochwald, dem Regenwald der Terra Firme, leitet eine Flußufergesellschaft, ein Sumpfwald *(Igapo)*, zu dem anschließenden Überschwemmungsbereich der Varzea mit Flutrasengesellschaften über. Hier kann z. B. *Eichhornia crassipes*, die Wasserhyazinthe, vorherrschen. Die Uferwälle sind Standort eines Galeriewaldes, dessen Wurzeln und Strauchschicht die mitgeführten Sinkstoffe auffangen. In den hygrophilen Waldtypen des Igapo und des Galeriewaldes werden zahlreiche Palmen bestandbildend, welche auch noch im Palmentyp der Feuchtsavanne vorherrschen, z. B. *Pandanus*- und *Calamus*-Arten.

Das in Abb. 20 wiedergegebene Querprofil zeigt allerdings nur eine mögliche Vegetationsgliederung an Flußunterläufen im Amazonasgebiet, da – je nach Einzugsgebiet und Schwebstofffracht – drei Flußtypen unterschieden werden können (WALTER 1962): Weißwasserflüsse aus den Anden mit vielen mineralischen Schwebstoffen, Schwarzwasserflüsse aus Sumpfwaldgebieten mit hohem Anteil an kolloidal gelösten Humusstoffen und vergleichsweise reine Klarwasserflüsse aus Gebieten mit geringer Reliefenergie. Die beiden letztgenannten Typen akkumulieren in ihren Unterläufen kaum.

2.3.5 Die Tierwelt der immerfeuchten tropischen Regenwaldzone

Die Vegetationsstruktur des tropischen Regenwaldes ist mitentscheidend für den Nischenreichtum und damit die einzigartige und artenreiche, dabei relativ individuenarme Tierwelt. Diese Tierwelt, ihre Lebensbedingungen und ihre Anpassungen im Hylaea-Biom sollen etwas näher besprochen werden.

Im gesamten faunistischen Bestand fällt eine relativ hohe Zahl an stammesgeschichtlich alten Arten auf, was darauf hinweist, daß zusammen mit den Küstenbereichen der Weltmeere wohl zunächst die Feuchtwälder von den Landtieren besiedelt wurden. Solche Tiergruppen sind z. B. die Onychophoren *(Peripatus)*, Skorpione, Myriapoden, Spinnen, Blindwühlen. Auch unter den Säugetieren leben oft innerhalb einzelner Familien die phylogenetisch ältesten Arten nur im Regenwald, z. B. Tapire, Spitzhörnchen *(Tupaia)* und das Okapi.

Die Erhaltung alter Arten im Hylaea-Biom zeigt, daß die äußeren Lebensbedingungen offensichtlich schon seit sehr langer Zeit konstant und größere Klimaschwankungen in den inneren Tropen auch aus dieser Sicht auszuschließen sind.

Die klimatischen Bedingungen und die Vegetationsstruktur haben zu einer ganzen Reihe von kennzeichnenden und morphologisch sichtbaren Anpassungsmerkmalen geführt, wie solche auch bei der Pflanzenwelt festgestellt wurden. Viele Arten sind der dauernden Feuchte und der relativ hohen konstanten Temperaturen zufolge stenotherm oder/und stenohygrisch, womit sie besonders fest an diesen Lebensraum gebunden sind *(stenök)*. Relativ hoch ist z. B. der Anteil hygrophiler Arten, denen die ständig hohe Luftfeuchtigkeit am Boden und im Stammraum des Regenwaldes zugute kommt. Hierzu zählen Schnecken, viele Lurche, die nicht einmal im Wasser laichen, sondern in selbst produzierten Schaumkissen, und sogar einige Fische, die nachts bei höchster Luftfeuchtigkeit vorübergehend das Wasser verlassen, z. B. die verschiedenen Lungenfischarten *(Crossopterygier)* oder der afrikanische Flösselhecht *(Polypterus)*.

Viele der in oder auf dem Erdboden lebenden Arten haben reduzierte Sehorgane, dafür lange Fühler. Andererseits besitzen vor allem nachtaktive Taxa vergrößerte Augen, etwa Geckos oder die Koboldmakis und andere Halbaffen. Im allgemeinen besteht aber wegen der schlechten Lichtverhältnisse und der vorherrschenden Windstille die Tendenz zu einer Reduzierung des Gesichts- und auch des Geruchssinns, das Gehör wird zum führenden Sinnesorgan.

Besonders auffällig sind Anpassungen der Körperform und der Extremitäten an die Lebensweise in den dichten, mehrstöckigen Waldformationen. Bei TISCHLER 1955 werden folgende Bewegungstypen unterschieden:

1. Die S c h l ü p f e r, mit glattem, keilförmigem oder seitlich abgeplattetem Körperbau, wie z. B. der Tapir, Leguane und auch manche Schlangen.
2. Die B r e c h e r, denen der massige Körperbau beim Durchqueren der Wälder hilft, also z. B. Elefanten und Nashörner.
3. Die R i n d e n l ä u f e r, mit einer dorsoventralen Abflachung des Körpers, wie sie stammbewohnende Amphibien und Reptilien zeigen, die im übrigen auch zur nächsten Gruppe gehören können.
4. Die K l e t t e r e r. In dieser Gruppe werden – ähnlich wie bei den Lianen – verschiedene Kletterorgane ausgebildet. So besitzen Stemmkletterer Krallen, die sie in die Rinde einschlagen (Spechte), Haftkletterer Hafteinrichtungen an den Füßen (Laubfrösche, Geckos), Greifkletterer schließlich eine entsprechend zweckmäßige Anordnung der Zehen (*Trogoniformae* und andere Vögel) oder einen als Greiforgan einzusetzenden Schwanz (Affen).

5. Die Flugspringer. Sie sind eine letzte bemerkenswerte Gruppe. Neben den ohnehin zahlreichen Vögeln haben auch andere Tierstämme flug- bzw. gleitfähige Arten entwickelt, z. B. die Flugfrösche und die Flughörnchen.

Auch für die Tierwelt läßt sich – so wie für die Pflanzen ein Stockwerkbau festzustellen war – eine gewisse Stratifikation beobachten. Die Lebensräume in und auf dem Boden sowie der Stammraum wurden schon als solche Strata zitiert. Als typisch darf ganz generell eine Verlagerung des Schwerpunkts tierischen Lebens in die höheren Stockwerke, insbesondere in den Kronenraum mit seinem durch die Epiphyten geförderten außergewöhnlichen Reichtum an ökologischen Nischen, angesehen werden. Ein ähnlich reges Leben ist nur an Waldrändern und auf Lichtungen zu erwarten. Nicht nur Vögel und Insekten, sondern Arten aller Tierstämme, auch der Säuger, bevorzugen dieses Stockwerk, z. B. Affen, Halbaffen, Faultiere, Baumschliefer, ja sogar baumlebende Känguruhs und Schnabeltiere. Eine Konzentration der Tiere darf schon aus klimatischen Gründen nicht überraschen. Hier bieten sich aber darüber hinaus durch die das ganze Jahr über vorhandenen Hauptmengen an Blättern, Blüten und Früchten auch für viele Arten die günstigsten Nahrungsverhältnisse.

Grundsätzlich ist die Ernährungsbilanz der Tierwelt im tropischen Regenwald als außergewöhnlich günstig einzuschätzen. Großtiere sind aus den bekannten Gründen der Fortbewegungsschwierigkeiten selten; doch ist ein gewisser Riesenwuchs im Verhältnis zu Arten gleicher Gattung oder Familie bemerkenswert. Die jeweils größten Schlangen, Echsen, Frösche, Schmetterlinge, Spinnen u. v. a. m. leben im tropischen Regenwald. Darüber hinaus kommen hier auch die meisten Luxusbildungen vor, in Form von als nutzlos erscheinenden Körperanhängseln oder z. B. Schnabelbildungen mancher Vögel (Nashornvogel, Tukan), die als Zeichen von Überschüssen in der Nahrungsbilanz gedeutet werden.

Dennoch ist bei den günstigen Nahrungsbedingungen die Gefahr einer plötzlichen starken Vermehrung einer Art, die das biologische Gleichgewicht stören könnte, auszuschließen, da sich die zahlreichen Arten gegenseitig in Schach halten. Als vielleicht einzige Gruppe könnten die phytophagen Insekten – etwa $^1/_4$ des gesamten Laubes wird von ihnen gefressen – das Ökosystem des tropischen Regenwaldes gefährden, doch verhindert dies die große Zahl der insektenfressenden Vögel, Reptilien und Amphibien wie auch Mykosen und Bakterien. Kahlfraß ist deshalb im Regenwald undenkbar, nicht aber in tropischen Plantagen.

Bleibt noch zu erwähnen, daß auch die als azonal herausgestellten Vegetationsformationen der Regenwaldzone eine besondere Tierwelt besitzen, somit also in ihrer gesamten Ökosystem-Struktur echte Varianten im Sinn der Konzeption dieses Überblicks darstellen. Wie die Pflanzengesellschaft, so ist auch die Tierwelt der Mangrove artenärmer und stark spezialisiert. Zitiert sei hierzu MÜLLER 1977, S. 152: „Im Mangrove-Biom, an der Grenze zwischen marinen und terrestrischen Ökosystemen, lebt eine an die Gezeitenzone tropischer Meere angepaßte, artenarme, aber in vielen Fällen außerordentlich individuenreiche Tierwelt, die häufig zu amphibischer Lebensweise befähigt ist, starke Salzgehaltsschwankungen ertragen und den reichlich anfallenden organischen Schlamm in ihren Nahrungskreislauf einbauen kann." Die Zusammensetzung der Populationen und ihre tagesperiodische Rhythmik wird durch die Vegetationsstruktur und durch die Gezeiten geprägt. Es können „flutaktive" Arten (Seepocken) von „ebbeaktiven" (Mangrovekrabben) unterschieden werden, andere führen vertikale Wanderungen durch, die mit dem Wasserstand korreliert werden können.

Am stärksten ist auch hier der Luftraum besiedelt, die Stämme und die Kronen der Mangrovebäume, vor allem mit Wasservögeln. Selbst Fische suchen diesen Luftraum auf, z.B. die Schlammspringer *(Periophthalmus)*, die mit umgestalteten Flossen zu kriechen und zu hüpfen vermögen. Abgesehen von der letztgenannten Art ähnelt die Tierwelt der Flußauengesellschaften (*Igapo*-Wald, *Varzea*-See) der der Mangrove sehr.

Unter energetischem Gesichtspunkt ist abschließend zu bemerken, daß - dem Mangel an Großtieren entsprechend – die Zoomasse im tropischen Regenwald gegenüber der Phytomasse weit zurückbleibt. Letztere kann maximal das zehnfache ersterer erreichen, doch liegt das Verhältnis im allgemeinen wohl bei 1:5. Klinge und Fittkau stellten 1973 in einem Regenwald im Amazonasgebiet eine Zoomasse in Höhe von 206,38 kg/ha fest, an der zu über 90% Wirbellose Anteil haben, die Bodenfauna allein schon ca. 40% ausmacht.

2.3.6 Land- und Forstwirtschaft in der tropischen Regenwaldzone

Bisher wurde bei der Kennzeichnung des tropischen Regenwaldes davon ausgegangen, daß es sich um ein von menschlichen Einflüssen unberührtes Ökosystem handelt. Das ist nur noch in wenigen Räumen der Fall. Vielmehr sind seit langem vor allem die randlichen Bereiche des tropischen Regenwaldes in wachsendem Maße von der eingeborenen Bevölkerung in die Landnutzung einbezogen worden. Als nachhaltiger erwiesen sich jedoch in den inneren Tropen Afrikas und Ozeaniens die von den Kolonialherren ausgehenden Einflüsse, wo etwa von der Jahrhundertwende an eine Plantagen- und eine reine Holzraubwirtschaft immer weiter vordrang. Seit wenigen Jahrzehnten werden auch die südamerikanischen Regenwälder im Amazonasgebiet unter dem wachsenden Bevölkerungsdruck und diesem entsprechenden binnenkolonisatorischen Maßnahmen mit eklatanten Fehlplanungen in erschreckendem Ausmaß zerstört.

Förster (1973) rechnet gegenwärtig mit einem jährlichen Verlust an Regenwaldfläche von 20 Mio. ha, und Lamprecht befürchtet 1972, daß bei anhaltender Entwicklung im Jahr 2000 keine unbeeinflußten Regenwälder mehr zu finden sein werden. Sogar vor Nationalparks und Schutzgebieten in Amazonien, wo einst die größten zusammenhängenden Regenwälder der Erde lagen, macht die neue Entwicklung nicht halt (Kohlhepp 1974, 1976). In dichter besiedelten Räumen ist der einstige Urwald heute verschwunden.

Die menschlichen Eingriffe sind verschiedener Art. Sie können sich z.B. auf die Holznutzung beschränken. Die im engeren Sinn waldwirtschaftliche Nutzung (einschließlich etwa der Nutzung von Harzen, Gerbstoffen, Gummi u.a.m.)

ist durchaus nicht unproblematisch. Der außergewöhnliche Artenreichtum des Regenwaldes bringt es mit sich, daß oft nur wenige Bäume pro ha für eine Holznutzung in Frage kommen. SCHUBERT gibt 1966 an, daß unter den Edelhölzern – Mahagoni *(Khaya spec.)*, Ebenholz *(Diospyros ebenum)*, Limba *(Terminalia spec.)* u. a. m. – nur ein verwertbarer Mahagonistamm je 10 ha zu finden ist. Hier hat die Holznutzung nicht nur eine Verarmung an Arten zur Folge, sondern auch eine Zerstörung unverhältnismäßig großer Areale allein durch die Zufahrtsschneisen für den nötigen Fahrzeugpark.

Trotz einer vereinzelt schon länger auf vergleichsweise kleinen Flächen funktionierenden Forstwirtschaft – so z. B.. in Ostasien mit Teakbäumen *(Tectona grandis)* – stehen die Bemühungen um einen Ersatz dieses reinen Raubbaus durch eine den wirtschaftlichen und ökologischen Bedürfnissen angepaßte forstliche Bewirtschaftung meist noch in den Anfängen.

Durch landwirtschaftliche Nutzung – und hier soll zunächst die der eingeborenen Bevölkerung betrachtet werden – sind zwar in den einzelnen Regenwaldgebieten der Erde je nach Bevölkerungsstruktur und -verteilung, Wirtschaftsstufe und Art der Bodennutzung verschiedene typische Agrarlandschaften entstanden, doch lassen sie ebenfalls eine Reihe von Gemeinsamkeiten erkennen.

Im folgenden wird auf die Genese eines bestimmten Typs von Agrarraum eingegangen, der besonders kennzeichnend für die Regenwaldzone und die inneren Tropen überhaupt ist. Er ist durch Wanderfeldbau und Landwechselwirtschaft gekennzeichnet. Es sei ausdrücklich auf die möglichen Ausbildungen des Daueranbaus verwiesen, z. B. den Gartenbau in Java, den Trockenfeldbau mit Pflugkultur und Viehhaltung in den tropischen Gebirgen oder den Bewässerungsfeldbau mit Pflugkultur und Viehhaltung, etwa in Südchina und Thailand. Diese Formen werden z. B. bei MANSHARD 1968 an einzelnen Beispielen ausführlich erläutert.

In der deutschen Literatur wird der innertropische Wanderfeldbau in der Regel als Brandrodungsfeldbau, in der englischen Literatur als „*shifting cultivation*" bezeichnet. In den betroffenen Gebieten selbst finden eine Reihe landesüblicher Bezeichnungen Verwendung: „*milpa*" in Mittelamerika, „*chitimene*" in Rhodesien, „*ladang*" in Malaysia. Sie meinen alle etwa dasselbe.

Mit Hilfe von Hackmessern und durch Feuer werden Parzellen im Urwald gerodet, wobei die größten Bäume mangels technischer Möglichkeiten meist stehen bleiben. Allerdings sterben auch sie im Laufe der Zeit ab, weil Bast und Kambium der Stämme durch umlaufende Hiebe am unteren Stamm zerstört werden. Das organische Material wird durch das Feuer weitgehend mineralisiert. Auf dieser nun ganz gerodeten Fläche, deren ursprünglicher Pflanzenbestand zerstört wurde und die mit seiner Asche quasi einmalig gedüngt ist, wird für mehrere Jahre Ackerbau betrieben. Da keine weitere Düngung erfolgt, sind die ohnehin nährstoffarmen Standorte nach einigen Jahren so erschöpft, daß sie keine lohnende Ernte mehr abwerfen. Sie werden liegengelassen, und auf neuen Parzellen wiederholt sich derselbe Vorgang der Brandrodung.

Auf den offengelassenen Flächen erfolgt in der Regel eine schnelle Wiederbewaldung, mit einem jedoch artenarmen, viel niedrigeren und meist lianenreichen Sekundärwald, einer ersten Ersatzgesellschaft. An eine Regeneration des ursprünglichen Waldkleides ist keineswegs zu denken, da durch Rodung und Landnutzung der besondere Nährstoffkreislauf des tropischen Regenwaldes irreversibel zerstört ist. Die Böden sind weiter verarmt, vor allem an Humusstoffen, ausgewaschen, werden aber durch den Sekundärwald noch vor zu starker Bodenerosion geschützt.

In vielen Waldgebieten der Regenwaldzone hat sich die Brandrodung schon auf ein und derselben Fläche wiederholt und die Standorte schließlich so erschöpft, daß nach Auflassen gar kein Wald mehr hochkommt, sondern sich Hartgras- und Adlerfarnfluren ausbreiten, die nicht einmal weidewirtschaftlich zu nutzen sind. Gleichzeitig entstehen neue Biotope für lichtliebende Insekten und Vögel, bei denen es nun zu Massenvermehrungen kommen kann und manche Arten als Schädlinge Gewicht erhalten.

Die Zerstörung der Vegetation bringt neben der bereits genannten Bodenverschlechterung auch einen erheblich höheren Bodenabtrag mit sich, erodiertes Bodenmaterial kann als Bodensediment in Senken gewachsene Böden überschütten und dort das Nutzungspotential beeinträchtigen. Schließlich wird in vielen Fällen der oberflächliche Abfluß des Niederschlagswassers beschleunigt, weite Bereiche werden damit edaphisch trockener.

So löst allmählich eine savannenartige Kulturlandschaft mit Baumplantagen, Äkkern, Grasland und Restbeständen von Sekundärwäldern die Naturlandschaft des immerfeuchten tropischen Regenwaldes ab, dessen ökologisches Gleichgewicht für immer gestört ist, selbst wenn der Gedanke einer Wiederbewaldung auf völlig erodiertem Muttergestein und damit neuer, nährstoffreicher Bodenbildung diskutiert wird (Walter 1973).

Es wurde vorstehend nur eine mögliche Landnutzungsform in der tropischen Regenwaldzone besprochen, aber schon mehrfach darauf hingewiesen, daß auch andere Formen das ökologische Gleichgewicht beträchtlich stören. So ist z.B. bei großflächig verbreiteten Plantagen, etwa von Kautschuk oder Bananen, zusätzlich an eine einseitige Verarmung der Böden zu denken, vor allem aber, wie bei allen Monokulturen, an die erhöhte Gefahr des Schädlingsbefalls, da nun bestimmte Organismen auf Grund der einseitig auf sie zugeschnittenen Ernährungssituation eine geradezu explosionsartige Populationsentwicklung erleben können.

Eindrucksvolle Beispiele der Waldzerstörung in den immerfeuchten Tropen wie auch zahlreiche agrargeographische Profile, welche im Detail die Abfolge verschiedener Kulturen und Ersatzgesellschaften zeigen, können Manshard 1968 und Schnell 1971 entnommen werden.

2.3.7 Der Mensch im Ökosystem der immerfeuchten Tropen – die Tropenkrankheiten

Abiotische und biotische Strukturelemente des Ökosystems beeinflussen auch den in den Tropen lebenden Menschen. Trotz aller medizinischen und pharmazeutischen Hilfen und den Erkenntnissen der modernen Hygiene kann er sich nicht ganz den klimatischen Einflüssen und denen von tierischen Lebewesen entziehen, die als Krankheitserreger in Frage kommen.

Zu dem erstgenannten Faktor ist unter dem Stichwort „Akklimatisation" insbesondere seit der Jahrhundertwende und gefördert durch den wachsenden Kolonialbesitz der damaligen Weltmächte in tropischen Gebieten viel – auch Nichtzutreffendes – publiziert worden. Hierauf soll nicht näher eingegangen werden. Der Hinweis mag genügen, daß wohl alle Europäer, die längere Zeit in den feuchten Tropen oder auch in den Trockengebieten gelebt haben, wenigstens eine Anpassung an Lebens- und Arbeitsgewohnheiten der einheimischen Bevölkerung befürworten.

Sehr viel eindeutiger lassen sich die Einflüsse tierischer Organismen nachweisen, vor allem dann, wenn sie als Krankheitserreger oder -überträger auftreten. Das muß an wenigen Beispielen erörtert werden, zumal viele der sogenannten Tropenkrankheiten auch weit über den tropischen Bereich hinaus auftreten. Eine typische Krankheit des tropischen Tieflands ist das Gelbfieber (in Südamerika und Afrika, in Indien Denguefieber).

Es hat insbesondere im 19. Jh. Europäern zugesetzt, z. B. trug das Gelbfieber zum Scheitern des Mittelamerika-Feldzuges von Napoleon III. bei; auch beim Bau des Panamakanals erwies es sich als großes Problem. Heute ist die Gefahr der Infizierung nach erfolgreichen Bekämpfungsmaßnahmen in vielen Gebieten nur noch latent vorhanden. Entscheidend für die Möglichkeit, diese Krankheit zu bekommen, ist nicht nur der Kontakt mit dem Erreger, einem vornehmlich bei Affen auftretenden Virus, der eine in der Regel tödlich verlaufende Lebererkrankung hervorruft, sondern auch der Kontakt mit dem Überträger dieser Viren, Mückenarten der Gattung *Aedes*, besonders *Aedes aegypti*. Diese Mücke ist bei Temperaturen unter 23°C kaum noch aktiv, ihr optimaler Temperaturbereich liegt bei 27 bis 30°C. Der Raum mit diesen Temperatureigenschaften ist damit sogar kleiner als die potentielle Ausdehnungsmöglichkeit der Viren.

Ähnlich verhält es sich mit der Trypanosomiasis, der nach einem im Blut lebenden Flagellaten benannten Schlafkrankheit, die Menschen und Großsäuger befällt. Für diesen Einzeller sind bestimmte *Dipteren, Glossina morsitans* und *G. palpalis*, nicht nur Überträger, sondern auch Zwischenwirt, da sie sich im Blut der Mücken ohne Schaden für den Wirt vermehren. Beide Wirtsarten, die im übrigen wie die Krankheit auf das feucht-warme tropische Afrika beschränkt sind, besetzen unterschiedliche ökologische Nischen und erfordern auch verschiedene Bekämpfungsmaßnahmen, wobei schon erste Erfolge auf Grund der Biotopvernichtung der Glossinen erzielt wurden. Heute ist ausreichender Schutz durch Kontaktgifte, ebenso eine Prophylaxe durch Pharmazeutika möglich. Die hier wohl wichtigste, allerdings auch weit über den engeren tropischen Bereich hinaus verbreitete Krankheit ist die Malaria. Etwa ein Drittel der Erdbevölkerung lebt oder lebte in malariaverseuchten Räumen. In den tropischen Regionen erkrankt praktisch jeder Eingeborene bereits in früher Kindheit. Übersteht er die Krankheit, so erwirbt er eine gewisse Immunität. Eigentlich verbergen sich hinter dieser Krankheit gleich mehrere, deren Erreger – verschiedene Plasmodien – allerdings eng miteinander verwandt sind. Von den drei Malariaarten – Malaria tropica, Tertiana und Quartana – ist die erste am gefährlichsten und ganz auf die inneren Tropen beschränkt. Überträger und Zwischenwirte der Erreger sind Mückenarten der Gattung *Anopheles*, insbesondere *Anopheles maculipennis*. Auch bei der Malariabekämpfung muß sich das Augenmerk somit auf den Biotop dieser Mücken richten, auf warme, stehende Gewässer, die als Brutstätte dienen. In Unkenntnis dieser Zusammenhänge wurden häufig durch anthropogene Eingriffe solche Brutstätten erst geschaffen (vgl. RODENWALDT 1957, Beispiel Kleinasien). Obwohl die Malaria in vielen ehemals verseuchten Räumen – so z. B. im europäischen Mittelmeergebiet – als ausgerottet galt, mehren sich in jüngster Vergangenheit neue Fälle, auch in den Subtropen.

Eine Reihe weiterer Krankheiten, vor allem solche der Verdauungsorgane, werden den eingeborenen, schon im Kindesalter immunisierten Bewohnern der Tropen nicht mehr gefährlich, betreffen aber um so mehr den aus den gemäßigten Zonen Einreisenden. Letztere wiederum können Erreger mitbringen, etwa unserer Kinderkrankheiten Masern, Röteln u. a. m., denen gegenüber sie inzwischen immun sind, denen die Bevölkerung der Tropen aber schutzlos gegenübersteht.

Natürlich erkranken Europäer bei Tropenaufenthalten heute nicht mehr zwangsläufig an den genannten Seuchen.

Trotz der großen Fortschritte der Medizin sind aber die natürlichen Rahmenbedingungen unverändert erhalten: Nur in den Tropen ist eine Ansteckung an solchen Krankheiten überhaupt möglich, da Erreger wie Überträger an diesen bestimmten Lebensraum gebunden sind.

2.4 Die Höhenstufen der tropischen Gebirge

2.4.1 Der hypsometrische Wandel von Klima, Böden und Vegetation

Vor der Besprechung der Subzonen der wechselfeuchten Tropen sollen – als Modellvariante – die Höhenstufen der Gebirge der immerfeuchten Tropen gekennzeichnet werden.

Es gibt eine klassische, erstmals auf die Anden angewandte, aber heute zumindest für ganz Südamerika übliche und auch darüber hinaus für andere tropische Räume mögliche Terminologie für die tropischen Höhenstufen. Es sind dies die spanischen Bezeichnungen „Tierra caliente", „Tierra templada", „Tierra fria" und „Tierra helada". In diesen Begriffen – übersetzt etwa heiße, gemäßigte, kalte und eisige Erde – kommt bereits die entscheidende klimatische Änderung mit zunehmender Höhe zum Ausdruck, nämlich die Abnahme der Temperatur-Jahresmittel bei mehr oder weniger gleichbleibend geringer Temperaturtagesschwankung.

Beide Fakten – Temperaturmittelabnahme bei gleichbleibend geringen Jahresschwankungen – lassen sich wiederum durch Thermoisoplethendiagramme belegen (Abb. 21). Sowohl das Diagramm von Quito, in 2850 m ü. NN und fast genau auf

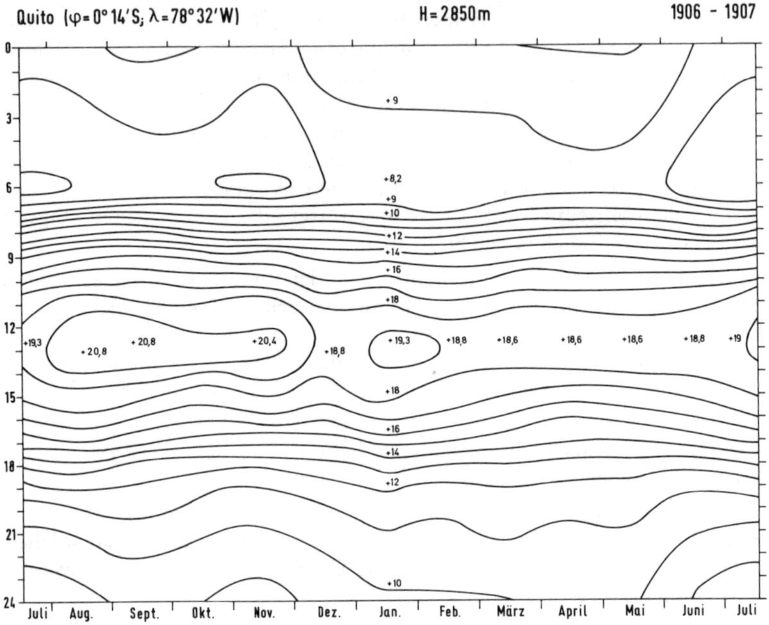
Quito (φ=0° 14'S; λ=78° 32'W)
H=2850m
1906 - 1907
+9
+8,2
+9
+10
+12
+14
+16
+18
+19,3
+20,8
+20,8
+20,4
+18,8
+19,3
+18,8
+18,6
+18,6
+18,6
+18,8
+19
+18
+16
+14
+12
+10
Juli
Aug.
Sept.
Okt.
Nov.
Dez.
Jan.
Feb.
März
April
Mai
Juni
Juli

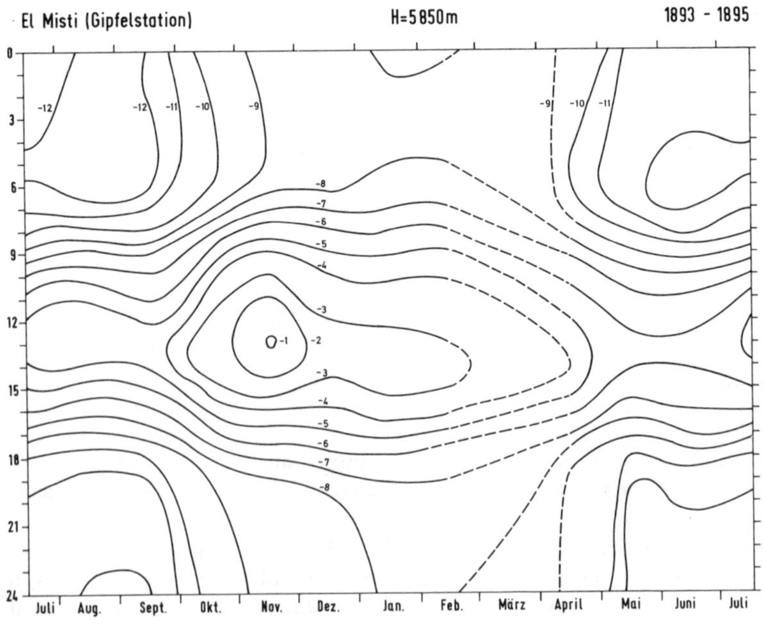
El Misti (Gipfelstation)
H=5850m
1893 - 1895
-12
-12
-11
-10
-9
-9
-10
-11
-8
-7
-6
-5
-4
-3
-1
-2
-3
-4
-5
-6
-7
-8
Juli
Aug.
Sept.
Okt.
Nov.
Dez.
Jan.
Feb.
März
April
Mai
Juni
Juli

dem Äquator gelegen, als auch die hochandine Gipfelstation El Misti, in 5850 m ü. NN, zeigen diese für ein tropisches Hochlandsklima bzw. für ein tropisches Hochgebirgsklima typischen Verhältnisse. Die merklich größeren Schwankungen der Station El Misti sind auf die Breitenlage (ca. 16 Grad s. Br.) zurückzuführen.

Für die genannten tropischen Höhenstufen nennt LAUER (1975) eine Reihe von thermischen Grenzkriterien. Danach umfaßt die Tierra caliente die Stufe zwischen dem Meeresniveau und ±1000 m ü. NN. Sie ist durch Jahresmitteltemperaturen zwischen 22 und 28°C gekennzeichnet und ist damit identisch mit der tropischen Regenwaldzone. Die bis etwa ±2400 m ü. NN anschließende Tierra templada wird in kontinentalen Bereichen durch die absolute Frostgrenze, in ozeanischen Bereichen durch eine Wärmemangelgrenze bestimmt, wobei die Jahresmitteltemperaturen nur noch 16 bis 18°C erreichen. Hier liegt auch nach LAUER die Grenze zwischen Warmtropen und Kalttropen. Die folgende Tierra fria reicht nur bis ±3800 m ü. NN und wird nach oben durch regelmäßig auftretende Fröste und Jahresmitteltemperaturen von 6 bis 10°C begrenzt. Andere Autoren nehmen Höhenlagen bis ±4200 m ü. NN an. Nun schließt sich die Tierra helada an, die im allgemeinen die tropischen Höhenstufen abschließt. LAUER allerdings unterscheidet noch eine Tierra nevada, die oberhalb der bei etwa 4800 m ü. NN gelegenen Schneegrenze und bei Jahresmitteltemperaturen von etwa 0°C folgt (vgl. Abb. 16).

Gegenüber den sehr regelhaft verlaufenden Änderungen der thermischen Verhältnisse sind die hygrischen Bedingungen nicht in so linearer Abstufung zu erfassen. Bis in die Tierra templada hinein nehmen die Niederschlagshöhen im allgemeinen zu, um in der Wolkenstufe bei ±2000 m ü. NN maximale Werte zu erreichen. Oberhalb dieser durch die Nebelwälder gekennzeichneten Stufe nehmen sie dann relativ rasch wieder ab auf Werte unter 1000 mm. Es ist noch nicht mit Sicherheit geklärt, ob die natürliche Waldgrenze, die im allgemeinen knapp unter 4000 m ü. NN liegt, oder die natürliche Baumgrenze bei etwa 4200 m ü. NN eine durch Frost oder durch die zunehmende Trockenheit bedingte Grenze ist. WALTER (1973) führt in diesem Zusammenhang die niedrigen Bodentemperaturen (die etwa jeweils dem Jahresmittel entsprechen) an, wonach Baumwuchs unter 7 bis 8°C nicht mehr möglich ist.

Ein dem hypsometrischen Klimawandel entsprechender Wandel ist bei den Bodenbildungen zu beobachten. Waren in den tropischen Niederungen die Böden noch relativ häufig durch Versumpfungserscheinungen und ein Überangebot an Wasser gekennzeichnet, so sind sie in den unteren Hanglagen der tropischen Gebirge in der Regel besonders gut drainiert und durchlüftet und besitzen die für den Pflanzenwuchs relativ günstigsten Eigenschaften. Schon in der Tierra templada werden jedoch die tiefgründigen Latosole allmählich steinreicher und flachgründiger und ähneln Braunerden, mitunter auch Rankern. Unter Nadelwald sind Gebirgspodsole verbreitet. Mit zunehmender Höhe, also abnehmender Feuchte und Tem-

Abb. 21 Thermoisoplethendiagramme innertropischer Hochgebirge (nach TROLL)
QUITO (0° 14′ S, 78° 32′ W) mit äquatorialem Hochlandklima
EL MISTI (16° 25′ S, 71° 32′ W) mit tropischem Hochgebirgsklima

peratur, geht die Intensität der Bodenbildung immer weiter zurück. Der Skelettreichtum der Böden der Tierra fria ist auf die jetzt vorherrschende physikalische Verwitterung zurückzuführen, xeromorphe Merkmale auf die Trockenheit. Den in den tropischen Gebirgen recht häufig auftretenden vulkanischen Gesteinen entsprechen andosolartige Bodenbildungen.

Auch in den tropischen Gebirgen zeigt sich der klimatische und edaphische Wandel am eindruckvollsten in der Höhenstufung der kennzeichnenden Vegetationsgesellschaften.

Auf den die gesamte Tierra caliente einnehmenden immergrünen Regenwald folgt zunächst in der unteren Tierra templada ein immerfeuchter, halbimmergrüner tropischer Bergwald, der sich in seiner Artenzusammensetzung und der Gesamtphysiognomie von der des Regenwaldes der Tiefländer nur wenig unterscheidet. Erst in der Wolkenregion, die je nach Breitenlage und Exposition schon bei etwa 1000 m ü. NN beginnt und bis etwa 2500 m ü. NN reichen kann, ist eine abweichende und besonders charakteristische Vegetationsformation ausgebildet, der tropische Nebelwald. Auch in diesem Wald tritt, der typischen tropischen Tagesperiodizität entsprechend, Blühen und Fruchten, Laubfall und Lauberneuerung in allen Monaten gleichmäßig auf. Es bleiben aber tropische Tieflandstaxa in gleichem Maße zurück, wie typische Nebelwaldarten auftreten. Palmen werden höchst selten, dafür schieben sich zahlreiche Kryptogamenarten in den Vordergrund, unter ihnen die spektakulären Baumfarne *(Cyathaceae)*, ebenso Bärlappgewächse *(Lycopodium)*, Moos-Farne *(Sellaginella)* und Hautfarne *(Hymenophyllaceae)*. Lianen und vor allem Epiphyten besitzen in der fast ständig feuchtigkeitsgesättigten Luft optimale Wuchsbedingungen und eine entsprechend große Verbreitung. Eine regionale Besonderheit sind die Bambusgesellschaften der afrikanischen Nebelwaldstufe. In den mexikanischen Nebelwäldern sind bereits Nadelhölzer vertreten, darunter *Pinus patula*, die mit ihren charakteristisch geformten Nadeln in der Lage ist, die Feuchtigkeit aus dem Nebel „auszukämmen".

An die Nebelwaldstufe schließt sich in der Tierra fria in der Regel eine xerophilere Waldgesellschaft an, in der vor allem Nadelhölzer wie *Pinus*- und *Abies*-Arten, aber auch die schuppigen *Podocarpus*-Arten und verschiedene Wacholder bestandbildend. werden. Die Epiphyten beschränken sich auf wenige, an die Trockenheit angepaßte Spezialisten *(Tillandsia usneoides)*, die Moose und Farne werden durch Flechten ersetzt. In den afrikanischen Tropengebirgen sind in dieser Stufe *Ericaceen* verbreitet, in der Regel in Strauchform. Die Tierra fria wird durch die Waldgrenze nach oben abgeschlossen.

Die obere Tierra fria und vor allem die Tierra helada sind durch Grasfluren gekennzeichnet. Diese Stufe, die klimatisch durch eine hohe Frostwechselhäufigkeit bestimmt ist, wird wiederum mit einem spanischen Begriff als „*Páramo*" bezeichnet. Den niedrigen Temperaturen und Niederschlägen entsprechend, nimmt die pflanzliche Produktion stark ab. Charakteristische Lebensformen sind neben den genannten Horstgräsern Polster- und Rosettenpflanzen. Besonders auffallend ist jedoch eine schopfbaumähnliche Lebensform, die sich durch eine gewisse Stammsukkulenz auszeichnet. Diese Pflanzen sind außergewöhnlich eindrucksvolle Beispiele für konvergente Entwicklungen im Pflanzenbereich; gehören doch diese „Schopfbäume" zu ganz verschiedenen Gattungen, im indomalaischen Bereich zur Gattung *Anaphalis*, in den afrikanischen Tropen zu den Gattungen *Senecio* und *Lobelia*, in Südamerika zur Gattung *Espeletia*.

In den trockeneren Bereichen, den Beckenlagen der tropischen Hochgebirge, z.B. den innerandinen Hochlagen, wie auch in äquatorferneren Hochgebirgen, wird die *Páramo*-Formation von der der *Puna* abgelöst. Hier fehlen die hohen „Schopfbäume", frostharte Gräser und Hartpolsterpflanzen mit deutlichen xeromorphen Merkmalen herrschen vor.

Auf die *Páramo*- bzw. *Puna*-Gesellschaften folgt in der Tierra helada bis zur Schneegrenze, dem Beginn der Tierra nevada, typischerweise ein vegetationsfreier, wüstenhafter Saum.

Auch die Tierwelt ändert sich in den inneren Tropen mit zunehmender Höhe. Hierauf soll nicht näher eingegangen werden, doch ist festzuhalten, daß nicht nur die klimatische Verschlechterung in den höheren Gebirgslagen, sondern auch die merkliche Abnahme an „ökologischen Nischen" zu einer deutlichen Artenverarmung führen. Besonders betroffen sind hiervon die Insekten und die Reptilien. Die Vogelfauna ist dagegen noch sehr reichhaltig, ohne freilich mit der des Regenwaldes konkurrieren zu können.

2.4.2 Die agrarische Landnutzung in den tropischen Gebirgen

Die Behandlung der Höhenstufen der tropischen Gebirge soll nicht abgeschlossen werden, ohne daß kurz der charakteristische Wandel in der Landnutzung, besonders im Hinblick auf die vorherrschenden Nutzpflanzen, skizziert wird. Obwohl gerade aus den inneren Tropen eine Vielzahl an agrargeographischen Arbeiten vorliegt, sind Überblicksdarstellungen der Landnutzung für die einzelnen Höhenstufen selten.

Aus Gebirgslandschaften der wechselfeuchten Tropen – die hier mit eingeschlossen werden, da nicht die Höhenstufen aller Subzonen einer jeweils gesonderten Betrachtung unterzogen werden können – liegen z.B. Arbeiten von Kuls (1958, 1963) über Äthiopien oder von Uhlig (1971) aus subtropisch-tropischen Grenzbereichen des westlichen Himalaya vor, die unter den hier in den Vordergrund gestellten Aspekten der Beziehungen zwischen Naturraum und Agrarlandschaft wertvolle Grundlagen bieten.

Bei den immerfeuchten Tropen sei an einschlägige Arbeiten von Lauer (1970) über Mittelamerika, Uhlig (1966) über Nord-Borneo und von Sick (1960) über Ecuador erinnert. Die letztgenannte Darstellung soll als Vorbild einer exemplarischen Betrachtung dienen (Abb. 22).

Die Tierra caliente an der Westküste Ecuadors ist allerdings wesentlich vielgestaltiger, als dies für das immerfeuchte tropische Tiefland bereits geschildert wurde, da hier die kalte Meeresströmung des Humboldt-Stromes in Küstennähe ein wechselfeuchttropisches Klima zur Folge hat. Der Reliefcharakter differenziert die natürlichen Voraussetzungen weiter, auch das Agrarlandschaftsgefüge folgt dieser Differenzierung weitgehend.

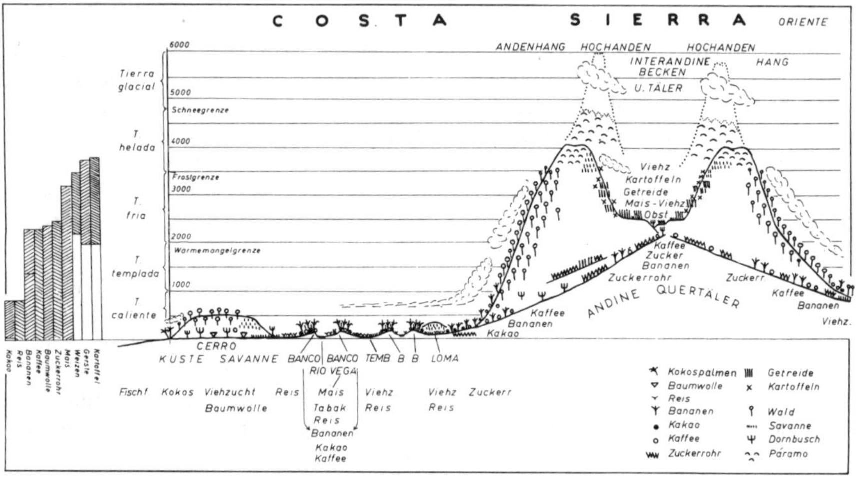

Abb. 22 Agrargeographisches SW-NO-Profil von der Küste bis in die Hochanden Ecuadors (nach SICK 1960)

Auf den auf die Küsten beschränkten Anbau von Kokospalmen folgen in der relativ trockenen Küstenkette mit von Natur aus savannenartiger Vegetation Viehzuchtgebiete und Kulturen wie die Baumwolle, die auf eine trockene Jahreszeit angewiesen sind. An den „*Cerro*" schließt bis zum Anden-Westfuß mit den trockenen, wiederum für die Viehzucht prädestinierten Lomas ein feinmaschiges Mosaik unterschiedlich genutzter Flächen an, wobei die Wasserversorgung für die Differenzierung von ausschlaggebender Bedeutung ist. Auf einem relativ trockenen Uferwall, den „*Bancos*", herrschen Mais und Tabak, also Arten mit weniger hohen Feuchtigkeitsansprüchen vor. Auf den feuchteren Banco-Hängen bestimmen Baumkulturen, vor allem der Kakao und Bananen, das Bild, am besonders feuchten Flußufer selbst und in den überschwemmungsgefährdeten „*Tembladeras*" ist die Reiskultur kennzeichnend.

Im Gebirge sind vor allem die Quertäler und die intraandinen Hochtäler und -bekken stärker besiedelt. Ein erheblicher Teil sowohl der westlichen als auch der östlichen Andenabdachung ist gegenwärtig noch mit zunehmender Höhe durch natürliche halbimmergrüne Regenwälder, die Nebelwälder und die *Páramo*-Formation charakterisiert, in denen sich anthropogene Eingriffe durch Formen der Waldnutzung, eventuell auch der Beweidung bemerkbar machen.

Unter den Baumkulturen ist in der oberen Tierra caliente und der Tierra templada der Kaffeeanbau vorherrschend. Mit dem Kaffee und dem Tee in den tropischen Gebirgen Asiens sind die beiden besonders kennzeichnenden Kulturpflanzen der Nebelwaldstufe genannt.

Außer Kaffee werden in der andinen Tierra templada Bananenarten kultiviert, die aber überwiegend für den eigenen Verbrauch bestimmt sind. Auf bewässerungsfähigen Parzellen dominiert das Zuckerrohr.

In den Hochtälern und Becken der Tierra fria wird ab etwa 2000 m ü. NN für die tropischen Kulturpflanzen im allgemeinen eine Wärmemangelgrenze erreicht. Bestimmende Anbaufrüchte sind jetzt Getreidearten wie der Mais, der Weizen und die Gerste, unter den Hackfrüchten die Kartoffel. Die insgesamt stärker in den Hintergrund tretenden Baumkulturen setzen sich aus Obstarten wie der Aprikose, Äpfeln und anderen aus der subtropischen und gemäßigten Zone bekannten Arten zusammen.

Oberhalb 3000 m ü. NN bleiben dann in der oberen Tierra fria bis zur Frostgrenze bei hier etwa ±3500 m ü. NN nur noch Gerste, Kartoffeln und einheimische Knollenfrüchte übrig. Sowohl in der Tierra templada als vor allem aber dann in der Tierra fria spielt nun auch die Viehzucht – Rinder, aber auch Schweine – eine größere Rolle, allerdings nur in Ausnahmefällen in Großbetrieben für eine überregionale Produktion, in der Regel nur für den Eigenbedarf oder den örtlichen Markt.

Ein ganz ähnliches Profil tropischer Landnutzungsstufen hat SEELE 1967 für das mexikanische Hochland, insbesondere das Becken von Puebla-Tlaxcala, skizziert und beschrieben.

2.5 Die wechselfeuchten Tropen

Die weiteren Subzonen des tropischen Landschaftsgürtels werden im allgemeinen geschlossen als „wechselfeuchte Tropen" oder auch als „äußere Tropen" den „immerfeuchten Tropen" bzw. den „inneren Tropen" gegenübergestellt (vgl. Tabelle 4).

Auch die wechselfeuchten Tropen besitzen ein gemeinsames, übergeordnetes klimatisches Kriterium, so wie etwa die Isothermie den gesamten tropischen Bereich kennzeichnet. Dieses Kriterium ist hygrischer Natur und besagt zunächst ganz allgemein, daß sich in allen wechselfeuchten tropischen Subzonen im Verlauf eines Jahres trockenere und feuchtere Perioden abwechseln.

Auch der Begriff „Savanne", der in drei der noch folgenden vier Subzonen der Tropen nach der hier gewählten Gliederung namengebend ist, scheint Rückschlüsse auf gewisse Gemeinsamkeiten in der Vegetation dieser Subzonen zu erlauben. Es wird jedoch zu zeigen sein, daß der ebenfalls aus dem Spanischen stammende und „Grasebene" bedeutende Begriff in vegetationskundlicher Sicht sehr stark zu differenzieren ist. In der jeweiligen Zusammensetzung bei den Subzonen wird er deshalb zunächst als rein beschreibender Begriff für Grasfluren in den wechselfeuchten Tropen ohne Rücksicht auf ihre Genese und ihre Zusammensetzung mit Holzpflanzen verstanden. Somit werden Savannen bewußt gegen Grasländer in der subtropischen und der kühlgemäßigten Zone abgegrenzt, die später unter dem Sammelbegriff „Steppe" näher zu differenzieren sind.

Im folgenden wird zunächst die Feuchtsavannenzone besprochen. Ihre gesonderte Behandlung läßt sich vor allem mit LAUER 1975 begründen, der sie zusammen mit der Regenwaldzone zu den Feuchttropen stellt. In dem sich bis zur thermischen Tropengrenze anschließenden Bereich der Trockentropen werden sodann die Trokken- und Dornsavannenzone einander gegenübergestellt und zusammen behandelt, schließlich die von TROLL zusammengefaßten Halbwüsten und Wüsten der Tropen kurz diskutiert.

2.5.1 Die Feuchtsavannenzone

2.5.1.1 Klima und Böden der Feuchtsavannenzone. Die typischen großklimatischen Verhältnisse der Feuchtsavannenzone sollen wieder mit Hilfe ausgewählter Diagramme umrissen werden (Abb. 23). Bei der Analyse eines Thermoisoplethendiagramms der Station Kalkutta (nach TROLL 1955) fällt auf, daß sich durchaus auch im Jahresablauf thermische Unterschiede bemerkbar machen, etwa mit einem heißeren Frühjahr, einem warmen Sommer und einem vergleichsweise kühlen Winter, doch sind auch hier die Tagesschwankungen höher. Eine Folge von Klimadiagrammen aus WALTER (1973) für die Feuchtsavannenzone läßt dies für die Jahresschwankung ebenfalls erkennen (Abb. 23). Bei Jahresmitteltemperaturen um 25°C liegen sowohl die Mittelwerte des jeweils kältesten Monats über 20°C als auch die des wärmsten unter 30°C.

Wesentlich bedeutsamer für die Kennzeichnung des Klimas sind jedoch die hygrischen Verhältnisse. Die Diagrammreihe läßt erkennen, daß einerseits die mittleren Jahresniederschläge immer zwischen 1500 und 2000 mm liegen, andererseits die Niederschlagsverteilung eine niederschlagsarme bis -freie, kühlere und eine niederschlagsreiche, wärmere Jahreszeit zur Folge hat. Bei letzterer gehen auf Grund der die Ein- und Ausstrahlung behindernden, fast dauernd geschlossenen Wolkendecke die Monatsmitteltemperaturen gegenüber dem Beginn der Regenzeit etwas zurück, und die Tagestemperaturamplituden nehmen ab.

Die Dauer der Trockenzeit beträgt nach der TROLL'schen Definition des „tropisch sommerhumiden Feuchtklimas" 2½ bis 5 Monate. Nach LAUER (1952) wird dieser noch feuchttropische Bereich durch die Isohygromene 7 gegen die Trockentropen abgegrenzt. Ihr Verlauf fällt etwa mit der als Wassermangelgrenze aufzufassenden „Trockengrenze" von A. PENCK (1910) zusammen.

Besonders wichtig ist, im Hinblick auf das pflanzliche Wachstum bei der Niederschlagsverteilung, herauszustellen, daß die niederschlagsreiche Zeit mit der wärmsten zusammenfällt. Damit stehen die wechselfeuchten tropischen Gebiete in Gegensatz zu den wechselfeuchten subtropischen, in denen die kältere Jahreszeit feucht ist.

Obwohl viele Böden der wechselfeuchten Tropen und insbesondere die der Feuchtsavannenzone eine Reihe der aufgezählten Merkmale der Böden der Regenwaldzone besitzen (Nährstoffarmut, hoher Tongehalt, relativ geringe Austauschkapazität u.a.m.), unterscheiden sie sich doch in mancher Hinsicht. Zwar faßt SEMMEL

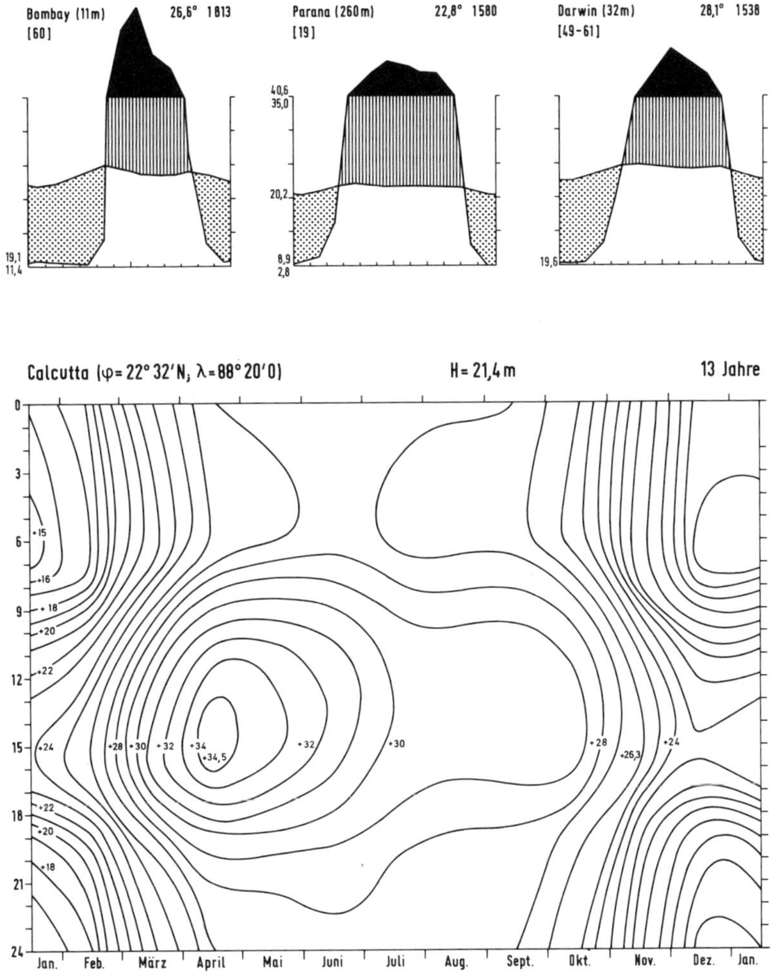

Abb. 23 Klima- und Thermoisoplethendiagramme der Feuchtsavannensubzone (nach Walter/Lieth und Troll)
Bombay (18°56′ N, 72°41′ E) mit wechselfeucht-tropischem Sommerregenklima in Indien
Parana (12°33′ S, 47°48′ W) mit wechselfeucht-tropischem Sommerregenklima in Südamerika
Darwin (12°23′ S, 130°44′ E) mit wechselfeucht-tropischem Sommerregenklima in Australien
Kalkutta (22°32′ N, 88°20′ E) mit wechselfeucht-tropischem Sommerklima („indischer Typus“ des Feuchtsavannenklimas)

1977 in seiner Übersichtskarte – nicht zuletzt wohl auch aus Maßstabsgründen – alle tropischen Böden zusammen. Bei GANSSEN-HÄDRICH (1965) wird erheblich stärker differenziert, und hier fällt auf, daß eine ganze Reihe von Bodentypen die wechselfeuchten Tropen kennzeichnen (vgl. Karte 3, nach S. 128).

In Afrika werden z. B. sogenannte Hygro-Xero-Kaolisole, die zu den ferralitischen Böden gehören, und Ferrisole von den lateritischen Böden ganz allgemein unterschieden.

Für das vielgestaltige Bodenmosaik ist – selbstverständlich neben Gesteins- und Reliefeinwirkung – auch das Klima verantwortlich, da bei dem insgesamt geringeren Wasserangebot nicht nur die Intensität der chemischen Verwitterung abnimmt und somit die Böden eine geringere Entwicklungstiefe aufweisen (im Vergleich mit den immerfeuchten Tropen), sondern auch weniger stark ausgewaschen werden. Im Gegensatz zu den immerfeuchten Tropen bedeutet jetzt die Folge von Trocken- und Regenzeit, daß hängige Bereiche nur während der Regenzeit ausreichend mit Feuchtigkeit versorgt werden, daß sich aber in Ebenen und Senken, vor allem bei dem vorherrschend flachwelligen Relief (entsprechend der Tendenz zu intensiver Flächenbildung), in der Regenzeit Wasser ansammelt. Diese Bereiche bekommen also wesentlich mehr Wasser und sind auch etwas länger feucht.

Schon unter natürlichen Bedingungen, also ohne anthropogene Eingriffe, wird aus hängigen Lagen Material in tiefer gelegene Ebenen und Senken transportiert. Das geschieht vor allem am Beginn der Regenzeit, da dann die Vegetationsdecke besonders schütter ist und der ausgetrocknete Boden einen gewissen Benetzungswiderstand besitzt. Selbstverständlich wird aber die Abtragung durch menschliche Eingriffe wie Rodung, Beweidung u.a.m. noch erheblich verstärkt. Die Gefahr großflächiger Bodenerosion erweist sich deshalb in den wechselfeuchten Tropen als wesentlich größer als in den immerfeuchten Tropen. Die geradezu gesetzmäßige, durch den wechselnden Reliefcharakter von Erhebungen und Senken bedingte Abfolge von Bodentypen in „reliefgesteuerten Bodensequenzen" hat bereits MILNE 1936 erkannt. Er hat hierfür den Catena-Begriff geprägt, der später von VAGELER (1938, 1955) aufgenommen und vertieft wurde.

Beispiele für Boden-Catenen aus wechselfeucht-tropischen Räumen teilen GROVE 1967 für Ghana und SEMMEL 1977 für das äthiopische Hochland mit (Abb. 24). Hier sind über Basalt auf Hängen und Plateaus trotz des basischen Muttergesteins stark saure, bis 2 m mächtige Rotlehme (Latosole) entwickelt, die einen ebenfalls stark verwitterten, bis über 10 m mächtigen weiß-grauen Gesteinszersatz überlagern. In den Senken sind schwarze Tonböden verbreitet (Regur, Tirs), deren Färbung nicht auf organischer Substanz, sondern auf stabilen dunklen Ton-Humat-Hüllen beruht. Auf ihnen öffnet sich in der Trockenzeit ein polygonales Spaltennetz. Durch das Einarbeiten oberflächlichen Lockermaterials in die Spalten entsteht ein durch die Vegetation oft hervorgehobenes Mikrorelief, welches bei MOHR et al. 1972 als *Gilgai*-Effekt beschrieben wird. Solche Bodendifferenzierungen führen zu einem charakteristischen Wechsel in der Vegetation: Die Rotlehme tragen einen regengrünen Wald, die schweren Tonböden wegen der starken Verdichtung nur Grasland. In der Landnutzung erhalten die Rotlehme gegenüber den zwar nährstoffreicheren, aber schwer zu bearbeitenden Tonböden den Vorzug; sie werden beackert, letztere in der Regel nur beweidet. Das führt zu der bereits erwähnten verstärkten Erosion in den Hanglagen, was ebenfalls von SEMMEL 1977 in einem schematischen Profil für eine Regur-Rotlehm-Catena zum Ausdruck gebracht wird (Abb. 24).

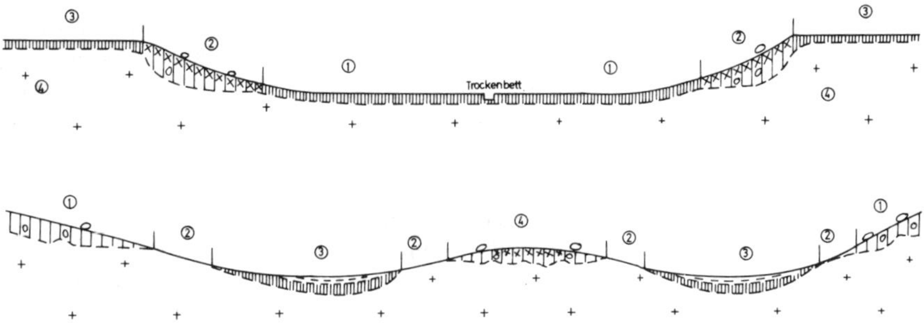

Abb. 24 Rotlehm-Regur-Catena aus dem äthiopischen Hochland (oben) sowie Auswirkungen der Bodenerosion (unten) in solchen Bodensequenzen (nach SEMMEL 1977)
Zur Erläuterung des oberen Profils: 1 = Regur (tirs) in der Ebene;
2 = Rotlehm mit tiefem Zersatz an den Hängen; 3 = Regur auf Plateaus;
4 = Basalt.
Zur Erläuterung des unteren Profils: 1 = A_p-Horizont im Zersatz, Rotlehm abgetragen; 2 = total erodierter Regur, unverwitterter Basalt liegt bloß; 3 = Kolluvium über Regur-Profil in den Mulden; 4 = Rotlehm ist stellenweise noch erhalten geblieben, randlich tritt jedoch bereits der Zersatz zutage. Als Abtragungsrückstand sammeln sich „Wollsäcke" an der Oberfläche an.

2.5.1.2 Die Pflanzengesellschaften der Feuchtsavannenzone und das „Savannenproblem". Schon bei der Behandlung des Klimas der wechselfeuchten Tropen und insbesondere der Feuchtsavannenzone konnte gezeigt werden, daß es keine scharfe klimatische Grenze zur Regenwaldzone gibt. Auch innerhalb der wechselfeuchten Tropen und wiederum in der Feuchtsavannenzone vollzieht sich im Idealfall ein regelhafter, kontinuierlicher Klimawandel, der durch eine Abnahme der Gesamtniederschlagsmenge und eine Zunahme von Trockenmonaten zum Ausdruck kommt.

So ist allein aus klimatischen Gründen eine entsprechende Differenzierung im natürlichen Pflanzenkleid zu erwarten. Sie äußert sich in verschiedenen Waldformationen, den halbimmergrünen tropischen Wäldern und den regengrünen tropischen Wäldern innerhalb der Feuchtsavannenzone. Zu letzteren gehören auch die regengrünen Monsunwälder (nach SCHMITHÜSEN 1976), die zwar ihren Feuchtigkeitsbedarf nicht aus sommerlichen Zenitalregen erhalten, sondern von den vom Monsun herbeigeführten feuchten Luftmassen; doch wirkt sich dies ungeachtet der klimagenetischen Unterschiede effektiv für die Pflanzenwelt gleich aus. Als erste Ausbildungen natürlicher Vegetationsformationen werden also klimabedingte Glieder einer Waldreihe festgestellt, die sich auch in den anderen Savannenzonen fortsetzt. Strittig bleibt in diesem Zusammenhang der schwer abzuschätzende Einfluß natürlicher Brände durch Blitzschlag oder auch die Belastung durch die Großtierwelt.

Ebenfalls wurde auf Grund der klimatischen Verhältnisse eine stärkere Differenzierung der Böden festgestellt, die im Zusammenhang mit den Gesteins- und insbesondere mit den Reliefverhältnissen zu sehen war. Erinnert sei an das Catena-Modell. Hieraus folgt eine weitere natürliche Vegetationsdifferenzierung im wesentlichen edaphisch begründeter Formationen. Zu ihnen gehören auch die natürlichen Feuchtsavannen im engeren Sinn.

Wie ist das Nebeneinander von Waldformationen und Grasländern in den wechselfeuchten Tropen zu erklären?

Das ist näher zu behandeln, weil es wichtig ist, diese „natürlichen Savannen" gegenüber physiognomisch ganz ähnlichen aktuellen Pflanzengesellschaften abzugrenzen, die heute in ihrer flächenhaften Verbreitung überwiegen, in ihrer Genese aber auf direkte oder indirekte menschliche Eingriffe zurückzuführen sind (Abb. 25). Mit dem „Savannenproblem" haben sich viele Forscher beschäftigt, so z. B. Troll (1950), Schnell (1971), sehr ausführlich und in mehreren Arbeiten Walter (1939, 1954). Ihre Hypothesen bzw. Ergebnisse stimmen nicht in allen Punkten überein, viele Fragen bleiben bis heute ungeklärt. Wir schließen uns im folgenden vor allem den Anschauungen von Walter an.

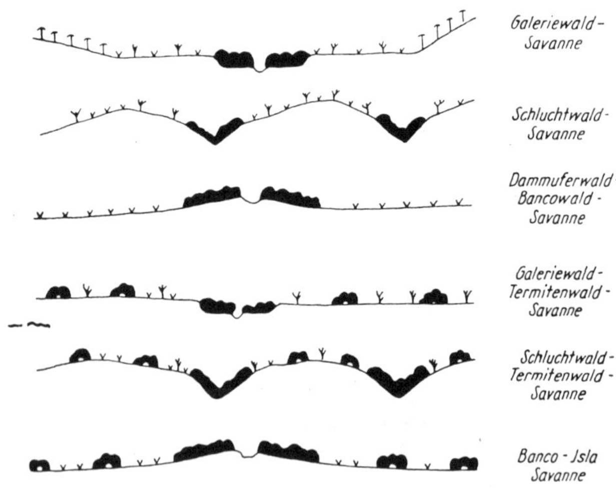

Abb. 25 Savannen-Landschaftstypen (nach Troll aus Walter 1973) Die als „Savannen" bezeichneten Landschaftstypen sind nach Walter 1973 jedoch ein Makromosaik von verschiedenen Pflanzenformationen (reines Grasland, Savannen, kleinere oder größere Waldkomplexe).

In den natürlichen Savannen sind mit den Gräsern und den Holzpflanzen zwei verschiedene Lebensformen miteinander vergesellschaftet, die sich im allgemeinen in anderen Klimazonen erhebliche Konkurrenz machen. Nur in den sommerfeuchten Tropen stehen sie unter günstigen edaphischen Bedingungen, d.h. bei tiefgründigen lehmigen Sanden, miteinander in einem ökologischen Gleichgewicht, da sie zum einen unterschiedliche Wurzelsysteme, zum anderen einen jeweils anderen Wasserhaushalt besitzen.

Die Gräser entwickeln ein fein verzweigtes, intensives Wurzelsystem, das auf Substraten mit hoher Feldkapazität bei sommerlichen Niederschlägen, also in der Vegetationszeit, eine optimale Ausnutzung des Wassers gewährleistet. Das ist auch nötig, weil die Gräser keinerlei Verdunstungsschutz besitzen und deshalb bei hoher Photosynthese auch stark transpirieren. In der Trockenzeit sterben sie bis auf den durch die vertrocknenden Blattscheiden geschützten Vegetationskegel schnell ab, es wird praktisch kaum noch Wasser benötigt.

Die Holzpflanzen haben im Vergleich zu den Gräsern ein extensives, aber um so weiter und tiefer reichendes Wurzelsystem. Sie erfassen damit ein größeres Substratvolumen und gelangen in Räume, die von Gräsern nicht erreicht werden. Das Substrat darf nun auch wesentlich grobkörniger, ja steinig sein. Der Wasserhaushalt der Bäume ist ausgeglichener; sie besitzen zudem die Möglichkeit, durch Laubfall, Stomataverschluß u.a.m. in der Trockenzeit die Transpiration einzuschränken. Andererseits benötigen sie aber auch in der Trockenzeit eine gewisse Wassermenge, da trotz aller morphologischen und physiologischen Vorkehrungen die Wasserverluste immer noch merklich bleiben.

Hieraus leitet Walter eine bestimmte Folge von natürlichen Savannentypen bei zunehmender Niederschlagsmenge ab, die vom reinen Grasland bis zum Trockenwald führt. Baumwuchs kann danach erst dann einsetzen, wenn auch in der Trokkenzeit in tieferen Bodenschichten noch Wasserreserven sind, die in der feuchten Jahreszeit das Wurzelwerk der Gräser passiert haben und diesen jetzt nicht mehr zur Verfügung stehen. Niederschlagsgrenzwerte für den Baumwuchs werden zwischen 300 und 400 mm angegeben.

Bei besonders günstiger Wasserversorgung der Bäume werden schließlich die lichtliebenden Gräser durch den Schattenwurf der Bäume immer stärker zurückgedrängt, die Holzarten gewinnen im interspezifischen Wettbewerb die Oberhand. Hieraus folgt, daß in der Feuchtsavannenzone, wo stets mit Niederschlagssummen im Jahr von über 1000 mm zu rechnen ist, gar keine natürlichen Grasländer aus rein klimatischen Gründen anzutreffen sein dürften. Ausnahmen wären allenfalls edaphisch zu erklären. Viele der weit verbreiteten, physiognomisch als Savannen bezeichneten Pflanzengemeinschaften müssen deshalb anthropogenen Ursprungs sein. Den Übergang vom Grasland über die Savanne zum Trockenwald haben Walter und Volk 1954 in sehr anschaulichen Profilen skizziert, die in Abb. 26 wiedergegeben werden.

Die typische zonale Vegetation ist nun aber in den wechselfeuchten Tropen nur unter besonders günstigen Boden- und Reliefbedingungen entwickelt. Das sind tiefgründige, sandig-lehmige Substrate in möglichst ebener, nicht überschwemmungsgefährdeter Lage. Nur hier stocken halbimmergrüne und regengrüne Wälder.

Reine Grasfluren oder mit Holzgewächsen durchsetzte können also in der Feuchtsavannenzone nur dann als natürlich angesprochen werden, wenn der Wasserhaushalt der Böden einen geschlossenen Baumwuchs nicht erlaubt. Das ist über lehmigtonigen und stark verdichteten Bodenbildungen in Senken der Fall, wo ebenso reine Grasländer (*Campos limpos*) mit übermannshohem Gras entwickelt sein können wie in solchen Senken, die regelmäßig und für längere Zeit im Jahr überschwemmt sind. Der Typ der Niederungs- oder Überschwemmungssavanne wird auch als Llano bzw. Llano bajo bezeichnet.

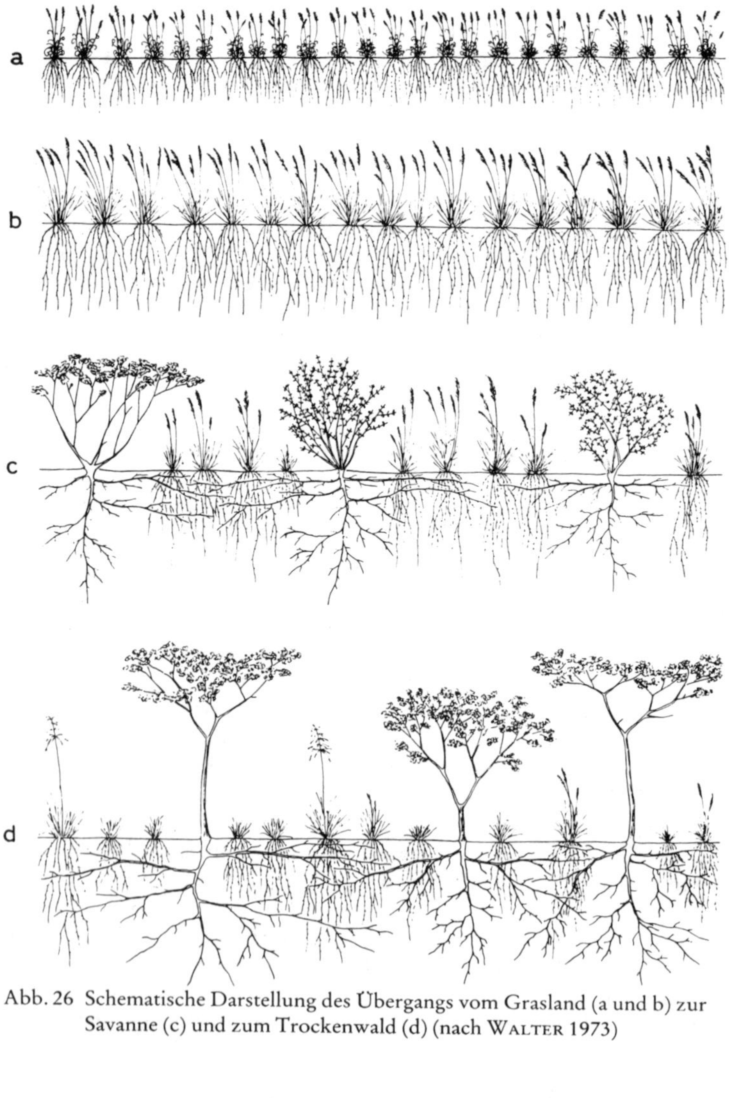

Abb. 26 Schematische Darstellung des Übergangs vom Grasland (a und b) zur Savanne (c) und zum Trockenwald (d) (nach WALTER 1973)

Unter den Llanos sind die am linken Ufer des Orinoco sich in mehreren hundert Kilometern Breite und Länge in Venezuela und Kolumbien ausbreitenden Formen wiederum von WALTER (1973) näher beschrieben, wobei er sich auf Untersuchungen von MEDINA (1967) und HUECK (1971) stützt. Ein Diagramm erlaubt eine nähere ökologische Kennzeichnung dieser Gesellschaften (Abb. 27). Entscheidenden Einfluß besitzt eine 1 bis 3 m mächtige, harte lateritische Schicht, die in der Regel kaum einen Meter unter der Oberfläche einsetzt. Sie soll ihre Entstehung einer Eisenoxidanreicherung im Zuge subrezenter höherer Grundwasserstände verdanken.

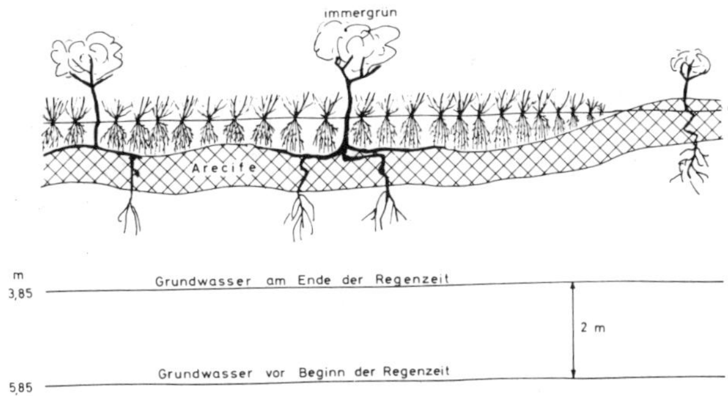

Abb. 27 Standortbedingungen der Llanos Zentral-Venezuelas (nach WALTER 1973)

In jedem Fall ist die Feldkapazität des aufliegenden Lockermaterials so hoch, daß Gräser während der Regenzeit ausreichend versorgt werden, in der Trockenzeit aber das pflanzenverfügbare Wasser für Holzgewächse nicht ausreicht. Wachsen dennoch Bäume, so muß dies auf bis ins Grundwasser reichende Wurzeln zurückzuführen sein, die an wenigen Stellen die „*Arrecife*“-Schicht durchstoßen haben. Die Verteilung der Bäume im Grasland spiegelt so gewissermaßen die Struktur der Arrecife, bzw. die Zahl der sie durchsetzenden Gänge wider. Ähnlich werden auch die Verhältnisse und ökologischen Zusammenhänge bei den brasilianischen „*Campos cerrados*“ von GOODLAND (1971) gedeutet.

Llanos und Campos cerrados sind somit die wichtigsten azonalen, weil edaphisch bedingten Vegetationsformationen in der Feuchtsavannenzone. Sie lassen sich auch in den Feuchtsavannengebieten anderer Erdteile finden, etwa in den „*Mbugas*“ und „*Dambos*“ Afrikas.

Wenn auch heute die Genese der lateritischen Krusten oder durch Kieselsäure verfestigten Eisenkonkretionen noch nicht eindeutig geklärt scheint, so ist doch wohl ihr Einfluß auf die Vegetationszusammensetzung zweifelsfrei nachgewiesen. Eine Erklärung der Krustenbildung wie auch des von ihr bedingten Vegetationsmosaiks wird wohl auch quartäre Klimaschwankungen mit berücksichtigen müssen. Diese sind von MÜLLER (1970) wahrscheinlich gemacht worden, doch ist über ihre Folgen im einzelnen noch sehr wenig bekannt.

2.5.1.3 Die Tierwelt des Feuchtsavannenbioms. Es ist zu erwarten, daß sich die Tierwelt der Savannen, der von Einzelbäumen oder Baumgruppen durchsetzten Grasländer, oder der lichten Wälder von der der dichten, schwer zu durchdringenden und lichtarmen tropischen Regenwälder unterscheidet.

Zunächst ist auch hier wieder festzustellen, daß es Tierarten gibt, deren Areal sich weitgehend mit dem der Feuchtsavannenzonen in den einzelnen Erdteilen deckt. Als Beispiel werden bei MÜLLER 1977 für Südamerika eine Klapperschlangenart *(Crotalus durissus)*, für Afrika ein Honigvogel *(Nectarinia senegalensis)* angeführt.

Dem weitgehenden Offenlandcharakter der Feuchtsavanne angepaßt – man spricht auch von Parklandschaften –, sind jetzt Großtiere verschiedener Arten und Familien und in größeren Populationen kennzeichnend. Unter den von TISCHLER 1955 unterschiedenen Lebensformentypen bestimmen Läufer, Springer und Späher das Lebensformenspektrum. Zu ersteren gehören eine Reihe von Huftieren (Zebras, Giraffen, Antilopen, Gazellen, Wasserbüffel), hochbeinige Raubtiere (Hyänenhunde, Geparden, Tüpfelhyänen) wie auch zahlreiche Laufvögel (Strauße, Trappen und diverse Hühnervögel). Unter diesen Laufvögeln gibt es wiederum eine interessante konvergente Entwicklung, die die Straußenvögel betrifft. Der afrikanische Strauß wird in Australien durch die Emus, in Südamerika durch den Nandu vertreten.

Zu den Springern sind vor allem Känguruhs, Springmäuse und Springhasen zu zählen, zu den Spähern zahlreiche Raubvögel und Geier, wobei z. B. wieder eine deutliche Trennung zwischen altweltlichen und neuweltlichen Geiern besteht.

Es bleibt noch zu erwähnen, daß viele der genannten Tierarten – die im übrigen auch über den engeren Bereich der Feuchtsavannenzone hinaus in anderen Savannenzonen vorkommen – einen auffallenden Gesellschaftstrieb entwickelt haben.

Zebras, Antilopen, Strauße treten in Herden auf, Löwen und Falken jagen in Rudeln bzw. in Schwärmen. Auch dieses Verhalten darf als Anpassung an den überwiegenden Offenlandcharakter und das daraus resultierende höhere Schutzbedürfnis gedeutet werden.

2.5.1.4 Die Beziehungen zwischen Mensch und Feuchtsavannen-Ökosystem. Die Feuchtsavannenzone soll abschließend unter dem Aspekt der menschlichen Eingriffe auf die geschilderten Strukturelemente und Systemzusammenhänge betrachtet werden. Es wurde schon die aus natürlichen Gründen stärkere Anfälligkeit dieser Räume im Hinblick auf die Bodenerosion angedeutet. Durch Ackerbau und Weidewirtschaft wurde aber wenigstens örtlich die Bodenerosion beschleunigt oder auch erst in Gang gesetzt. In Hanglagen wird oft nicht mehr der eigentliche Boden bebaut, sondern nur noch der tiefgründige Gesteinszersatz. Die Senken und Ebenen werden durch feinkörnige Kolluvionen zunehmend verschüttet und verdichtet. Während letztere aber durch kulturtechnische Maßnahmen mit erheblichem Kapitaleinsatz wohl auch zukünftig noch genutzt werden können, ist die Nutzung der Hanglagen begrenzt. Mancherorts scheint diese Grenze durch das Hervortreten des unverwittert anstehenden Gesteins bereits erreicht.

Auch die Einflüsse auf die Tierwelt, insbesondere die Großtierwelt, dürfen nicht übersehen werden. Hatte schon im 19. Jh. die Jagd auf das „weiße Gold", das Elfenbein, zu einer beträchtlichen Dezimierung der Elefantenherden geführt, so bedrohen heute Großwildjäger viele Tierarten der Savannen. Wildreservate sind die Antwort hierauf gewesen, aber ihre Flächen sind beschränkt und die Tiere auch dort nur ungenügend geschützt. Andererseits kann es gerade in den mitunter zu klein bemessenen Reservaten zu Überstockung und verstärkter Vegetationszerstörung kommen.

Den zweifellos nachhaltigsten Einfluß hatte die Landnahme, hatten Ackerbau und Weidewirtschaft auf das Pflanzenkleid. Am stärksten sind diese Einflüsse auf die halbimmergrünen und regengrünen Wälder gewesen, ausgelöst wiederum durch die bereits bekannte Form des Brandrodungs-Wanderfeldbaus, der shifting cultivation. Diese Wälder lassen sich in der Trockenzeit wesentlich leichter roden und abbrennen als der tropische Regenwald. An die Stelle solcher Wälder traten somit Ackerflächen und – wenn diese verlassen wurden und der Boden- und Wasserhaushalt gestört worden war – Ersatzgesellschaften. Es sind anthropogen bedingte Grasländer mit wenigen Bäumen, die physiognomisch der klassischen Savannenvorstellung nahekommen, die als solche bezeichnet werden und die deshalb die Unterscheidung von natürlichen Savannen und „Sekundärsavannen" erschweren. Allerdings sind die Holzpflanzen dieser „Sekundärsavannen" vornehmlich feuerresistente Arten, sogenannte *Pyrophyten.* Die weite Benutzung des „Savannen-Begriffs" hat diesen Begriff ökologisch entwertet. Schon deshalb kann man ihn nur als beschreibenden Begriff gelten lassen.

Die im Vergleich zur Regenwaldzone wesentlich intensiveren menschlichen Einflüsse, die fast flächendeckend die gesamte Feuchtsavannenzone betreffen, haben ein ungewöhnlich buntes Agrarlandschaftsmosaik zur Folge. Die Gemeinsamkeiten und insbesondere die natürlichen Faktoren, die letztlich auch hier wieder die Rahmenbedingungen für die Landnutzung sind, sollen näher erörtert werden.

Die klimatischen Bedingungen erlauben noch den Anbau vieler Kulturpflanzen, die schon im Rahmen der Landnutzungsmöglichkeiten der immerfeuchten Tropen besprochen worden sind. Allerdings bleiben einige Baumkulturen, die für die immerfeuchten Tropen charakteristisch waren, wie z. B. der Kakao und die Ölpalme oder auch der Kautschuk, zurück. Für diese Arten wird die Trockenzeit zu lang und die ständig hohe Luftfeuchte fehlt. An Kulturpflanzen für den Weltmarkt kommen dafür die Erdnuß und, wo bewässert werden kann, die Baumwolle hinzu.

Das bunte Landnutzungsmuster wird aber letztlich durch Getreidearten (Mais, Hirsearten) und Knollenfrüchte (Batate, Yams, Maniok) bestimmt. Es darf hier wieder an von MANSHARD 1968 skizzierte Landnutzungsprofile für die wechselfeuchten Tropen erinnert werden, welche diese Verhältnisse sehr anschaulich illustrieren. Wichtig und ebenfalls klimabedingt ist der Wechsel vom ununterbrochenen Anbau der Regenwaldzone zu einem Regenfeldbau in der Feuchtsavannenzone, der hier allerdings noch zwei Ernten ermöglicht, abgesehen natürlich von den schon erwähnten Bewässerungskulturen.

Schließlich war schon unter natürlichen Bedingungen, etwa in den Llanos, eine Großviehhaltung möglich, die dann mit der zunehmenden Rodung ausgedehnt wurde. Fehlt in den immerfeuchten Tropen die Viehhaltung noch weitgehend, so ist sie in allen Savannenzonen verbreitet, besonders auf Flächen, die wegen ihrer schweren Böden einen Ackerbau mit konventionellen Methoden kaum gestatten und deshalb natürliche oder „quasinatürliche" Grasstandorte sind.

Nur in Räumen, in denen die Tsetse-Fliege verbreitet ist, die als Überträger der Schlafkrankheit schon vorgestellt wurde, muß die Viehzucht eingeschränkt werden, da diese Krankheit auch Rinder befällt. In entsprechenden Räumen Afrikas sind deshalb auch fast die letzten Waldinseln vernichtet worden, da sie die Biotope der Glossinen darstellen.

2.5.2 Die Trocken- und Dornsavannen-Subzonen

Ohne deutlich sichtbare Grenze schließen sich an die Feuchtsavannenzone jeweils polwärts die Trocken- und Dornsavannenzonen an, die ihrerseits auch nur schwer voneinander zu trennen sind. Größten Raum, und dazu wieder in modellhaft zonaler Anordnung, nehmen die beiden Zonen in Afrika ein; der indische Subkontinent ist weitgehend hierher zu stellen, ebenso der Norden Australiens. Vergleichsweise klein ist ihre Ausdehnung in Süd- und Mittelamerika. Im folgenden werden die beiden Subzonen im Vergleich betrachtet, zunächst ihre natürliche Ausstattung, sodann im Hinblick auf ihre Landnutzungsmöglichkeiten.

2.5.2.1 Die Klima-Boden-Vegetations-Komplexe der Trocken- und Dornsavannen. Der allmähliche Übergang zwischen den Subzonen der wechselfeuchten Tropen ist auf den sich ebenfalls kontinuierlich vollziehenden klimatischen Wandel mit immer kürzer werdender humider und immer ausgedehnterer arider Jahreszeit zurückzuführen. Daß aber auch diese Subzonen noch ein Tageszeitenklima besitzen und damit nach der Definition von Troll und Lauer zu den Tropen gehören, zeigt das Thermoisoplethendiagramm von Timbuktu, einer Station, die bereits im Grenzbereich zu den Halbwüsten liegt (Abb. 28). Zwar erreicht die Jahresschwankung bei Jahresmitteltemperaturen um 25°C bereits Werte von 13°C, die Tagesschwankungen aber liegen bei mindestens 14°C und maximal sogar bei 18°C.

Darüber hinaus sei auf die ausgewählten Klimadiagramme aus den Trocken- und Dornsavannensubzonen verschiedener Kontinente hingewiesen. Sie bestätigen den deutlich sichtbaren Temperaturjahresgang mit dem jeweils charakteristischen Absinken der Temperaturkurve während der Regenzeit. Diese aber ist nun typischerweise auf 3 bis 4 Monate beschränkt. Die Jahresmittelwerte liegen zwischen 300 und 1000 mm, wodurch sich an der Untergrenze die Nähe der Halbwüste zeigt. Besonders wichtig ist aber, daß die kurze Regenzeit jeweils sehr klar ausgeprägt in die Sommermonate fällt, daß es sich also um ausgesprochene Zenitalregen handelt und sekundäre Maxima oder Niederschläge überhaupt fehlen oder, wie am Beispiel Mexikos oder Nordaustraliens, zyklonal bedingt sind.

Sehr viel entscheidender als zwischen Regenwald und Feuchtsavannenzone wirkt sich nun der klimatische Wandel zwischen Feucht- und Trockensavannenzone auf die Pedogenese aus. Die intensive Rotfärbung der Böden geht wegen der Abnahme der freien Eisenoxide zurück. Man spricht bei den zonalen Böden von braunen und braunroten tropischen Böden oder, entsprechend der geringeren Kieselsäureauswaschung, auch zusammenfassend von fersialitischen Böden im Gegensatz zu den ferralitischen Böden oder Ferrisolen der Feuchttropen.

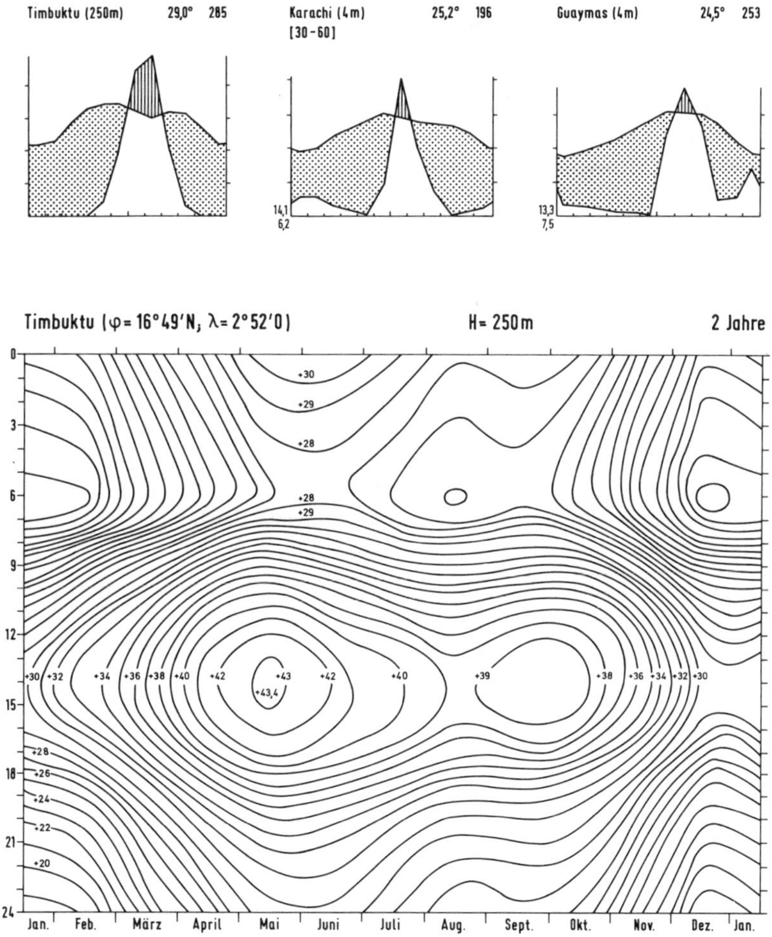

Abb. 28 Klima- und Thermoisoplethendiagramme der Trocken- und Dornsavannensubzone (nach Walter/Lieth und Troll)
Timbuktu (16° 49′ N, 2° 52′ E) mit Trocken- und Dornsavannenklima in Afrika
Karachi (24° 51′ N, 67° 02′ E) mit Trocken- und Dornsavannenklima in Indien
Guayamas (27° 59′ N, 110° 54′ W) mit Trocken- und Dornsavannenklima in Mexiko

Die Entwicklungstiefe der Böden nimmt weiter ab, ebenso – da die chemische Verwitterung weitgehend auf die feuchten Monate beschränkt bleibt – der hohe Anteil der Tonfraktion, die aber immer noch überwiegend aus Kaolinit besteht. Die Böden werden also lehmiger, sandiger, auch steiniger.

Besonders wichtig ist, daß wegen der geringen Niederschlagsmengen die Auswaschung der Böden insgesamt unterbleibt oder sehr gering ist, ja sich in der Regel Auswaschung in der Regenzeit und Aufstieg löslicher Bestandteile im Boden in der Trockenzeit die Waage halten. Allein deshalb und weil noch große Mengen verwitterbarer Minerale enthalten sind, sind die Böden der Trocken- und Dornsavannenzone relativ nährstoffreich. Die pflanzliche Produktion wird jetzt nicht mehr durch das Nährstoffangebot der Böden limitiert, sondern in zunehmendem Maße durch das pflanzenverfügbare Wasser.

Neben den bisher erörterten zonalen Bodenbildungen sind in den Trockentropen auch intrazonale Böden vertreten, deren Dynamik von außerklimatischen Faktoren gesteuert wird. Es sind auch hier wieder Böden in Ebenen und Senken, ähnlich den Reguren und Tirsböden, dunkelgefärbte, tonige Bildungen, die dem ausgeprägten Wechsel von Trocken- und Regenzeit zufolge schrumpfen und quellen. Dabei arbeitet sich das Bodensubstrat praktisch selbst in der Vertikalen durch *(self mulching)*. Diese Böden, die durch viele verschiedene örtliche Bezeichnungen belegt sind, werden zusammenfassend als Vertisole bezeichnet.

Besonders in arideren Gebieten bis in die Halbwüsten hinein kann es in den Böden auch zu Salzanreicherungen kommen. Sie sind dann in die Nähe von Takyren zu stellen, die in feuchtem Zustand plastisch und zäh, in trockenem Zustand sehr hart sind und dann ein charakteristisches Polygonnetz mit Salzausblühungen besitzen. Daraus ist auch die in der Trockenzeit auf Grund der hohen Verdunstung aufsteigende Tendenz der Bodenlösungen ersichtlich.

Unter diesen klimatischen Bedingungen und bei der oft nur schütteren Pflanzendecke ist die Bodenerosionsgefahr sehr groß. Es ist schon von Natur aus mit starkem Abtrag zu rechnen und mit einer örtlich so geringen Bodenbildung, daß oft nur von Rohböden oder Regosolen gesprochen werden kann.

Bereits bei der Erörterung der Vegetationsformationen der Feuchtsavanne wurde der scheinbare Antagonismus von Wald und Grasland erläutert und dabei in Anlehnung an die Überlegungen von WALTER 1954 festgestellt, daß der klimabedingte Wechsel dieser Formationen in der Feuchtsavannenzone mit über 1000 mm Niederschlag im Jahr noch nicht möglich ist. Das Auftreten von Grasland ist dort vielmehr azonal, edaphisch bedingt oder aber anthropogen. Erst bei wesentlich geringeren Niederschlagsbeträgen um 400 bis 600 mm herrscht ein relativ labiles Wettbewerbsgleichgewicht zwischen Gräsern und Holzpflanzen. Also ist erst in der Trocken- und Dornsavanne mit klimatisch bedingtem Grasland zu rechnen, daneben aber auch mit Strauch- und Baumvegetation.

Letztere gewinnt in den feuchteren Teilen der Trockensavanne das Übergewicht, wobei es zur Ausbildung regengrüner Wälder bzw. tropischer Trockenwälder kommt. Die bestandbildenden Holzpflanzen besitzen vielfach morphologische

Merkmale, die eine Einschränkung der Transpiration gewährleisten. Als Wuchsformen herrschen mittelhohe, dornige Schirmkronenbäume mit oft fiederblättrigem Laub vor. Prototyp dieser Wälder ist der afrikanische *Miombo*-Wald mit *Brachystegia*- und *Berlinia*-Arten, in Südamerika sind die *Tipa*-Wälder im Gran Chaco zu nennen, in Vorderindien gehören die trockenen Varianten des Monsunwaldes hierher.

Die Gramineenarten der Grasländer beschränken hier in der Trocken- und Dornsavannenzone ihre Vegetationsperiode auf die Regenzeit, besitzen also keinen Verdunstungsschutz, sondern vertrocknen bis auf den durch die abgestorbenen Blattspreiten geschützten Vegetationskegel.

Eine Sonderform der Trockensavannen wurde erstmals von Troll 1936 beschrieben: die Termitensavanne. Sie bildet aber strenggenommen ein Mosaik zweier verschiedener Formationen.

Durch die staatenbildenden Termiten, außerordentlich individuenreiche, lichtscheue Insekten, wird örtlich einerseits das Kleinrelief durch die oft mehrere Meter hohen Bauten modifiziert, andererseits werden der Boden und eventuelle lateritische Verfestigungen tiefgründig gelockert. Damit sind örtlich Ökotope geschaffen, die durch ihre erhöhte Lage in überschwemmungsgefährdeten Ebenen und durch nun günstige bodenphysikalische Eigenschaften wirkliche Inseln für den Baumwuchs werden. Eine Nährstoffanreicherung findet allerdings nach Hesse 1955 nicht statt.

Lag die Dauer der winterlichen Trockenzeit in der Trockensavanne noch bei 5–7½ Monaten, so verlängert sie sich in der Dornsavanne auf 7½ bis 10 Monate. Es herrschen nun also nur noch für 2 bis maximal 4 Monate humide Verhältnisse, auf die sich die Pflanzenwelt nicht mehr nur durch wassersparende, sondern auch mit wasserspeichernden Organen einstellt. Freilich sind auch hier die Übergänge fließend, sie äußern sich in einer allmählichen Zunahme meist stammsukkulenter Taxa, darunter viele Kakteen in der Neuen und *Euphorbiaceen* in der Alten Welt und andere baumförmige Gewächse verschiedener Pflanzenfamilien. Hierher gehört ebenso der bekannte Affenbrotbaum *(Adansonia digitata)*, der Flaschenbaum *(Adenia globosa)*, beides *Bombaceen*, oder *Beaucarnia gracilis*, eine *Liliacee* im mexikanischen Dornsavannengebiet. Als Idealtyp des Dornsavannenwaldes wird immer wieder die mimosaceen- und cactaceenreiche Formation der brasilianischen *Caatinga* geschildert. In Australien wird der vorwiegend aus Eucalypten gebildete Trockenwald der Trockensavannenzone von niedrigen Akaziengebüschen der Dornsavannen abgelöst, die hier als „scrub“ bezeichnet werden.

Eine azonale Vegetationsformation, die in allen Savannenzonen anzutreffen ist, muß abschließend noch genannt werden. Es sind die Galeriewälder, die bei allen Unterschieden in der floristischen Zusammensetzung doch viele Gemeinsamkeiten besitzen. Da die Bäume hier im Flußauenbereich oder auf den unteren Terrassen wachsen, also mit den Wurzeln ganzjährig das Grundwasser erreichen, sind sie meist immergrün und ebenso in die Nähe der tropischen Feuchtwälder zu stellen wie etwa Schluchtwälder, bei denen noch besondere geländeklimatische Faktoren (höhere durchschnittliche Luftfeuchte) den Feuchtwaldcharakter begründen.

Mit den Termiten sind bereits charakteristische Vertreter der Trockensavannenfauna vorgestellt worden. Sie gehören zu den vielen Arten, die TISCHLER (1955) zur Lebensform der Graber stellt. Diese Tiere können nicht nur ihren Feinden, sondern auch den steigenden Maximaltemperaturen – besonders in Bodennähe – am besten entrinnen. Neben den Termiten, von denen nur eine Reihe von *Macrotermes*-Arten die erwähnten spektakulären Bauten errichtet, sind hier auch Ameisen und Heuschrecken zu nennen. Weiterhin treten bereits zahlreiche „Wassersparer" auf, viele Insekten und Reptilien. Sogar Säugetiere, wie bestimmte Gazellenarten, nehmen nie oder monatelang kein Wasser zu sich.

Die Trocken- und Dornsavannenbiome sind auch die Schwarmbildungsgebiete vieler Wanderheuschrecken, z. B. von *Locusta migratoria* und *Schistocerca gregaria*. Zwar hat UVAROV 1951 die heutigen Kenntnisse über Schwarmbildung und Wanderverhalten der Tiere erheblich vermehrt, auch Korrelationen zwischen Aufbruch und bestimmten klimatischen Grenzwerten festgestellt, doch bleiben auf diesem Gebiet noch viele Fragen offen.

2.5.2.2 Möglichkeiten der Landnutzung in den Trocken- und Dornsavannen. Im Hinblick auf die Landnutzungsmöglichkeiten ist die zunehmende „Klimaverschlechterung" durch die Niederschlagsabnahme von entscheidender Bedeutung. In der Trockensavannenzone ist bei Niederschlagsbeträgen zwischen 1000 und 500 mm noch Regenfeldbau möglich, der aber nurmehr eine jährliche Ernte erlaubt. Beim Übergang in die Dornsavannenzone wird auch bald die agronomische Trockengrenze überschritten, und der Anbau kann nur noch mit Hilfe von Bewässerung erfolgen. Anbaufrüchte für die Selbstversorgung bleiben nach wie vor Mais, Gerste und Hirsearten, während die Knollenfrüchte nicht mehr ausreichende Wassermengen erhalten. Auf den Bewässerungsfluren – und als Weltmarktprodukte – herrschen Baumwolle und Erdnüsse, stellenweise auch noch Zuckerrohr vor.

Die Viehzucht gewinnt in gleichem Maße an Bedeutung, wie der Ackerbau zurückgeht. In der Trockensavanne wird sie im wesentlichen mit Rindern betrieben, die hier nicht mehr durch Tsetse-Fliegen gefährdet sind. In der Dornsavannenzone erlaubt dagegen die immer lichter werdende Pflanzendecke mit vielen dornigen Arten und Hartgräsern nur noch Schaf- und Ziegenhaltung, da diese Tiere – vor allem die Ziegen – wesentlich genügsamer sind.

Im Zuge der schon über Jahrhunderte geübten Weidewirtschaft in fast allen Trocken- und Dornsavannenzonen der Erde ist das natürliche Gleichgewicht der besonders empfindlichen Savannenökosysteme oft gestört worden, und weite Flächen müssen heute als anthropogene Wüsten aufgefaßt werden.

Werden nämlich die Gräser alle abgeweidet und entfällt damit ihre Transpirationsrate, so dringt soviel Wasser in den Boden ein und bleibt dort auch in der Trockenzeit greifbar, daß Holzpflanzen Wuchsmöglichkeiten erhalten. Es breiten sich deshalb meist strauchförmige Akazien aus, in schwer zu durchdringenden Dornbuschformationen. Diese Verbuschung (nach WALTER 1954) nimmt heute bereits große Flächen ein, die damit als Weideland entfallen. Wird der Dornbusch im Zuge wachsenden Bevölkerungsdrucks als Brennmaterial abgeholzt, so bleiben weitgehend vegetationsfreie Flächen zurück, auf denen nur in der Regenzeit kurzfristig annuelle Arten ihren Vegetationszyklus abschließen.

Diese eben geschilderten Prozesse haben letztlich auch zur jüngsten Katastrophe in der Sahelzone beigetragen. Dort mußte sich eine Folge von Trockenjahren – wie sie in Trockengebieten immer wieder vorkommt – ganz besonders nachteilig auswirken, weil durch jahrzehntelange Beweidung und vor allem Überstockung der Flächen in der jüngsten Vergangenheit das natürliche Potential der Trocken- und Dornsavannen einseitig überbelastet worden ist. Das natürliche Gleichgewicht dieser Ökosysteme, welches auch gegenüber Trockenjahren als „Puffer“ wirksam wird, war längst – vielleicht irreversibel – zerstört (MENSCHING und IBRAHIM 1976).

2.6 Die tropischen Wüsten und Halbwüsten

Der weitaus größte Flächenanteil der trockenen und sommerheißen Wüsten und Halbwüsten liegt in den Subtropen. So werden deshalb auch die Wüsten- und Halbwüstenökosysteme erst im Rahmen der Subtropen ausführlicher behandelt. Dennoch muß hier gefragt werden, warum TROLL/PAFFEN die Trockengebiete trennen. Schließlich fassen doch eine Reihe von Autoren die Trockenräume zusammen, etwa KÖPPEN mit seinen B-Klimaten. Was berechtigt also zur Ausgliederung der tropischen Wüsten und Halbwüsten, wobei diese Grenze sogar das größte aller Trockengebiete der Erde, die Sahara, zerschneidet?

Da sowohl die Tropen als auch die Subtropen an den heißen Trockenräumen Anteil haben, ist diese Frage durch den Vergleich grundlegender klimatischer Charakteristika beider Landschaftsgürtel zu klären.

Thermisch sind die Tropen mit dem Begriff der Isothermie zu erfassen. Die Temperaturjahresschwankung liegt in den inneren Tropen bei nur 1 bis 5° C, in den Randtropen bei 10 bis 12° C und damit immer noch unter den Werten der Tagesschwankungen. Das ist jedoch auch noch in weiten Bereichen der Subtropen der Fall. Wegen der hohen Einstrahlung und der ungehinderten nächtlichen Ausstrahlung werden in Wüsten Temperaturtagesschwankungen von über 50° C erreicht.

In den Subtropen sind die Jahresschwankungen wesentlich höher. LAUER sieht die Isolinie der 12° C-Jahresschwankung als Grenze der Tropen zu den Subtropen an, eine Grenze, die mitten durch die Trockengebiete führt. Allerdings fällt dieser Schwellenwert mit weiteren thermischen Werten zusammen, etwa mit Wärmesummengrenzen, die bei 18° C mittlerer Jahrestemperatur erreicht werden (in ozeanisch getönten Räumen bei 18° C Mittel des kältesten Monats) oder aber auch mit dem Auftreten von Frösten. Solche Kriterien sind im Hinblick auf die Zusammensetzung der Pflanzengesellschaften zweifellos von Bedeutung. Eine thermische Abgrenzung der Tropen ist also wohl zu begründen, der Verlauf der Grenze nach den zitierten Kriterien trennt aber die Trockengebiete.

Die hygrische Kennzeichnung und Differenzierung der Tropen beruht auf der regelhaften Abnahme der Niederschläge von den inneren Tropen bis in die Wüsten bzw. auf der in dieser Richtung zunehmenden Dauer der Trockenzeit. Ein ähnlicher Übergang erfolgt auch von den feuchten Subtropen in die trockenen wüstenhaften, doch besteht hier ein wesentlicher Unterschied. Der Jahresgang der Niederschläge ist geradezu entgegengesetzt; denn die sommerlichen Zenitalregen der Tropen werden von den winterlichen, zyklonal bedingten der Subtropen abgelöst. Dieser Übergang zwischen zwei grundsätzlich verschiedenen Niederschlagsregimen führt in den inneren Wüsten dazu, daß zu keiner Zeit des Jahres Niederschlag erwartet werden kann, daß er aber zu jeder Zeit eintreffen kann. In den Halbwüsten- und Wüstenrandbereichen ist es nun aber durchaus von Bedeutung, ob die wenigen zu erwartenden Niederschläge in die Vegetationsperiode fallen, wie im tropischen Randbereich, oder aber in eine aus thermischen Gründen erforderliche Zeit der weitgehenden Vegetationsruhe, wie im subtropischen Randbereich.

Dieser klimatischen Asymmetrie entspricht nämlich auch eine im Pflanzenkleid. Auf der äquatorwärtigen Seite der Wüsten reichen die Dornsavannen mit Baumwuchs bis an den Rand der vegetationsfreien oder -armen Wüste. Auf der polwärtigen Seite hört dagegen der Baumwuchs sehr viel früher auf, hier bilden aus Trockengräsern und Zwergsträuchern zusammengesetzte Trockensteppengesellschaften den Übergang zur Wüste. Hieraus ergeben sich auch Konsequenzen für die Nutzung.

Im folgenden werden die heißen Halbwüsten und Wüsten der Tropen und Subtropen dennoch zusammen behandelt und zu den Subtropen gestellt. Wir schließen uns hier, wie bereits in der Einleitung angeführt, der dort erläuterten Auffassung von Köppen an und werten die Trockenheit, den Minimumfaktor Wasser, trotz der hier vorgetragenen Einschränkungen als stärkere, übergreifende „Klammer“.

Faltkarte 2 Vegetation der Erde

1 Tropische Regenwälder (einschließlich Mangroven)
2 Tropische Gebirgsregenwälder, Paramo und feuchte Puna
3 Tropische halbimmergrüne Regenwälder und regengrüne Monsunwälder
4 Tropische Trockenwälder, Campos cerrados und Dornbaum- und Sukkulentenwälder
5 Feuchtsavannen
6 Trockensavannen
7 Dornsavannen und Dornstrauch-Sukkulentenformationen
8 Halbwüsten
9 Trockenwüsten
10 Hartlaubvegetation
11 Trockensteppen, Koniferentrockengehölze, Hartpolsterformationen und xeromorphe Strauchformationen
12 Lorbeerwälder und subtropische Regenwälder
13 Sommergrüne Laubwälder, zum Teil mit Nadelholz
14 Immergrüne boreale Nadelwälder
15 Gebirgsnadelwälder
16 Sommergrüne Nadelwälder
17 Temperierte Regenwälder
18 Sommergrüne Baumsteppen
19 Schwarzerdesteppen
20 Kältewüsten
21 Subpolare Wiesen, sommergrüne Gesträuche und subantarktische Heiden
22 Tundren
23 Gebirgsvegetation jenseits der Baumgrenze

DIE VEGETATION DER ERDE

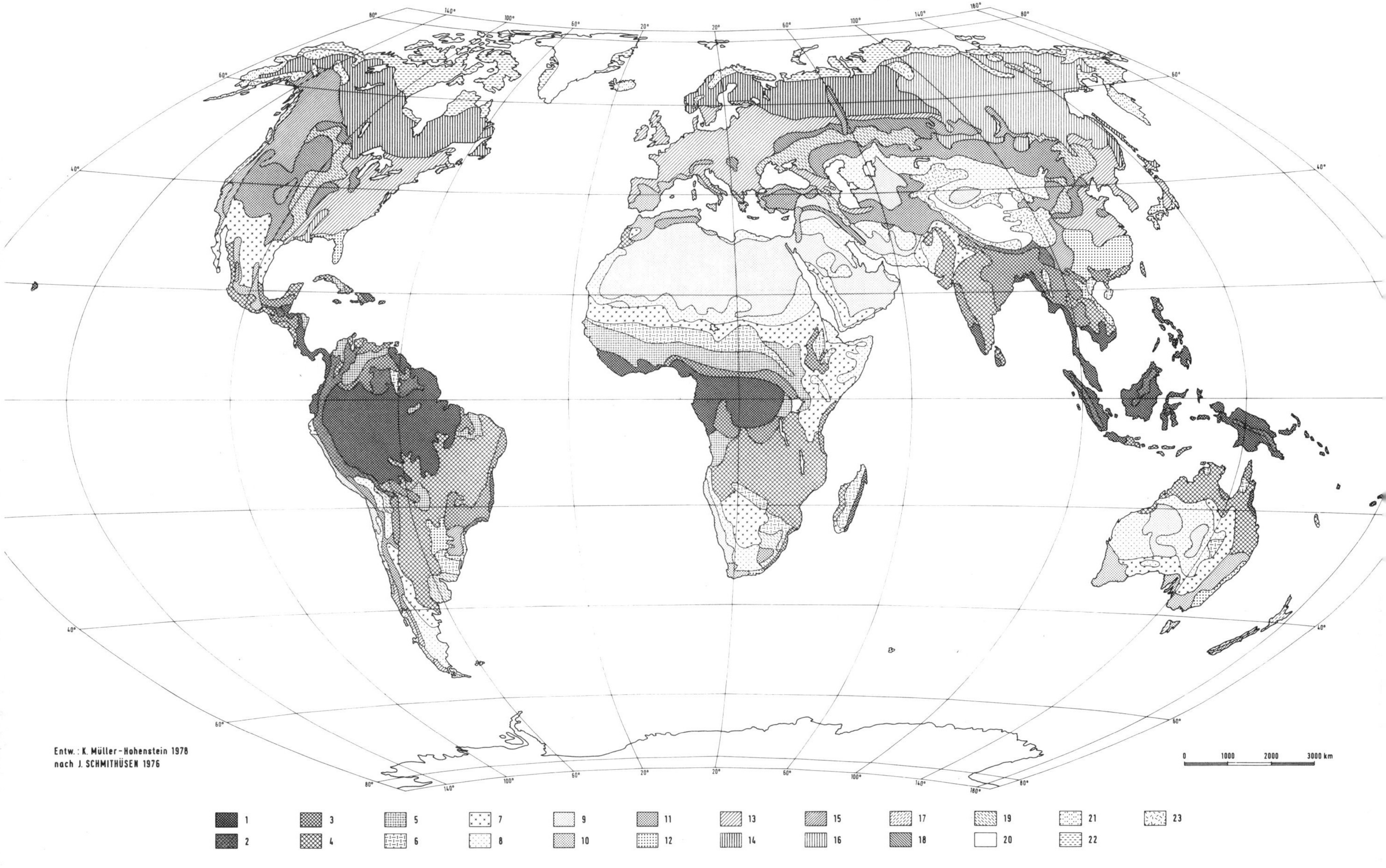

3 Die Subtropen – Die warmgemäßigten Subtropenzonen

3.1 Allgemeine, übergreifende Charakteristik der Subtropen

Mit dem Untertitel „Subtropen*zonen*" wird schon angedeutet, daß dieser Landschaftsgürtel offenbar heterogener als die Tropen ist. Konnte für letztere noch trotz aller klimatischen Abstufungen und Differenzierungen als übergeordnetes Charakteristikum das „Tageszeitenklima" angeführt werden, so bleibt jetzt bei den Subtropen nur der nicht sehr vielsagende Begriff „*warmgemäßigt*".

Welche thermische Spanne umfaßt der in erster Linie auf die Jahresmitteltemperaturen bezogene Begriff? Die in Abb. 29 wiedergegebenen Klimadiagramme zeigen, daß die diesbezüglichen Werte vor allem in den subtropischen Trockengebieten sowohl geringfügig über denen der Randtropen (vgl. Abb. 28) als auch deutlich über denen der kühlgemäßigten Zonen (vgl. Abb. 48) liegen.

Gleichzeitig lassen der Jahres- und der Tagesgang der Temperaturen subtropischer Stationen erkennen (vgl. das Thermoisoplethendiagramm von Santiago de Chile in Abb. 29), daß nun mit *erheblichen jahreszeitlichen Temperaturunterschieden* zu rechnen ist und die Jahresamplitude über der höchsten Tagesamplitude liegt. Folgerichtig gehören so die Subtropen nach Troll und Paffen in den Bereich der Jahreszeitenklimate.

Viel auffallender sind aber die Unterschiede, die sich an Hand der drei subtropischen Stationen Bagdad, Santiago de Chile und Kimberley (Abb. 29) bei den Niederschlagsverhältnissen zeigen, schon in der Gesamtmenge der durchschnittlichen Jahresmittel, vor allem aber im Jahresgang. Die Diagramme zeigen die drei wesentlichen und ganz unterschiedlichen hygrischen Klimatypen, die letztlich die Heterogenität der Subtropen bedingen:

1. den Typ der nahezu vollariden Verhältnisse mit allenfalls episodischen winterlichen Niederschlägen,
2. den Typ mit ausgeprägter winterlicher Regenzeit und ebenso deutlicher sommerlicher Trockenzeit und
3. den Typ mit immerfeuchten Verhältnissen und sommerlichem Niederschlagsmaximum.

Dieser letztgenannte Typ erinnert an innertropische Verhältnisse und ist von diesen nur durch den Temperaturjahresgang unterschieden.

Schon innerhalb der Tropen hatten sich die Niederschlagsverhältnisse zu einer weiteren Untergliederung angeboten. Das Ergebnis war eine vorwiegend breitenkreisparallele Zonierung der immerfeuchten und der wechselfeuchten Tropen, wie sie modellhaft am afrikanischen Kontinent abzulesen ist. Im Gegensatz dazu zeigen jetzt die Lage der angeführten Beispielstationen und ein Blick auf die Karte 1 (nach S. 64), daß in den Subtropen eine breitenkreisparallele Anordnung verschiedener Subzonen nur bedingt auftritt. In viel stärkerem Maße kommt hier der *Gegensatz der West- und Ostseiten* der Landmassen zum Tragen.

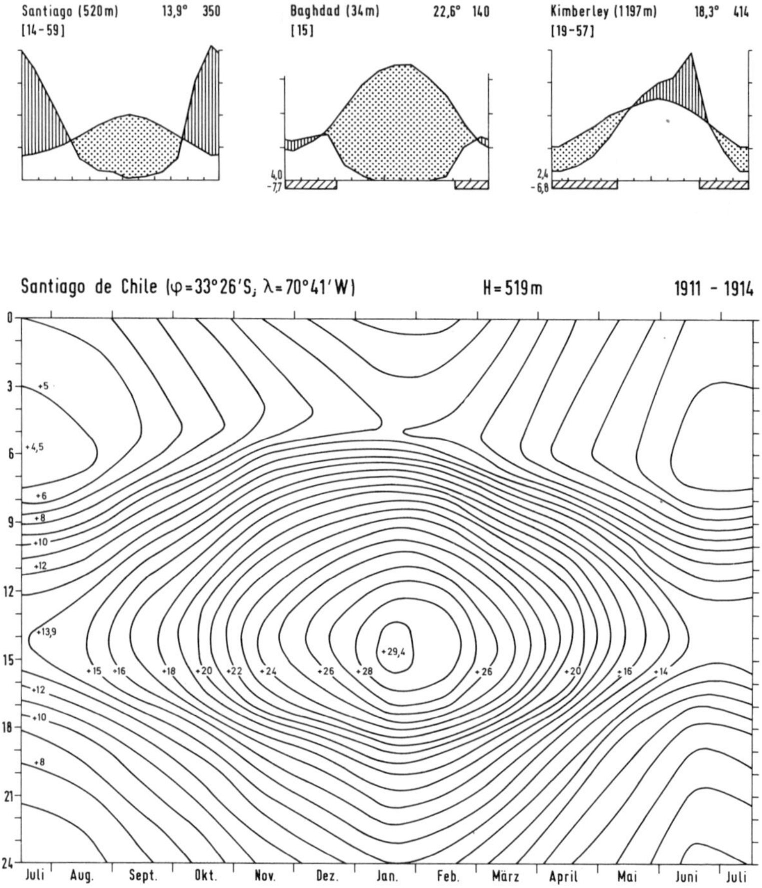

Abb. 29 Klima- und Thermoisoplethendiagramme aus verschiedenen subtropischen Subzonen (nach WALTER/LIETH und TROLL)
SANTIAGO (33°27′S, 70°42′W) mit winterfeucht-sommertrockenem subtropischem Klima (mediterraner Typ)
BAGDAD (33°20′N, 44°26′E) mit subtropischem Trockenklima
KIMBERLEY (28°45′S, 24°46′E) mit sommerfeucht-wintertrockenem, subtropischem Klima

Erinnert sei an FLOHN und den von ihm entworfenen Idealkontinent (vgl. Abb. 4). Aus seiner genetischen Sicht ist der erste subtropische Klimatyp „El Golea“ in einer seiner homogenen Klimazonen, der Trocken- und Passatzone, vertreten. Diese Zone erstreckt sich zwar von der Westseite aus weit ins Landesinnere der jeweiligen Kontinente hinein, erreicht aber nicht die Ostseiten. Die eher Zellen- als Gürtelstruktur der Subtropen wird aber vor allem bei den beiden anderen Typen sichtbar, die in einem heterogenen oder alternierenden Klima nach FLOHN liegen. Der Typ „Santiago de Chile“, der mediterrane Typ, bleibt ebenso strikt auf die Westseiten der Kontinente beschränkt wie der Typ „Kimberley“ der immerfeuchten Subtropen auf die Ostseiten.

Aus klimatischer Sicht sind damit die Subtropen ein Landschaftsgürtel, der im Gegensatz zu den Tropen keine so vorherrschende breitenkreisparallele Untergliederung erfahren muß, sondern – entsprechend der FLOHN'schen Zellenstruktur – in wesentlich stärkerem Maße eine Untergliederung, die der West- bzw. Ostexposition der Kontinente Rechnung trägt.

Wie schon die klimatische Untergliederung der Tropen durch verschiedene Vegetationsformationen gestützt und noch verfeinert wurde, so ist dies auch bei den Subtropen möglich. Den drei so gegensätzlichen Klimatypen können zwanglos drei ebenso gegensätzliche Gruppen von Vegetationsformationen zugeordnet werden. Es sind dies für die Passatzone, den Trockengürtel also, die Wüsten-, Halbwüsten- und Trockensteppenformationen. Für den sommertrockenen, winterfeuchten Bereich des eigentlichen mediterranen Klimas sind die aus Bäumen oder Sträuchern zusammengesetzten Hartlaubformationen charakteristisch und für den sommerfeuchten bzw. immerfeuchten subtropischen Bereich der Ostseiten der Kontinente die subtropischen Feuchtwald- und Monsunwaldformationen.

Auch die Tierwelt muß sich so extremen Verhältnissen gerade in Bezug auf die Wasserversorgung anpassen. Deshalb haben sich vor allem in den Trockengebieten ganz besonders kennzeichnende Arten und Lebensgemeinschaften entwickelt.

Unter den geschilderten, sehr differenzierten Klimabedingungen und bei dem so mannigfaltigen Pflanzenkleid kann auch nicht der subtropische Bodentyp schlechthin angegeben werden. Allein die zonalen Böden sind bereits wegen unterschiedlicher rezenter pedogenetischer Prozesse sehr verschieden. Dabei zeigt sich wiederum der Gegensatz zwischen den Böden der Trockengebiete – die im Sinne einer strengen Bodendefinition gar keine Böden mehr sind – und denen der feuchten subtropischen Räume. Die Böden letzterer zeigen bei allen Unterschieden durch ihre Rotfärbung – beruhend auf einem relativen Reichtum an wasserarmen, freien Eisenoxiden – eine gewisse Verwandtschaft mit tropischen Böden, vor allem dann, wenn sie eine lange, ungestörte Entwicklung durchlaufen haben, wie dies für tropische Böden auch kennzeichnend war. In den Subtropen war aber eine solche Entwicklung nicht überall möglich. Hier machte sich der Einfluß der Kaltzeiten durch besonderen Niederschlagsreichtum bemerkbar. Das bedeutete nicht nur eine Unterbrechung bestimmter bodenbildender Prozesse, sondern auch eine zunehmende Abtragung alter Bildungen. Fossile Böden haben sich deshalb nur in besonderen Lagen erhalten können, die meisten subtropischen Böden sind relativ jung, jedenfalls im Vergleich mit den tropischen.

Auch die Reliefgeschichte und die rezenten morphogenetischen Prozesse in den Subtropen sind differenzierter und komplizierter als in den Tropen. Die Trockengebiete ordnet BÜDEL 1971 den Räumen zu, in denen gegenwärtig Flächen erhalten oder nur überprägt werden, die also relativ stabil sind. Die mediterranen Gebiete aber und die sommerfeuchten Subtropen werden von ihm als solche „gemischter

Reliefbildung" betrachtet, in denen keine bestimmte reliefbildende Tendenz vorherrscht.

Der naturgeographische Rahmen der Subtropen erweist sich also als sehr heterogen. Ebenso vielfältig sind die Formen der agrarischen Landnutzung, es gibt auch keine den gesamten Landschaftsgürtel charakterisierende Kulturpflanze.

Die wichtigsten Landwirtschaftsregionen der Subtropen sind nach WHITTLESEY 1936:

1. Regionen mit nomadischer Viehzucht
2. Regionen mit anderen Formen der Viehzucht
3. Regionen mit mediterranen Kulturen
4. Regionen mit intensiven Gartenbaukulturen und Plantagen.

WHITTLESEY nennt darüber hinaus auch „Regionen ohne landwirtschaftliche Nutzung", womit angedeutet wird, daß in den extremen Trockengebieten die Grenze der Ökumene erreicht wird. Zu ergänzen wären hier allenfalls die intensiven Bewässerungskulturen in den Oasen.

Von den Landbauzonen ENGELBRECHTS 1930 gehören zu den Subtropen: die subtropische Baumwollzone, die subtropische Maiszone, die subtropische Wintergerstenzone, die subtropische Zuckerrohrzone, eine Reihe von Übergangszonen zu den Wüsten und schließlich die Wüstenzone selbst (vgl. Abb. 13 und 14). Hierbei nennt ENGELBRECHT einige typische Nutzpflanzen wie den Mais und das Zuckerrohr, die auch zum tropischen Kulturpflanzenspektrum gehören. Zuckerrohr wird in den Subtropen jedoch nur in frostfreien Lagen angebaut; der Mais als wichtigste Körnerfrucht der tropischen Gebirge ist jetzt fast ausschließlich auf die unterste Höhenstufe beschränkt.

Als wichtigste, vorwiegend subtropische Kulturpflanzen der Trockengebiete – wobei zum Anbau allerdings Bewässerung erforderlich ist – müssen die Baumwolle *(Gossypium spec.)* und die Dattelpalme *(Phoenix dactylifera)* genannt werden. In den sommer- und immerfeuchten Subtropen sind Citrusfrüchte, Reis und Tee verbreitet. Die Winterregengebiete sind schließlich durch die bunte Palette mediterraner Kulturpflanzen gekennzeichnet, von denen hier stellvertretend nur der besonders charakteristische Ölbaum genannt sei.

Schon bei der Behandlung der Tropen war nach den typischen Tropenkrankheiten und ihrer Verknüpfung mit den natürlichen Rahmenbedingungen gefragt worden. Gibt es auch typische Krankheiten der Subtropen?

Viele Tropenkrankheiten, z. B. die Malaria, treten auch noch in den Subtropen auf, vor allem in den immerfeuchten Subtropen mit Monsunwaldcharakter. Insbesondere die Trockengebiete der Subtropen sind aber durch einige endemische Krankheiten ausgezeichnet, die für ihre Entwicklung, d. h. die Entwicklung der Erreger oder der Überträger, die hohen Temperaturen benötigen, außerdem aber in der Regel auch ausreichende Feuchtigkeit. Die Verbreitung der endemischen Seuchen der subtropischen Trockengebiete, z. B. der Leishmaniase oder der Bilharziose, wird aber ebenso durch den Menschen gefördert wie die der Malaria, weil in den Wasserstellen, insbesondere durch falsche Bewässerungstechniken, den Erregern oder

Überträgern Biotope für ihre ontogenetische Entwicklung bereitet werden. Diese Seuchen sind auch erst mit der Besiedlung und im Zuge der sich ausweitenden Bewässerungswirtschaft von nachhaltiger Bedeutung geworden.

Eine weitere Krankheit, das durch Bakterien verursachte Trachom (Augenkrankheit), wird durch die hohen Temperaturen, den Wassermangel und vor allem durch Staub und Wind in den Trockengebieten zu einer ernsten Gefahr.

Schließlich entwickeln sich auch die Eier bestimmter Würmer bei den relativ hohen Temperaturen sehr viel schneller. Darmerkrankungen wie Ruhr und Typhus treten in überdurchschnittlich hohem Maße auf.

Welche Räume sind nun nach der angedeuteten Kennzeichnung und Differenzierung zu den Subtropen zu rechnen?

In der Neuen Welt reicht in Nordamerika der subtropische Landschaftsgürtel von der mediterranen Küste Kaliforniens über die Trockengebiete der Südstaaten bis in die ständig feuchten Südoststaaten. Damit nimmt er etwa den Raum zwischen dem 25. und dem 35. Grad nördlicher Breite ein. Auch in Südamerika ist derselbe West-Ostwandel zwischen der chilenischen Küste im Westen bis zur argentinischen Pampa im Osten zu verfolgen, wobei hier jedoch die Atacama, die westliche Küstenwüste, bis weit über den 20. Grad südlicher Breite nach Norden ausgreift. Die Südgrenze liegt zwischen dem 35. und 40. Grad südlicher Breite. In beiden amerikanischen Kontinenten tragen die sich von Norden nach Süden erstreckenden Kordillerenketten zu der regelhaften West-Ost-Gliederung innerhalb des subtropischen Landschaftsgürtels bei.

In der Alten Welt erreichen die Subtropen auf der Nordhalbkugel ihre größte flächenhafte Ausdehnung im sogenannten altweltlichen Trockengürtel. In Afrika zählt hierzu der Teil der Sahara, der etwa nördlich des 20. Breitengrades liegt; in Südeuropa gehören alle großen Halbinseln im Mittelmeer dazu, jedenfalls im überwiegenden Teil. Auf der arabischen Halbinsel und in Kleinasien wird die Subtropenzone mit mediterranen Trockensteppen- und Wüstenbereichen immer schmaler, um im Westen des indischen Subkontinents, wo die Tropen wegen der Massenerhebung des Himalaya direkt an die kühlgemäßigte Zone grenzen, ganz auszusetzen. Das östliche Mittelasien zwischen dem 25. und 35. nördlichen Breitenkreis bis zur Pazifikküste und der Süden der japanischen Inseln gehören wiederum zu den sommer- bzw. immerfeuchten Subtropen.

Auf der Südhalbkugel der Alten Welt zählt die Südspitze Afrikas etwa vom südlichen Wendekreis an zum subtropischen Landschaftsgürtel, wobei alle bisher genannten Typen sich auf relativ kleinem Raum ablösen. Letzteres gilt in etwas größerer Dimension schließlich auch noch für Australien, ebenfalls südlich des Wendekreises mit ebenso ausgeprägten West-Ost-Gegensätzen. Nur der Raum um Melbourne und Tasmanien gehört, wie auch die neuseeländische Südinsel, bereits zur kühlgemäßigten Zone.

3.2 Die klimatische und vegetationsgeographische Untergliederung der Subtropen

Es hat sich als äußerst schwierig erwiesen, die Subtropen übergreifend zu kennzeichnen, da trotz der Klammer „warmgemäßigt“ die klimatischen und alle letztlich auf ihnen beruhenden oder mit ihnen zusammenhängenden Gegensätze innerhalb des subtropischen Raumes sehr groß sind.

Wie werden nun diese im weitesten Sinne subtropischen Räume der einzelnen Kontinente nach den Kriterien von TROLL und PAFFEN in erdumspannende Gürtel oder auch Zellenstrukturen untergliedert? Die Räume, welche mit dem schon diskutierten Prädikat „warmgemäßigt“ charakterisiert werden konnten, sind auf der Nordhalbkugel durch Mitteltemperaturen des jeweils kältesten Monats zu kennzeichnen, die zwischen 2 und 13°C liegen. Beim erstgenannten Wert liegt die Grenze zwischen der immergrünen Hartlaub- bzw. lorbeerblättrigen Vegetation und den laubwerfenden Arten, beim zweiten etwa die wirksame Frostgrenze, die das Wachstum frostgefährdeter tropischer Pflanzen unterbindet. Auf der Südhalbkugel ist die Temperaturspanne etwas geringer (6 bis 12°C), weil wegen der geringeren Landmassen der ozeanische Einfluß bis in höhere Breiten spürbarer bleibt.

Innerhalb dieser Temperaturspannen müssen die Niederschläge als Gliederungskriterium herangezogen werden, und zwar weniger die Niederschlagssummen als Mittel über mehrere Jahre hinweg als vielmehr die charakteristische jahreszeitliche Verteilung der Niederschläge.

Danach untergliedern TROLL und PAFFEN die Subtropen in sieben verschiedene Subzonen. Unter ihnen haben die durch episodische Niederschlagsereignisse und sehr niedrige Niederschlagssummen gekennzeichneten Wüsten- und Halbwüstenräume den größten flächenhaften Anteil (IV/5). An diese Räume schließen im altweltlichen Trockengürtel nördlich sommerdürre Steppen (IV/2) an, wobei allerdings in SW-Asien und in Iran andere kleinräumige Verbreitungsmuster auftreten, die in erster Linie reliefbedingt sind.

Auf die Westseiten der Kontinente beschränkt sind die sogenannten mediterranen Gebiete mit sommertrockenen und winterfeuchten Etesienklimaten (IV/1), wobei die winterliche Feuchtzeit regelmäßiger auftritt und länger anhält als in den Trokkensteppen. Östlich des Wüstengürtels schließen in allen Kontinenten sommerfeuchte, wintertrockene Steppengebiete an (IV/3 und IV/4), wobei sich diese Untergliederung auf die Zahl der feuchten Sommermonate (über bzw. unter 5 humide Monate) bezieht. Für den Vegetationscharakter dieser Steppen ist besonders wichtig, daß im Gegensatz zu den mediterranen Räumen (IV/1) und den sommerdürren Steppen (IV/2) nun die feuchte Jahreszeit mit der warmen zusammenfällt.

Schließlich folgen innerhalb der warmgemäßigten Subtropen wieder auf allen Kontinenten, aber audrücklich auf den Ostseiten, ständig feuchte Klimabereiche mit sommerlichen Niederschlagsmaxima, die ein üppiges, immergrünes Pflanzenwachstum gestatten. Im Gegensatz zu den immerfeuchttropischen Verhältnissen läßt dieses Pflanzenkleid wegen der merklich kühleren Winter jedoch eine gewisse jahreszeitliche Periodizität erkennen. Eine Untergliederung ist hier von TROLL und PAFFEN nach der mehr vorherrschenden Wald- oder Graslandvegetation vorgenommen worden (IV/6 und IV/7). Sowohl aus praktischen als auch aus prinzipiellen Erwägungen werden die Subtropen in diesem Studienbuch etwas abweichend von den erläuterten Vorstellungen von TROLL und PAFFEN gegliedert. Die Typen IV/3 und IV/4 sowie die Typen IV/6 und IV/7 werden jeweils zusammengefaßt. Es ergeben sich somit für die Subtropen fünf Subzonen, die nochmals in der Tabelle 5 genannt und den entsprechenden Gliederungen nach vegetationskundlichen Kriterien von SCHMITHÜSEN 1976 und WALTER 1970 gegenübergestellt werden.

Diese tabellarische Übersicht gibt zu erkennen, daß die Zuordnung von durch einheitliche Vegetationsformationen nach SCHMITHÜSEN gekennzeichneten subtropischen Räumen zu den klimatisch begründeten Subzonen oder Zellen nach TROLL und PAFFEN nicht ohne weiteres möglich ist. Es gibt nicht nur stärkere Grenzabweichungen innerhalb dieser Subzonen, sondern auch teilweise Überschneidungen, nach welchen subtropische Bereiche von TROLL und PAFFEN nach SCHMITHÜSEN noch in die tropische Zone gehören oder bereits in die kühlgemäßigte.

Noch stärkere Abweichungen ergeben sich aus einem Vergleich der Untergliederung der Subtropen nach TROLL und PAFFEN und nach WALTER. Letzterer spricht explizit nur bei den Wüsten und Halbwüsten von subtropisch, ansonsten von mediterran oder warmtemperiert.

Die unterschiedlichen Gliederungsvorstellungen der Subtropen müssen aber nicht unbedingt als Widersprüche gewertet werden. Vielmehr zeigt sich hierin noch einmal die schon mehrfach erwähnte Heterogenität gerade der Subtropenzone und damit schließlich auch die Möglichkeit begründeter unterschiedlicher Auffassungen.

Die eigentlichen Gegensätze der genannten Gliederungen beruhen im wesentlichen auf einer unterschiedlichen Gewichtung der thermischen und der hygrischen Kriterien. Wenn auch hier abweichend von der sonst geteilten Auffassung von TROLL und PAFFEN vorgegangen wird, so heißt das nur, daß die hygrischen Verhältnisse für eine der subtropischen Subzonen, nämlich die Trockengebiete, als besonders prägend angesehen werden. Das wurde auch schon bei der Skizzierung der tropischen Trockenräume angedeutet.

Wir fassen also sowohl die tropischen als auch die subtropischen Wüsten und Halbwüsten (V/5 und IV/5 nach TROLL und PAFFEN) zu den heißen Trockengebieten zusammen und stellen sie im Rahmen der Behandlung der Subtropen den immerfeuchten und wechselfeuchten Subtropensubzonen gegenüber.

Im folgenden werden zunächst die Trockengebiete behandelt, sodann im Rahmen der immerfeuchten und wechselfeuchten Subtropen die an die Trockengebiete anschließenden „subtropischen Trockensteppen" und die „mediterranen Subzonen der Subtropen". Abschließend werden die „ständig feuchten Subtropen" erläutert. Verzichtet wird hier auf eine eingehendere Behandlung der im wesentlichen durch Steppenformationen gekennzeichneten „sommerfeuchten und wintertrockenen Subtropen", da auf Steppenökosysteme ganz allgemein und ihre Differenzierungen in den einzelnen Landschaftsgürteln im Rahmen der Besprechung der kühlgemäßigten Zone näher eingegangen wird.

Tab. 5 Die Untergliederung der Subtropen nach TROLL/PAFFEN 1964, SCHMITHÜSEN 1976 und WALTER 1970

	TROLL/PAFFEN	SCHMITHÜSEN	WALTER	Konventionelle Bezeichnungen	
IV/5:	Halbwüsten- und Wüstenklimate mit Halbwüsten- und Wüstenvegetation (unter 2 humid. Mon.)	Halbwüsten und Trockenwüsten	Halbwüsten- und Wüstenvegetation der Subtropen	ständig trockene Subtropen (Wüsten und Halbwüsten)	subtropische Trockengebiete
IV/1:	winterfeucht – sommertrockenes mediterranes Klima mit Hartlaubvegetation (über 5 humide Mon.)	Hartlaubvegetation	mediterrane Hartlaubvegetation	winterfeucht-sommertrockene Subtropen (mediterrane Räume)	wechselfeuchte Subtropen
IV/2:	winterfeucht – sommerdürre Steppenklimate mit Gras- und Strauchsteppen (unter 5 humide Mon.)	Trockensteppen-, Hartpolster-, Dornstrauch- und Sukkulentenformationen	Zwergstrauch- und Horstgras-Trockensteppen (oft zur kühlgem. Zone gerechnet)		
IV/3/4:	sommerfeucht – wintertrockene Klimate mit subtrop. Dorn-, Kurzgras- und Waldsteppen und hartlaub. Monsunwälder (bis zu 9 humide Mon.)	subtropische Grassteppen, Dornbaum- und Sukkulentenwälder, Lorbeerwälder	Dornsavannen, regengrüne und halbimmergrüne Wälder und Gehölze der Tropen, Grasland der kühlgemäßigten Zone	sommerfeucht-wintertrockene Subtropen	
IV/6/7:	ständig feuchte subtropische Klimate mit Hochgrasfluren und Feuchtwäldern (über 10 humide Monate)	Lorbeerwälder, subtropische Regenwälder und Übergangssteppen sowie sommergrüne Laubwälder der gemäßigten Zone	immergrüne Laubwälder der warmtemperierten Zone und Grasland der gemäßigten Zone	ständig feuchte Subtropen	immerfeuchte Subtropen

3.3 Die Trockengebiete

3.3.1 Zur klimatischen Kennzeichnung und Differenzierung der Trockengebiete

Schon bei der kurzen Behandlung der tropischen Halbwüsten und Wüsten ist diskutiert worden, weshalb überhaupt eine Untergliederung des Trockengürtels – den z.B. KÖPPEN in den BW- und BS-Klimaten zusammenfaßt – vorgenommen und begründet werden kann. Als wichtigstes Argument für eine Untergliederung wurde das Fehlen von Frösten am Südrand der Trockengebiete angeführt. Außerdem sind die sporadischen Niederschlagsereignisse in den tropischen Wüsten eher im Sommer zu erwarten. Der weitaus flächengrößere Teil der subtropischen Wüsten ist dementsprechend durch das regelmäßige Auftreten von Frösten im Winterhalbjahr gekennzeichnet und durch episodische, winterliche Niederschläge. Für große, vor allem zentral gelegene Wüstenbereiche gilt aber im Hinblick auf den Niederschlagsgang, daß Niederschläge zwar zu jeder Zeit des Jahres eintreffen *können*, jedoch zu keiner Jahreszeit eintreffen *müssen*.

Aber auch abgesehen von diesen Argumenten gibt es für die Abgrenzung und Untergliederung der Trockengebiete verschiedene Konzeptionen.

Nach TROLL und PAFFEN sind die Wüsten- und Halbwüstengebiete durch kühle Winter mit Frösten und durch weniger als 2 humide Monate gekennzeichnet. MANSHARD definiert Halbwüsten durch 11, die Wüsten durch 12 aride Monate, SCHMITHÜSEN führt 10 bis 11 aride Monate und 50 bis 250 mm Jahresniederschlag für Halbwüsten sowie 12 aride Monate und unter 50 mm Jahresniederschlag für Wüsten an.

Mit Hilfe einer Reihe von Klimadiagrammen (vgl. Abb. 30) kann gezeigt werden, daß selbst der Begriff „arides Klima" nicht übereinstimmend definiert ist. Mehreren Typen arider Klimate entsprechen mehrere Wüstentypen. Hinzu kommt, daß diese Wüstentypen nicht nur nach Gang und Menge der Jahresniederschläge differenziert werden, sondern auch nach ihrer Lage innerhalb der Landmassen bzw. zu angrenzenden Ozeanen. Es werden also einmal Räume unterschiedlich hoher Aridität (MEIGS 1964) und solche nach ihrer Lage, insbesondere Küstenwüsten und Binnenwüsten, unterschieden.

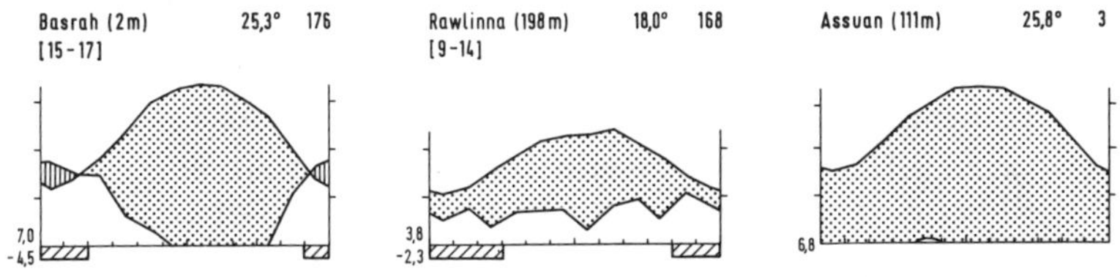

Abb. 30 Klimadiagramme aus verschiedenen Trockengebieten (nach WALTER/LIETH)
BASRAH (30°30′ N, 47°50′ E) mit Wüstenklima mit Winterregen
RAWLINNA (31°00′ S, 125°21′ E) mit Wüstenklima mit Niederschlägen zu jeder Jahreszeit (Beispiel für die Südhalbkugel, vgl. auch Abb. 32)
ASSUAN (24°05′ N, 32°56′ E) mit Wüstenklima fast ohne Niederschläge

Schließlich sind nach den thermischen Verhältnissen noch Hitze- und Kältewüsten zu unterscheiden. Letztere werden im Rahmen der kühlgemäßigten Zonen besprochen.

Die vorgestellten Differenzierungen der Trockengebiete nach klimatischen Kriterien bieten also eine Reihe von Abgrenzungsmöglichkeiten an. Wenn wir uns im folgenden der Auffassung von SCHMITHÜSEN anschließen, so vor allem deshalb, weil sie sich mit eigenen, empirisch gewonnenen Erkenntnissen in altweltlichen Trokkenräumen deckt. Zu den heißen Halbwüsten und Wüsten gehören hiernach in der Neuen Welt die Sonorawüste sowie die chilenisch-peruanische Küstenwüste (Atacama), in der Alten Welt die Sahara mit der arabischen Wüste und den Wüsten Innerpersiens, die Namib und die Karroo Südafrikas und die zentralaustralischen Wüsten.

Bevor im folgenden stellvertretend für die altweltlichen Binnenwüsten die Sahara ausführlicher behandelt wird, werden noch kurz die besonderen Verhältnisse der Küstenwüsten skizziert.

3.3.2 Die Küstenwüsten Namib und Atacama

Unter allen Wüsten besitzen die Namib und die Atacama eine gewisse ökologische Ausnahmesituation. Beide sind extrem trockene Wüsten, in der Namib werden z.B. in der Hälfte aller Jahre weniger als 10 mm Niederschlag gemessen, in der Atacama haben viele der seit Jahrzehnten eingerichteten meteorologischen Stationen überhaupt noch nie ein Niederschlagsereignis feststellen können.

In beiden Küstenbereichen sind kalte Meeresströmungen und Auftriebswasser – Humboldt- oder Perustrom an der südamerikanischen Pazifikküste und Benguelastrom an der atlantischen Küste Südafrikas – Ursache einer großen Zahl von Tagen mit Nebel. Der Nebel ist von besonderer ökologischer Wirksamkeit für das Pflanzenkleid. Zwar ist es relativ selten, daß Pflanzen mit ihren oberirdischen Organen direkt Wasser aus der feuchtigkeitsgesättigten Luft aufnehmen (die sogenannten „Nebelpflanzen“). Zweifellos wird aber die Transpiration der Pflanzen dadurch gehemmt, die Hydratur verbessert und die Lebensdauer annueller Arten verlängert. Wesentlicher aber scheint der Nebelniederschlag als Tau in steinigem und felsigem Milieu zu sein. Dort können sich geringe Wassermengen sammeln und in Spalten versickern, wo sie dann von den Pflanzen mit Hilfe ihres Wurzelwerks aufgenommen werden. Nur so ist überhaupt die Existenz des schütteren Vegetationskleides an diesen extremen Wüstenstandorten zu erklären (vgl. auch BERNINGER 1925).

ELLENBERG erläutert 1959 an einem schematischen Profil durch die peruanische Küstenloma die Vegetationsstufung in den küstennahen Gebirgsketten, die von der dichten Nebeldecke der „Garua“ stark beeinflußt wird (Abb. 31). Bei hohem Wasserdampfgehalt der Luft werden durch die vorherrschenden Süd- bis Südwestwinde ständig neue Nebelmassen herangeführt, die die Küstengebirge zum Aufsteigen zwingen. In 600 bis 700 m Höhe kommt es sodann zu einer nahezu kontinuierlichen Kondensation von Wassertropfen in den Wintermonaten, die das Wachstum einer dichten Nebelkräuterflur und vereinzelt sogar von Bäumen gestatten.

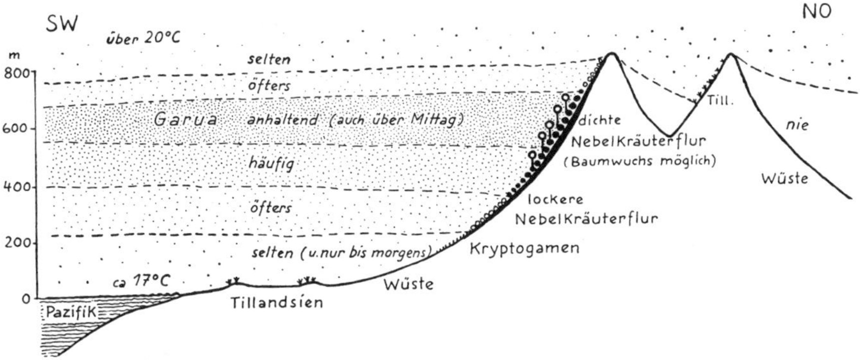

Abb. 31 Schematischer Schnitt durch eine peruanische Küstenloma mit Angaben der Nebelhäufigkeit (Garua) und der Vegetationsverteilung im Südwinter (nach ELLENBERG aus WALTER 1973)

3.3.3 Die Binnenwüste Sahara

Die Sahara bzw. die saharo-arabische Wüste ist das ausgedehnteste aller Trockengebiete. Für die Behandlung der Wüstenökosysteme wird in den folgenden Kapiteln in erster Linie auf die saharischen Verhältnisse eingegangen und ergänzend auf Besonderheiten der anderen heißen Trockenräume hingewiesen.

3.3.3.1 Das Klima der Sahara. Unter klimagenetischem Aspekt (FLOHN 1950) liegt die Sahara in einer homogenen Klimazone, nämlich der subtropischen Trocken- und Passatzone, die auf die Westseiten und Binnenräume der Kontinente beschränkt ist. Die trockenen Passate sind also – nachdem sie sich auf den Ostseiten der Kontinente abgeregnet haben – für die Ausbildung des Trockenklimas in erster Linie verantwortlich zu machen.

Von großer Bedeutung ist ebenfalls, daß infolge der bei antizyklonaler Zirkulation absteigenden Luft und Wolkenauflösung die höchste Einstrahlungsrate auf der Erdoberfläche überhaupt erreicht wird (vgl. Abb. 2 und 3).

Als Klimadiagrammtyp für die immertrockenen, altweltlichen Räume ist schon das Diagramm von Bagdad bekannt (vgl. Abb. 29). Die drei möglichen „Untertypen" in der Sahara zeigen nochmals die Diagramme der algerischen Stationen Laghouat (mit Winterregen), Timimoun (fast ohne Niederschläge) und Khartum im Sudan (mit Sommerregen) in Abb. 32. Die letztgenannte Station liegt damit im Bereich der tropischen Wüsten.

Die Unterschiede im Temperaturgang können am besten durch Thermoisoplethendiagramme zum Ausdruck gebracht werden. Hier sollen die Beispiele Timbuktu (tropische Wüste) und Kairo (subtropische Wüste) miteinander verglichen werden. Der Übergang vom Tageszeiten- zum Jahreszeitenklima wird in den beiden Figuren deutlich (vgl. Abb. 28 und 32). Im Januar sinken die Temperaturen in Kairo in den frühen Morgenstunden im Mittel auf unter 8°C ab, um nachmittags Maxima mit ca. 18°C im Mittel zu erreichen. Das entspricht einer mittleren Tagesamplitude im Winter von nur etwa 10°C. Im Juli liegen die entsprechenden Werte bei 21 bzw. 36°C, die Temperaturtagesamplitude ist damit im Sommer mit 15°C typischerweise höher. Allerdings liegen die absoluten Maxima und Minima wesentlich höher bzw. tiefer. Innerhalb eines Tages können Temperaturamplituden von über 30°C erreicht werden, innerhalb eines Jahres bei absoluten Minima von unter −5°C und absoluten Maxima von über 50°C Amplituden von nahe 60°C.

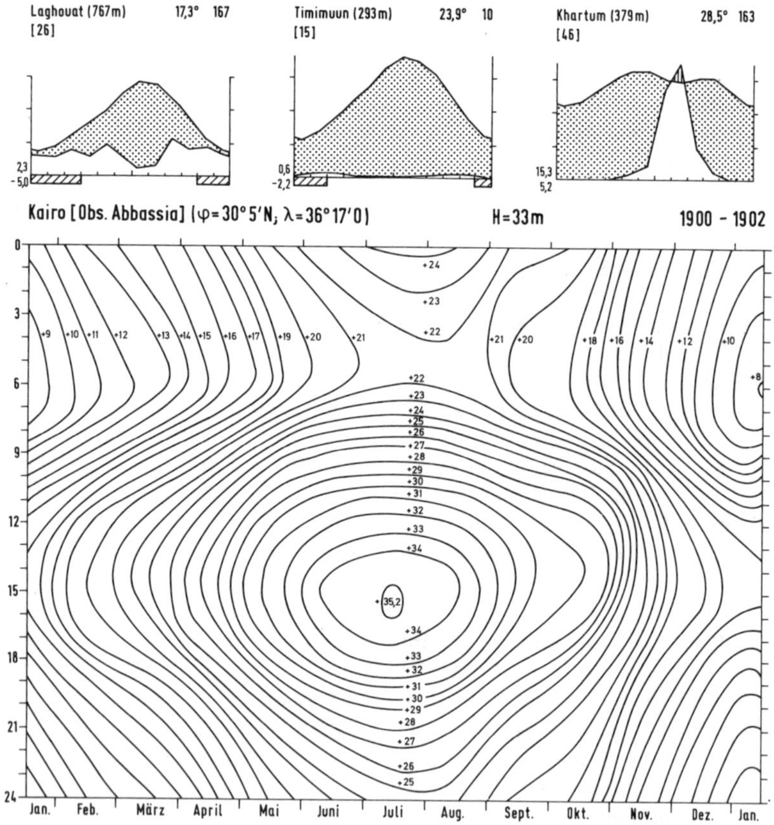

Abb. 32 Klima- und Thermoisoplethendiagramme aus saharischen Räumen (nach WALTER/LIETH und TROLL)
LAGHOUAT (33°49′N, 2°55′E) mit Wüstenklima mit Niederschlag zu allen Jahreszeiten TIMIMOUN (29°15′N, 0°14′E) mit Wüstenklima fast ohne Niederschläge KHARTUM (15°33′N, 32°35′E) mit Wüstenklima mit Sommerregen KAIRO (30°05′N, 36°17′E) mit subtropischem Trockenklima

3.3.3.2 Reliefformenschatz und Böden sowie die wichtigsten morpho- und pedogenetischen Prozesse in Trockengebieten. Die beschriebenen und aus den Klimadiagrammen (Abb. 32) abzulesenden hygrischen Verhältnisse lassen für die rezenten morphogenetischen Prozesse zweierlei ableiten: Erstens kann sich eine fluviale Reliefgestaltung nur relativ selten vollziehen. Es wird also nur episodisch zu linearem Abfluß, Tiefenerosion und Talbildung kommen, ebenso episodisch zu Flächenspülung und damit Flächenbildung. Zweitens wird die Materialaufbereitung – und das ist natürlich für die Bodenbildung von großer Wichtigkeit – in nur untergeordnetem Maße durch die chemische Verwitterung erfolgen.

Die thermischen Verhältnisse mit den hohen Temperaturamplituden, den täglichen Temperatursprüngen führen zu einem Überwiegen der physikalischen Verwitterung. Das so aufbereitete Lockermaterial kann durch die geringen Wassermengen nicht abtransportiert werden, es sammelt sich an den Unterhängen und Gebirgsrändern. Die Gebirge „ertrinken" allmählich im eigenen Schutt, da die Fußflächen im Extremfall von beiden Seiten quasi zusammenwachsen.

Unter klimamorphologischem Aspekt spricht deshalb Büdel 1971 bei den Wüsten und Halbwüsten von den aridsemiariden Zonen der Flächenerhaltung und -überprägung sowie der Fußflächenbildung (Abb. 12). Ein weiterer reliefprägender Faktor wirkt in den Trockengebieten so stark wie in keinem anderen Landschaftsgürtel: der Wind. Das wird auch von Poser und Hagedorn 1974 unterstrichen, die die äolische Komponente bei ihren rezenten Prozeßkombinationen in den Trockengebieten in den Vordergrund stellen.

Die Wirkung des Windes zeigt sich am spektakulärsten in den Sandwüsten, den *„ergs"*, die als ein erster Relief- oder vielleicht besser Substrattyp in den Wüsten anzusehen sind. Ihr tatsächlicher Flächenanteil steht aber in keinem Verhältnis zu dem weit verbreiteten und noch heute durch Schulbücher geförderten Fehlurteil, es handle sich dabei um den Wüstentyp schlechthin. Wesentlich höhere Flächenanteile haben die Felswüsten *(„hamadas")* und Stein- oder Schuttwüsten *(„regs")*. Als vierter Typ sind die Kieswüsten zu nennen *(„serir")*, in denen gerundetes Material überwiegt. Windschliff und Windkorrosion führen zu bizarren Pilzfelsen oder Kleinformen, wie Windkantern, oder auch zu den vom Sand polierten Krusten aus Mangan- und Eisenverbindungen, die an vielen Gesteinen typischerweise auftreten und als Wüstenlack bezeichnet werden. Allerdings fehlt in den Trockengebieten trotz nur episodischer Niederschlagsereignisse der fluviatil geprägte Formenschatz nicht ganz. Es handelt sich dabei aber wenigstens teilweise um pluvialzeitliche Vorzeitformen, die sich bis heute nahezu unverändert erhalten haben.

Welche Konsequenzen haben die skizzierten klimatischen Verhältnisse, der Formenschatz und die rezenten morphogenetischen Prozesse – wie z. B. die Lockersubstratverlagerung durch den Wind – für die Ausbildung der Böden in den Wüsten und Halbwüsten?

„Boden ist ein beliebiger dreidimensionaler Ausschnitt aus der Pedosphäre von der Streu bis zum Gestein." Selbst nach einer so einfachen Bodendefinition, wie sie Laatsch und Schlichting 1959 geben, sind in extremen Wüsten gar keine Böden mehr entwickelt. Die seltenen und insgesamt geringen Niederschläge erlauben kaum

Pflanzenwuchs, also auch keine Anreicherung organogenen Materials; außerdem tritt, wie schon erwähnt, die chemische Verwitterung ganz in den Hintergrund. Der Bodenwasserhaushalt – und wir verstehen jetzt unter Böden in den Trockengebieten „bodenäquivalente Substrate“ im Hinblick auf ihre Rolle für die Vegetation – ist ohnehin in Trockenräumen grundsätzlich anders und soll zunächst geklärt werden.

Der Bodenwasserhaushalt arider Räume kann mit Hilfe eines Schemas dargestellt werden, das WALTER und VOLK 1954 entnommen ist (Abb. 33). Viel Niederschlagswasser geht durch die unmittelbare Verdunstung verloren. Ein großer Teil fließt oberflächlich ab, da die Bodenoberfläche nach längerer Austrocknung einen Benetzungswiderstand entwickelt. Nur in Tiefenlinien werden durch das Eindringen der hier zusammenfließenden Wassermengen auch in dem Schotterkörper Grundwasserlinsen ausgebildet. Das sonst oberflächlich eindringende Wasser wird als Haftwasser von den Bodenpartikeln zurückgehalten, bildet aber normalerweise keinen Grundwasserspiegel. Nur dieses Wasser steht im Normalfall den Pflanzen zur Verfügung, oder es wird nach dem Niederschlagsereignis durch die Transpiration in dem nach oben gerichteten Bodenwasserstrom dem Substrat wieder entzogen.

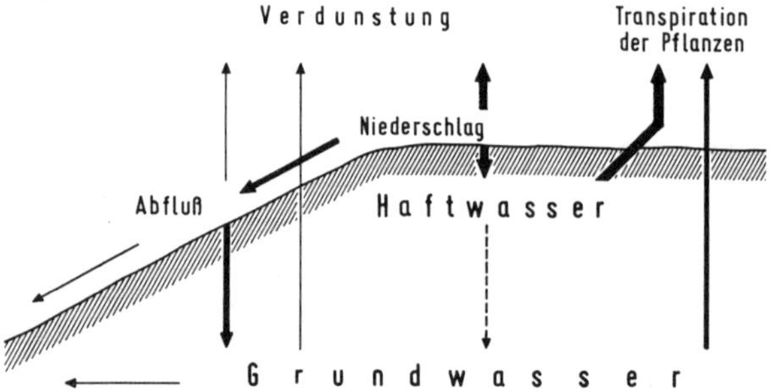

Abb. 33 Schema des Bodenwasserhaushalts arider Räume (nach WALTER 1973)

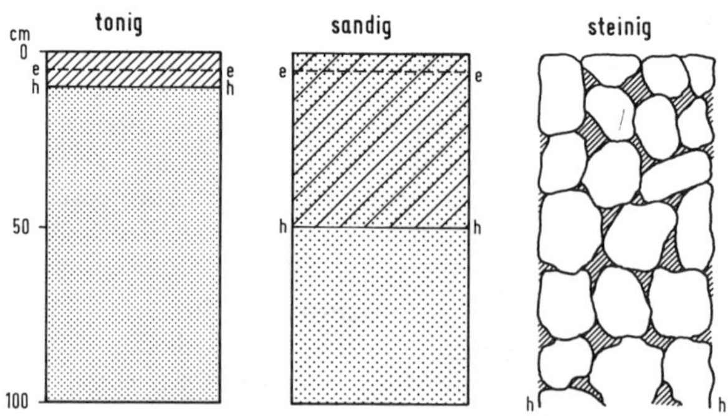

Abb. 34 Schematische Darstellung der Wasserspeicherung bei verschiedenen Bodenarten in ariden Gebieten (nach WALTER 1973)
(Es wird ein vorangegangenes Niederschlagsergebnis von 50 mm angenommen.)

Menge und Eindringtiefe des Haftwassers hängen neben der Niederschlagsmenge von der Bodenart ab. Auch das kann mit Hilfe eines Diagramms von WALTER 1973 veranschaulicht werden (Abb. 34). Hier werden ein toniges, ein sandiges und ein felsiges Substrat gegenübergestellt. Es ist zu erkennen, daß tonige Substrate nur etwa die Hälfte der gefallenen Niederschläge speichern, sandige fast alles und felsige dann wirklich 100%. Auf Grund der geringen Eindringtiefe und der hohen Verdunstungsrate sind somit tonige Substrate für das Pflanzenwachstum außerordentlich ungünstig, zumal ja auch der verbleibende Feuchtigkeitsrest nicht ganz „pflanzenverfügbar" ist. Sandige und felsige Standorte, die in humiden Klimaten die relativ trockensten Standorte bilden, sind in ariden Gebieten von der Wasserversorgung her die günstigsten.

Der bald nach Niederschlagsereignissen einsetzende Prozeß der Umkehr des Bodenwasserstroms führt zum Aufsteigen von im Unterboden gelösten Salzen, von gelöstem Kalk und von Eisen- und Manganverbindungen. Insbesondere in abflußlosen Senken, die aus randlichen Bereichen Zuschußwasser erhalten, macht sich im Laufe der Zeit durch die hohe Verdunstungsrate eine Anreicherung von Salzen, eine Bodenverbrackung, bemerkbar. Den höchsten Anteil haben hieran Natriumsalze, vor allem Kochsalz in vollariden Räumen, in semiariden Bereichen eher Kalziumverbindungen, die als Krusten ($CaCO_3$) oder auskristallisiert als Gips ($CaSO_4$) auftreten können.

Auf verbrackten Böden können nur Pflanzen gedeihen, die an hohe Salzkonzentrationen in der Bodenlösung angepaßt sind, die sogenannten Halophyten. Auf sie wird später zurückzukommen sein. Eine wesentliche Einsicht erlauben die bisher erläuterten Prozesse und ihre Konsequenzen bereits. Sie ist von erheblicher praktischer Bedeutung. Da nur abflußlose Senken verbracken, wird auch jede Parzelle in Bewässerungsgebieten oder in Oasen verbracken, wenn sie keinen Abfluß erhält, wenn sie nur bewässert, aber nicht auch entwässert wird. Große Bereiche des Zweistromlandes und der Indusebene sind so z. B. wegen falscher kulturtechnischer Maßnahmen binnen weniger Jahre zu „Salzwüsten" geworden.

Welches sind die charakteristischen Bodentypen der Trockengebiete? In den extremen Kernwüsten kann nach den bisher erläuterten klimatischen und pedogenetischen Voraussetzungen von Bodenbildung i. e. S. nicht mehr gesprochen werden. Hier sind zur Substratunterscheidung die bereits bei der Behandlung des Reliefs kennengelernten Begriffe – *hamada, reg, serir und erg* – anzuwenden. Alle diese Substrate sind außerordentlich humusarm (unter 1%), stickstoffarm und besitzen einen chemisch nahezu unverwitterten Mineralbestand. KUBIENA 1957 bezeichnet solche Bildungen als Rohböden und faßt sie mit dem Typenbegriff „Yerma" zusammen.

In Randwüsten spricht GANSSEN 1968 von „bodenartigen Formen". Hierher ist vor allem ein azonaler Typ zu stellen, der Takyr, der aus feinen, verschwemmten, mitunter etwas salzhaltigen Komponenten besteht, in der Regel nicht von Pflanzen besiedelt wird und in der trockenen Zeit nach Niederschlägen in großen Polygonrissen aufbricht. Er leitet über zu den Solontschaken, bei denen in vergleichbarer Lage im Relief die Salzanreicherung stark zunimmt. Solontschake treten in Halbwüstengebieten und Randwüsten auf, wo es wegen der etwas höheren Niederschläge ja erst zu merklicherer Salzanreicherung kommen kann. Sie entsprechen in vielem den Gleyböden humider Breiten und reagieren alkalisch, wobei je nach Anteil der Salze noch differenziert werden kann, etwa zwischen Soda-Solontschaken oder Chlorid-Solontschaken. Außerdem können noch Soloneze verbreitet sein, die bereits eine deutliche Horizontierung aufweisen, einen relativ lockeren, humushaltigen A_h-Horizont und einen oft kompakten B-Horizont besitzen. Das deutet wiederum etwas höhere Niederschläge an, womit schon gesagt wird, daß dieser Typ auf Halbwüsten und die Trockensteppen beschränkt ist. Als am weitesten verbreiteter Bodentyp der Trockengebiete ist der zonale Typ der Seroseme zu nennen (auch graue oder grauzimtfarbene Böden). Seroseme entwickeln sich in Räumen ohne Zuschußwasser unter einer sehr schütteren Vegetationsdecke. Sie sind humusarm (1–2%), meist kalkreich, besitzen oft einen Kalkanreicherungshorizont im Unterboden (C_{Ca}-Horizont), weisen aber sonst noch keine besonders deutliche Horizontierung auf.

Die räumliche Vergesellschaftung der Bodentypen, ihre Ordnungsmuster, die stark vom Relief gesteuert werden und die in Catenen festgehalten werden können, macht die Abb. 35 nach SEMMEL 1977 noch einmal besonders klar.

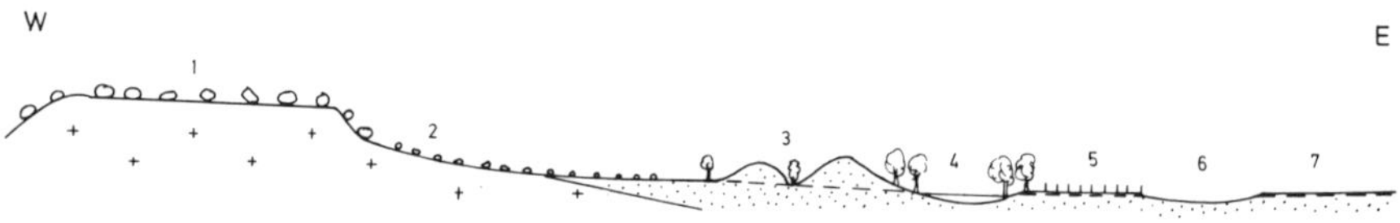

Abb. 35 Räumliche Ordnungsmuster der Bodenbildung in ariden Gebieten am Beispiel der Danakilwüste in Äthiopien (nach SEMMEL 1977)
1 = Block-Hamada; 2 = Serir auf Pediment; 3 = Erg mit Dünen;
4 = Fluß mit Galeriewald; 5 = Bewässerungsplantagen; 6 = Takyre in Senken;
7 = Solontschake. Die gerissene Linie gibt die Grundwasseroberfläche an

3.3.3.3 Die Vegetation der Trockengebiete. Welche Möglichkeiten haben Pflanzen, sich unter den geschilderten extremen klimatischen und edaphischen Bedingungen zu behaupten? Wie bewältigen sie das Problem der Wasserversorgung in Räumen, wo nicht nur wegen der geringen Niederschlagsmengen das Wasser zum Minimumfaktor wird, sondern auch die hohe Einstrahlung erhöhte Verdunstungsraten zur Folge hat?

Man hat lange Zeit geglaubt, daß die in Wüsten wachsenden Pflanzenarten außergewöhnliche physiologische Eigenschaften besitzen, z.B. so hohe Zellsaftkonzentrationen, daß sie noch aus fast trockenem Boden Wasser entnehmen können. Zwar gibt es eine Reihe physiologischer und morphologischer Anpassungen einzelner Taxa, die sie zum Wassersparen befähigen. Grundsätzlich ist aber die Wasserversorgung der einzelnen Pflanze in den Trockengebieten gar nicht so schlecht.

WALTER (1941) hat nach Untersuchungen in Wüsten-, Halbwüsten- und Trockensteppengebieten in Südwestafrika gezeigt, daß die pflanzliche Produktion pro Flächeneinheit eine lineare Funktion von der Niederschlagshöhe zu sein scheint. Das bestätigen im Prinzip auch diesbezügliche Ergebnisse aus nordafrikanischen Trokkensteppenräumen (MÜLLER-HOHENSTEIN 1977). Diese Zusammenhänge sind nicht darauf zurückzuführen, daß das einzelne pflanzliche Individuum bei geringeren Niederschlägen weniger produziert, sondern vor allem darauf, daß bei abnehmenden Niederschlägen auch die Zahl der pflanzlichen Individuen abnimmt, die Vegetationsdecke immer schütterer wird. Je trockener also ein Gebiet wird, um so weiter rücken die einzelnen pflanzlichen Individuen auseinander und um so mehr Bodenraum steht nun der Pflanze für die Wasseraufnahme zur Verfügung. Hiermit geht auch eine Reduzierung der transpirierenden Pflanzenorgane einher, die parallel zu einer Vergrößerung der unterirdischen Organe, also des Wurzelwerks, erfolgt. So ist der unterirdische Anteil der Pflanzen in ariden Gebieten – im Gegensatz zu denen in humiden Gebieten – größer als der oberirdische.

Im allgemeinen wächst dabei das Wurzelwerk seitlich in die Breite. Nehmen die Niederschläge soweit ab, daß die Pflanzen mit ihrem Wurzelwachstum die Wasserversorgung nicht mehr sicherstellen können, so tritt eine Erscheinung im räumlichen Verbreitungsmuster von Pflanzengesellschaften ein, die WALTER (1962) als den Übergang von der „diffusen" zur „kontrahierten" Vegetation bezeichnet (Abb. 36). Hiermit wird angedeutet, daß die mehr oder weniger regelmäßig verbreitete Vegetation (diffus) nun auf großen Flächen fehlt und sich in Tiefenlinien und Senken zurückzieht (kontrahiert), wo wegen des von den Seiten nach Niederschlägen zufließenden Zuschußwassers das Wachstum ermöglicht wird. Diese unter-

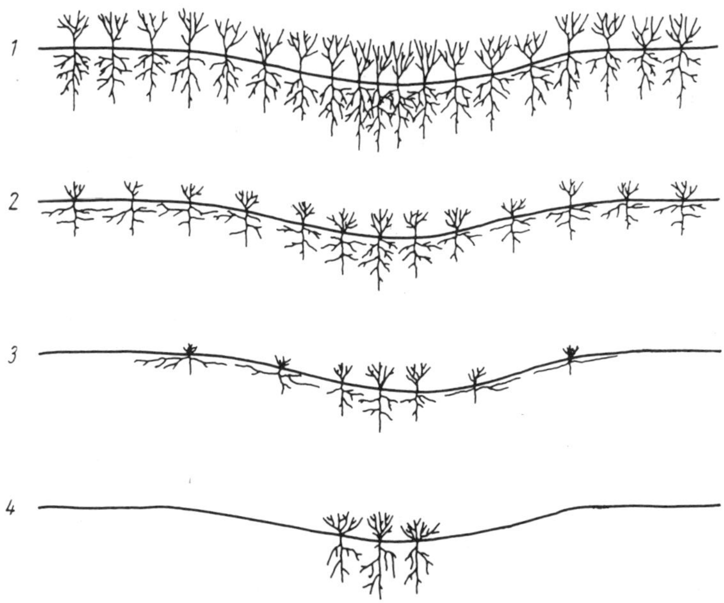

Abb. 36 Schematische Darstellung des Übergangs der „diffusen" Vegetation (1 und 2) in eine „kontrahierte" (3 und 4) bei Abnahme der Niederschläge in ariden Gebieten (nach WALTER 1973)

schiedlichen Bodenwasserverhältnisse deuten sich auch schon in Halbwüstengebieten an, wo Tiefenlinien mit besserer Wasserversorgung in der Regel von wasserbedürftigeren Pflanzen eingenommen werden.

Es sind noch weitere, regelhafte Vegetationsmuster in Halbwüsten und Wüsten zu besprechen, doch soll zunächst die Betrachtung der besonderen Anpassungen der Pflanzenwelt an diese klimatischen und edaphischen Verhältnisse fortgesetzt werden. Man bezeichnet die Anpassungen, die Pflanzen im Hinblick auf die große Trockenheit besitzen können, als „Xeromorphismen", die Pflanzen selbst als Xerophyten. Allerdings finden einige Pflanzen Standorte mit ausreichender Wasserversorgung. Sie besitzen deshalb keine besonderen Anpassungen und dürfen also, obwohl sie in ariden Gebieten wachsen, nicht als Xerophyten bezeichnet werden. Ebenfalls können viele Annuelle, die nach den meist heftigen Niederschlagsereignissen aus dem Samenstadium heraus in sehr kurzer Zeit ihren gesamten Vegetationszyklus abschließen – die blühende Wüste oder der „acheb" –, nicht zu den Xerophyten gerechnet werden. Sie überdauern die längste Zeit, unter Umständen über mehrere Jahre, im unempfindlichen Samenstadium. Ähnlich verhalten sich auch einige Geophyten. Schließlich gibt es Pflanzen, die Trockenzeiten durch fast völliges Austrocknen überstehen. Hierher gehören vor allem Flechten und Moose. Sie werden als poikilohydre Arten bezeichnet.

Nur Arten, die die trockenen Zeiten ohne Austrocknung überstehen können, werden mit Recht Xerophyten genannt. Unter ihnen gibt es solche, die bei Wassermangel die Blätter verdorren lassen, so Wasser sparen, selbst aber weiterleben. Sie heißen malakophylle Xerophyten. Hierher gehören z.B. die Zistrosen. Andere Arten haben harte Blätter, mit deren Hilfe sie die Transpiration reduzieren. Sie heißen sklerophylle Xerophyten, hierher ist z.B. die Steineiche zu stellen. Schließlich ist noch die Gruppe der stenohydren Xerophyten zu nennen. Diese Arten, z.B. *Euphorbiaceen,* schließen bei Wassermangel sofort die Stomata, haben also kaum Wasserverluste, produzieren aber auch nicht.

Allen Xerophyten gemeinsam ist die Möglichkeit, auch während der Dürrezeit wenigstens etwas Wasser aufzunehmen; sie sind deshalb vor allem auf Halbwüsten oder semiaride Räume beschränkt. Dies gilt nicht für Arten, die eine weitere Form der Anpassung besitzen, die Sukkulenz. Sukkulenten brauchen in der Trockenzeit kein Wasser aufzunehmen, sondern leben sehr sparsam von den in Blättern, im Stamm oder in den Wurzeln gespeicherten Wassermengen. Hierher gehören viele *Euphorbiaceen, Cactaceen, Aloe*-Arten u.a.m.

Bei der Besprechung der Böden wurde festgestellt, daß eine große Zahl von Standorten Salzanreicherungen aufweisen. Diese Standorte bleiben nicht unbedingt pflanzenleer. Bis zu gewissen Salzkonzentrationen ist auch hier pflanzliches Wachstum möglich, allerdings von Spezialisten, die als Halophyten bezeichnet werden.

Echte Halophyten werden durch die Salze (meist Na-Verbindungen) nicht nur nicht geschädigt. Sie brauchen sie sogar, um sie in ihren Organen anzureichern. Nur so kann eine entsprechend hohe Zellsaftkonzentration erreicht werden, mit deren Hilfe dann der Bodenlösung Wasser entnommen werden kann.

Andere Arten können nur eine gewisse Konzentration an Salzen vertragen, z.B. die Dattelpalme *(Phoenix dactylifera)*, brauchen diese Salze aber nicht und sind somit auch keine Eu-Halophyten. Viele Halophyten sind in der Lage, durch Drüsen Salze wieder auszuscheiden, z.B. *Tamarix*-Arten. Die meisten pflanzlichen Taxa bleiben freilich an Salzstandorten nicht konkurrenzfähig.

Viele Salzpflanzenstandorte sind relativ feucht, die hier gedeihenden Arten werden deshalb auch als Hygro-Halophyten bezeichnet, z.B. *Salicornia*- und *Chenopodium*-Arten. Auch auf trockenen Standorten wachsen aber Halophyten; diese heißen demzufolge Xero-Halophyten wie etwa *Atriplex*- und *Haloxylon*-Arten.

Da alle Halophyten auch bestimmte Verbreitungsgrenzen im Hinblick auf die Art und die Konzentration der Salze im Boden besitzen, eignen sie sich vorzüglich als Bioindikatoren für die Boden-Salz-Verhältnisse. *Sueda erecta* z.B. kann nach Walter 1973 über 1 gr-Äquivalent Na-Salze vertragen, dagegen nur 0,2 gr-Äquivalent Ka-Salze. *Salsola kali* ist sehr empfindlich gegenüber Natrium-Salzen (nur 0,2 gr), verträgt aber fast 0,5 gr-Äquivalent Kali-Salze.

Fassen wir noch einmal die wichtigsten Anpassungen der Pflanzenwelt in ariden Räumen zusammen:

1. haben wir Arten kennengelernt, die mit Hilfe eines ausgedehnten Wurzelsystems ausreichend Wasser aus ihrer näheren Umgebung oder sogar aus dem Grundwasser von Schotterkörpern in Wadis aufnehmen können.
2. ist die Regenflora *(acheb)* zu nennen, die sich aus vielen verschiedenen annuellen Pflanzen *(Therophyten)* zusammensetzt.
3. hatten wir poikilohydre Pflanzen erwähnt, die austrocknen, ohne dabei ganz abzusterben.
4. gehören hierher die verschiedenen Formen der echten *Xerophyten*, die durch Verdornen, Behaarung, Blattverlust u.a.m. in der Lage sind, ihre Transpiration stark zu drosseln.
5. sind die *Geophyten* zu nennen, knollen- und rhizombildende Arten, die die ungünstigen Zeiten mit Hilfe unterirdischer Speicherorgane überdauern.
6. waren die sukkulenten Arten hierher gestellt worden, die Wasser in oberirdischen Organen speichern.
7. sind schließlich die *Halophyten* zu erwähnen, die an salzhaltige Bodenlösungen angepaßt sind oder sie sogar benötigen.

Es muß hier ergänzend darauf hingewiesen werden, daß die ausgegliederten Pflanzengruppen nicht immer nur eine Anpassung besitzen, häufig sind mehrere miteinander vereinigt. So besitzt z.B. *Anabasis aretioides* sowohl ein tiefreichendes und weit verzweigtes Wurzelsystem als auch sklerophytische Blätter; viele Halophyten sind gleichzeitig zu den Sukkulenten zu stellen.

Auf einen typischerweise in Wüstenrandgebieten auftretenden Ökotop mit einem besonderen biozönotischen Konnex soll zum Abschluß der Erörterung der Vegetationsverhältnisse in Trockengebieten noch näher eingegangen werden. Es sind meist nur wenige Quadratmeter einnehmende, im Vergleich zur weiteren Umgebung dicht bewachsene, dünenähnliche Hügel aus überwiegend fein- bis mittelsandigen

Substraten. In der nördlichen Sahara werden sie mit dem arabischen Namen „*nebket*" (Singular: *nebka*) belegt.

Schon aus der Abb. 37 wird deutlich, daß der auslösende Faktor für die Bildung dieser Formen eine Pflanze ist. Im altweltlichen Trockengürtel handelt es sich dabei fast ausschließlich um ein strauchförmiges Gewächs, den Kameldorn *(Ziziphus lotus)*. Der Kameldorn kann ein niedriger Baum werden, wird aber meistens von Ziegen und Kamelen so verbissen, daß er nur noch einen halbkugeligen Strauch bildet. In diesem Strauch fängt sich vom Wind verfrachtetes Lockermaterial; der Wuchsort erfährt im Laufe der Zeit eine Anreicherung an Feinsanden, die zu einer Art Dünenbildung führt, wobei diese Dünen von vornherein ziemlich festgelegt sind, da das Wurzelwerk der Sträucher das Lockermaterial bindet.

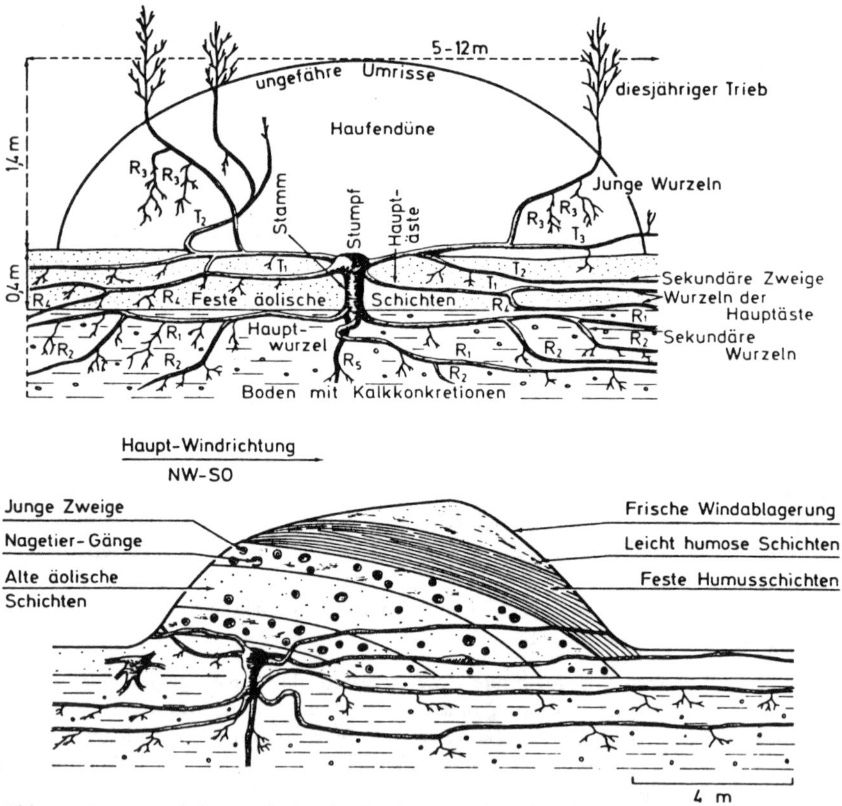

Abb. 37 Quer- und Längsschnitt durch eine von *Ziziphus lotus* bewachsene Haufendüne (Nebka) (nach LONG aus WALTER 1973)
Im Querschnitt (oben) sind das ausgedehnte Wurzelsystem und zugeschüttete Sprosse mit jungen, aus dem Sand herauswachsenden Trieben zu erkennen. Im Längsschnitt (unten), parallel zur Hauptwindrichtung, wird die allmähliche Wanderung der Nebka deutlich.

Besonders untersucht wurden solche Formen in Tunesien von LONG (1954). Er faßt sie als junge Stadien auf ehemals genutztem Ackerland auf, doch gibt es diese Entwicklung auch ohne eine vorherige Nutzung. Allerdings zeigt das Beispiel aus Südtunesien, daß sich diese Bildungen in relativ kurzer Zeit entwickeln können. Die feinsandigen Substrate mit entsprechend günstigem Wasserhaushalt, die ständig wachsenden Sträucher und damit die andauernde Lieferung organischen Materials für eine wenn auch nur bescheidene Humifizierung u. a. m. führen nicht nur zu einer besonderen Flora dieser Ökotope, sondern auch zu einem ganz außergewöhnlich reichen tierischen Leben. Insekten, Nager, Reptilien und Vögel konzentrieren sich auf die „*nebket*", die damit belebte „Inseln" in einer sonst weitgehend unbewohnten Umgebung bilden.

3.3.3.4 Die Tierwelt der Trockengebiete. Wie können sich Tiere den extremen Bedingungen der Trockengebiete anpassen oder diesen gegebenenfalls entziehen?

Obwohl Tiere aufgrund ihrer Möglichkeiten kurz- oder auch langfristiger Ortsveränderungen gegenüber Pflanzen an Extremstandorten bevorteilt sind, müssen in Trockenräumen lebende Tiere Anpassungen an die besonderen klimatischen Verhältnisse besitzen. Solche Anpassungen müssen einmal den großen tageszeitlichen und jahreszeitlichen Temperaturunterschieden Rechnung tragen, den geringen Niederschlägen und der niedrigen Luftfeuchtigkeit, die durch die heißen Wüstenwinde weiter herabgedrückt wird, schließlich auch noch dem spärlichen oder sogar fehlenden Pflanzenkleid. Das tierische Leben in Wüsten hängt also nicht nur von den atmosphärischen Bedingungen ab, sondern auch von den zeitlichen Entwicklungsrhythmen und der räumlichen Verbreitung der verschiedenen pflanzlichen Organismen und Gesellschaften.

So haben sich trotz der großen räumlichen Trennung der einzelnen Wüstenbiome voneinander und der dieser entsprechenden unterschiedlichen phylogenetischen Entwicklung der Tierwelt eine ganze Reihe konvergenter Lebensformentypen entwickelt. Viele Taxa sind fähig, sich unterirdische Höhlen zu graben, in denen sie der täglichen Hitze und auch der nächtlichen Abkühlung entgehen. Unter den Schlangen gibt es Seitenwinder *(Cerastes cerastes)*, die durch die besondere Art ihrer Fortbewegung auch auf lockerem Sand vorankommen, und in Dünengebieten leben zahlreiche Skinke (z.B. *Scincus scincus*), deren französischer Name „*poisson de sable*" zu erkennen gibt, daß sich diese Tiere mit extrem kleinen Gliedmaßen, fischähnlicher Form und weiteren morphologischen Anpassungen im Sand selbst fortbewegen und verbergen können.

Andere Reptilien, wie z.B. die Dornschwänze *(Uromastix acanthinurus)*, und auch manche Säuger besitzen Salzdrüsen. Bipedie ist bei vielen Wüstennagern ausgeprägt, etwa den Wüstenspringmäusen der Gattungen *Jaculus* und *Gerbillus*. Letzteres wird als Anpassung an das Überbrücken großer Entfernungen bei der Nahrungssuche aufgefaßt. Viele Arten, vor allem die Säuger, sind ausgesprochen nachtaktiv und versuchen tagsüber der Hitze zu entkommen. Viele Käfer sind flugunfähig, und die verwachsenen Flügel bedeuten höheren Verdunstungsschutz.

Die wichtigsten Anpassungen beziehen sich wiederum auf den Wasserhaushalt. Die Transpiration wird oft durch das Fehlen von Schweißdrüsen oder die Möglichkeit des Stigmenverschlusses herabgesetzt; verdaute Speisereste werden als sehr wasserarmer Kot oder auch als feste Harnsäure ausgeschieden. Andererseits können viele Tiere der Luft immer noch ausreichende Feuchtigkeit entnehmen. Manche Reptilien und sogar manche Säuger trinken zeitlebens nicht oder können jedenfalls lange Zeit ohne Wasser auskommen; andere Tiere – wie z. B. verschiedene Steinhühner und Flughühner der Gattungen *Alectoris* und *Pterocles* – brauchen nur wenig Wasser und bringen für ihren Nachwuchs dasselbe auch aus größeren Entfernungen im Brustgefieder herbei.

Arten, die an die annuellen Wüstengesellschaften aus Therophyten angepaßt sind, können – ebenso wie die Pflanzen – die trockenen Zeiten in einer Art Trockenstarre überdauern. Dabei ist von Bedeutung, daß die Letaltemperaturen vieler Taxa erst bei nahe 50°C erreicht werden.

Im wesentlichen konzentriert sich das tierische Leben in den Trockengebieten inselhaft um die perennierenden Pflanzen. Das wurde schon für die „*nebket*" angedeutet. Andere, ähnliche *Biochorien* sind Baumkakteen oder die Wadis oder Oueds mit ihren wesentlich günstigeren Wasserverhältnissen, ebenso auch Brunnenstellen und die Oasen. In letzteren ist nicht nur der Individuenreichtum besonders groß, sondern auch der Artenreichtum.

Dennoch überrascht die Artenvielfalt auch abseits der Oasen. Das kann damit erklärt werden, daß es nur wenige Nahrungsspezialisten gibt, die auf bestimmte Beutetiere oder bestimmte pflanzliche Organismen angewiesen sind. Omnivore Arten herrschen vor. Viele Schlangen verschmähen Insekten ebensowenig wie ihresgleichen; Tenebrioniden, die häufigsten Käfergattungen und -arten, fressen praktisch jede Art auch abgestorbener organischer Substanz. Die genannten bevorzugten Biotope sind ebenso wie die eingangs erwähnten Substrattypen – *hamada, reg, serir, erg* – Ursachen der Differenzierungen in der räumlichen Verbreitung der Tierwelt.

Die Behandlung der tierischen Lebewesen in den Trockenräumen soll nicht abgeschlossen werden, ohne einen Blick auf ein Phänomen zu werfen, welches außerhalb des gewählten Beispielraumes der Sahara in den Küstenwüsten zu beobachten ist. Es kann mit dem Stichwort „*Guano*" umschrieben werden.

Es wurde schon erwähnt, daß es insbesondere der kalte Humboldtstrom ist, der die Wüstenverhältnisse der Atacama entscheidend beeinflußt. Die kalten Wasser bedingen aber im küstennahen Raum auch einen außergewöhnlichen Reichtum an Zoo- und Phytoplankton und an Fischen. Diese enden zum Teil in der Nahrungskette in Vögeln, die die wüstenhaften Küstenbereiche besiedeln und dort ihren Kot hinterlassen. Dieser Guano genannte Kot ist schon früh als Düngemittel wegen seines außergewöhnlich hohen Phosphatgehalts benutzt worden. Jährlich rechnet man weltweit mit einem Zuwachs von etwa 200000 t. Auf den peruanischen Chincha-Inseln wurden vor allem im 19. Jahrhundert Millionen von Tonnen gefördert.

Deshalb sind auch schon vor der südafrikanischen Küste (Namib) Inseln aus Brettern angelegt worden, auf denen ein mittlerer jährlicher Zuwachs an Vogelkot von 6 cm beobachtet wurde. Die wichtigsten Guanovögel sind Kormorane, Pelikane und mehrere Baßtölpelarten. Es gibt also nicht den Guanovogel schlechthin.

3.3.3.5 Möglichkeiten und Formen der Landnutzung in den Trockengebieten. Der für die Wüsten und Halbwüsten geschilderte physisch-geographische Rahmen ließ schon erkennen, daß in weiten Bereichen der Trockengebiete eine landwirtschaftliche Nutzung nicht möglich ist. Zwar werden in günstigen Jahren, d.h. nach kräftigen Niederschlagsereignissen, Halbwüsten und seltener auch Vollwüsten mehr oder weniger regelmäßig in die von der nomadischen Viehwirtschaft nur extensiv genutzten Weideflächen mit einbezogen, doch liegen die Hauptgebiete des Nomadismus in Wüstenrandbereichen und in Trockensteppen. Deshalb werden auch dort die damit zusammenhängenden Fragen ausführlicher erörtert.

In den Trockenräumen der Erde wird also die Grenze der Ökumene erreicht, ebenso wie in den Kältewüsten am Polarsaum. Dennoch ist eine Form der menschlichen Nutzung für die Wüsten besonders charakteristisch: die Oasenwirtschaft. Da die Möglichkeiten und Formen der Oasenwirtschaft besonders klare Beziehungen zum natürlichen Eignungsraum erkennen lassen, sei hierauf etwas näher eingegangen. Als Beispiele dienen Oasen aus dem saharischen Raum.

Es gibt von geographischer Seite zahlreiche Oasendefinitionen, die nicht immer übereinstimmen. Im wesentlichen ist man sich aber bei den folgenden vier Kriterien einig:

1. Oasen besitzen eine inselhafte Lage in einem nicht oder kaum besiedelten Raum hoher Aridität.
2. Oasen verfügen über nutzbares Wasser.
3. Das nutzbare Wasser der Oasen wird für einen intensiven Bewässerungsfeldbau in mehreren Stockwerken gebraucht.
4. Oasen haben neben der Flur einen oder mehrere, meist ländliche und geschlossene Siedlungskerne.

Ein erster deutlicher Bezug zwischen geoökologischer Struktur und Oasentyp in Nordafrika ergibt sich aus der Art der Wassergewinnung. So spricht man z.B. von Flußoasen, wenn einem perennierend fließenden Fremdlingsfluß mit Hilfe von Kanalableitungen *(segia)* Wasser entnommen wird. Beispiele solcher Flußoasen sind die Niloase, das Tafilalet und das Dratal in Marokko.

In einer weiteren Gruppe werden die Quelloasen zusammengefaßt. Sie erhalten ihr Wasser aus Quellen, die infolge von günstigen geologischen Lagerungsverhältnissen auftreten. Zu den Quelloasen müssen auch die gerechnet werden, welche ihr Wasser artesischen Brunnen entnehmen. Beispiele hierfür sind in Nordafrika die Oasen von Tozeur und Nefta in Tunesien. Eng verwandt sind in hydrogeologischer Sicht mit den Quelloasen die Grundwasseroasen. Hier liegt der Grundwasserspiegel so nahe der Erdoberfläche, daß mit Hilfe von Brunnen, heute mit Pumpen bestückt, Wasser gefördert werden kann oder – wie im algerischen Souf – die Palmen mit ihren Wurzeln selbst bis ins Grundwasser reichen. Für die Brunnenbewässerung bilden die Rhir-Oasen in Algerien ein gutes Beispiel.

Als letzter wichtiger Oasentyp ist der zu nennen, in welchem Wasser über oft viele Kilometer lange unterirdische Stollen aus wasserführenden Schotterkörpern am Hang von Gebirgen herbeigeführt wird. Diese unterirdischen Stollen haben verschiedene regionale Bezeichnungen erhalten: *Qanate* in Iran, *Foggaras* in Arabien und Nordafrika bis Algerien, *Rhettaras* in Marokko. In der Nordsahara sind z.B. Timimoun und Adrar lange Zeit ebenso nur durch solche Stollen versorgt worden wie die Stadt Marrakesch. Heute wären noch Oasen zu ergänzen, in denen mit Hilfe modernster technischer Erschließung Wässer genutzt werden, die in mehreren 100 m Tiefe in fossilen Grundwasserlinsen liegen, welche in den Pluvialzeiten entstanden. Die hier entnommenen Wässer werden allerdings nicht erneuert, ihre Nutzung ist somit zeitlich beschränkt. Dennoch haben gerade solche Wasserfunde zu euphorischen Vorstellungen einer dauernd blühenden Gesamtsahara geführt, die jeder Grundlage entbehren.

Der Anbau in den nordafrikanischen Oasen erfolgt in einer Art Stockwerkbau. Für das oberste Stockwerk steht dabei eine Pflanze zur Verfügung, die nachweislich seit über 5 Jahrtausenden zu einer der wichtigsten Kulturpflanzen der Trockenräume gehört: die Dattelpalme *(Phoenix dactylifera)*. Die Dattelpalme benötigt relativ viel Wasser (100–180 m^3/a), ebenso zur Fruchtreife eine hohe Zahl von Sonnenscheinstunden (mindestens 2400) bei niedriger Luftfeuchte. Deshalb kann sie als ein weiteres Kriterium zur Abgrenzung von Wüsten gewählt werden, da Datteln nur in der Wüste reifen.

Datteln sind nicht nur ein besonders kalorienreiches Produkt, sondern auch ein gut lagerfähiges, welches für Oasenbewohner stets als Nahrungsreserve zurückgelegt werden konnte und hohen Tauschwert im Handel mit Nomaden besaß. Darüber hinaus ist aber die Dattelpalme noch wesentlich mehr, schafft sie doch mit ihrem abschirmenden Blätterdach erst die erforderlichen mikroklimatischen Bedingungen für viele Unterkulturen. Die Stämme selbst sind das einzige verfügbare Baumaterial für Häuser, die Palmwedel dienen zu mancherlei Flechtwerk, noch der kleinste Rest als Brennmaterial. Der Lebensraum in den traditionellen Oasen ist ohne die Dattelpalme kaum vorstellbar. Hier werden also weitere enge Beziehungen zwischen Klima, Kulturpflanze und Landnutzung sichtbar. Schließlich tragen auch die traditionellen Formen der Siedlungen den klimatischen Verhältnissen Rechnung. Bei aller stilistischen Vielfalt läßt sich der Bauplan der meisten Oasensiedlungen auf wenige gemeinsame Elemente reduzieren. Es sind fast stets geschlossene Siedlungen, mit fensterlosen Innenhofhäusern, mit engen und oft überdachten Gassen aus luftgetrockneten Lehmziegeln und Palmstämmen. Sie bieten gleichermaßen Schatten und Isolierung vor zu großer Hitze und sind trotz leichter Bauweise wegen der fehlenden Niederschläge stabil genug. In heutigen modernen Bauten wird trotz Klimaanlagen kaum das angenehme Siedlungs- und Hausklima der traditionellen Bauten erreicht.

Eine letzte Beziehung Oasenwirtschaft – Naturraum soll mit dem Schlagwort „Oasensterben" nur angedeutet werden. Hierher gehört ebenso der oft vergebliche Kampf gegen eingewehte Sandmassen wie auch die zunehmende Versalzung von Kulturflächen wegen nicht ausreichender Be- und vor allem Entwässerung, welche wiederum mit einem Absinken des Grundwasserspiegels zusammenhängen kann.

3.4 Die wechselfeuchten und immerfeuchten Subtropen

Bei der Untergliederung der Subtropen sind die Trockengebiete als ständig trockene Räume den immerfeuchten oder wenigstens zeitweise feuchten subtropischen Subzonen gegenübergestellt worden.

Von den durch charakteristische Niederschlagsjahresgänge gekennzeichneten Subzonen (vgl. Abb. 29) werden im folgenden zunächst die Trockensteppen vorgestellt. Es schließt sich eine ausführlichere Behandlung der mediterranen Gebiete einschließlich ihrer Höhenstufen an, den Abschluß bildet eine Betrachtung der immerfeuchten Subtropen an den Ostseiten der Kontinente.

3.4.1 Die subtropischen Trockensteppen am Beispiel des nordafrikanischen Trockensteppengürtels

Zwischen die subtropischen Wüsten und Halbwüsten auf der einen und die subtropischen Hartlaubgebiete auf der anderen Seite schieben sich meist nur recht schmale Übergangsgebiete, die durch eine Trockensteppenvegetation gekennzeichnet werden können.

In Nordafrika erstreckt sich der Trockensteppengürtel zwischen den mediterranen Tellketten im Norden und den Gebirgen des Sahara-Atlas im Süden des Maghreb, von Marokko bis nach Tunesien. Zusammenfassend wird er als marokkanisch-algerische Hochplateaus oder auch als Hochland der Schotts bezeichnet.

Diese Subzone kann nicht so ausführlich wie die Wüsten besprochen werden; das wäre wegen der vergleichsweise geringen räumlichen Ausdehnung nicht gerechtfertigt. Es soll aber erläutert werden, welche natürlichen Rahmenbedingungen zu der klassischen Wirtschaftsform der Trockensteppen und Randwüsten führen, zum Nomadismus.

Eine Definition dieser Wirtschafts- und Lebensform fällt gegenwärtig schwer, da es hier, wie schon in den Oasen, beträchtliche Funktions- und Strukturwandlungen gegeben hat. Sie führten dazu, daß es die Form des echten Vollnomadismus kaum noch gibt; an seine Stelle sind Formen des Halb-, Semi- oder Teilnomadismus getreten (vgl. Scholz 1974). Die klassische Definition besagt:

1. daß der Nomadismus als Wirtschaftsform eine extensive Form der Weidewirtschaft ist,
2. daß er von Nomaden betrieben wird, die in transportablen Behausungen leben, auf mehr oder weniger regelmäßig wieder besuchten Weidegründen jahreszeitlich wandern,
3. daß die Nomaden von den Erträgen der Weidewirtschaft und der Transport- und Schutzfunktion im Karawanenverkehr leben.

Unabdingbar für den Nomadismus sind Weideflächen, die bei nur extensiver Nutzung auch in Trockenjahren für die Herden aus Dromedaren, Ziegen und Schafen eine ausreichende pflanzliche Produktion zur Verfügung stellen sowie als Tränkmöglichkeiten dienende Wasserstellen. Letztere sollten ein so dichtes Netz bilden, daß die Weidetiere nicht nur überleben, sondern auch auf Grund möglichst kurzer Tageswanderungen Fleisch in ausreichender Menge produzieren.

Diese Voraussetzungen waren in der Wüste noch nicht, in der Halbwüste nicht immer gegeben. Wie sehen sie in den Trockensteppen aus?

Gegenüber den klimatischen Grundlagen der Wüsten sind vor allem entscheidende Veränderungen bei den Niederschlägen eingetreten. Erstens sind die Niederschlagsjahresmittel wesentlich höher. Sie liegen etwa zwischen 200 und 400 mm. Zweitens treffen die Niederschläge mit größerer Regelmäßigkeit ein, als das für Wüstengebiete galt, wenn auch hier noch die Niederschlagsvariabilität sehr groß sein kann. Im Gegensatz zu den tropischen Randgebieten der Wüste fallen aber die Niederschläge im Winterhalbjahr, also in der kühleren Jahreszeit, die z.B. den Hochplateaus regelmäßig Frost bringt und damit der Vegetation eine Kälteruhe. Die Sommer sind trocken, die perennierenden Arten der Vegetation machen also u.U. eine Trockenruhe durch. Somit wird für einige Arten die jährliche Vegetationsperiode zweimal unterbrochen.

Gerade die sommerliche Trockenruhe ist aber letztlich dafür verantwortlich, daß Holzpflanzen, vor allem Bäume, an der Nordgrenze der Sahara weitgehend fehlen und erst mit dem eigentlichen Mittelmeerklima einsetzen. Auf diese Asymmetrie von Nord- und Südrand der Sahara hat schon Stocker 1962 hingewiesen. Allerdings ist man heute noch kaum in der Lage, die natürliche Waldgrenze im Norden der Sahara zur Wüste hin zu rekonstruieren. Noch bei 200 mm Jahresniederschlag sind in Südtunesien natürliche Aleppokiefernbestände erhalten. Fast überall ist mit einer anthropogen zurückgedrängten Waldgrenze zu rechnen.

Trotz der zweimaligen Ruhepause der Vegetation wird in den Trockensteppen soviel an pflanzlicher Produktion erzielt, daß eine extensive Beweidung gesichert erscheint. Nach Rodin und Basilevic 1968 dürfen Werte der Nettoprimärproduktion zwischen 2,5 und 4 t/ha angenommen werden. Wenn dennoch heute viele Weideflächen als verwüstet und stark degradiert erscheinen, so liegt das in erster Linie an dem Überbesatz durch Tiere.

Die Böden der Trockensteppen unterscheiden sich auch in einigen Punkten von denen der Wüsten. Wegen der dichteren Vegetationsdecke sind sie etwas humusreicher, insgesamt aber auch besonders anfällig gegenüber anthropogenen oder anthropogen bedingten Eingriffen, was letztlich die oben genannte Degradierung mit bewirkt.

Ganssen führt 1968 folgende Faktoren für die Empfindlichkeit der Böden der Trockengebiete an:

1. Wassermangel (bedeutet Humusmangel und geringe Bildung stabilisierender Tonminerale)
2. Flachgründigkeit vieler Bildungen (damit wenig Wasserspeicherkapazität)
3. Unregelmäßigkeit der Niederschläge, dabei insbesondere Starkregen
4. Tendenz zur Krustenbildung.

Die Krusten sind gerade in Trockensteppen und Halbwüstengebieten verbreitet und unterliegen zum Teil einer rezenten Weiter- und Umbildung, besitzen zum Teil aber auch reliktischen Charakter. Krusten (insbesondere ist hier an $CaCO_3$-Krusten gedacht) schränken die Bodenbearbeitung entscheidend ein, so daß sich auch aus diesem Grund oft eine ackerbauliche Nutzung verbietet.

Es muß zusammenfassend betont werden, daß die Böden der Trockensteppen durchaus nicht „unfruchtbar" sind, wenn wir „Bodenfruchtbarkeit" definieren als die Fähigkeit des Bodens, Pflanzenerträge zu erzeugen. In der Regel bleibt die Ertragsleistung der Vegetation wegen der unzureichenden Wasserversorgung unter der Ertragsfähigkeit der Böden.

Das Pflanzenkleid der Trockensteppen ist nicht nur wesentlich dichter als das der Halbwüsten oder gar Wüsten, es besitzt auch ein ausgesprochen diffuses Verbreitungsmuster im Sinne von WALTER. Außerdem sind als hauptbestandbildende Arten Pflanzen hinzugekommen, die den „Steppencharakter" ausmachen. Im wesentlichen sind es Horstgräser, vor allem das Halfagras *(Stipa tenacissima)*, und Zwergsträucher, von denen insbesondere der Wermutstrauch *(Artemisia herba-alba)* zu nennen ist. Beide Arten haben etwa gleiche klimatische Ansprüche, ihr Verbreitungsmuster wird durch edaphische Kriterien, besonders den Komplex Korngröße-Bodenfeuchte gesteuert, wobei das Halfagras steinig-felsiges bis sandiges Milieu bevorzugt, die *Artemisia*-Zwergsträucher dagegen ein feinsandig bis lehmiges (vgl. Abb. 38).

Bei den zahlreichen Annuellen, aber auch bei begleitenden perennierenden Arten dieser beiden Hauptgesellschaften nimmt mit zunehmender Breite auch die Zahl mediterraner Arten zu, die saharischer allmählich ab (MÜLLER-HOHENSTEIN 1978).

Ergänzt werden müssen für die Trockensteppen die beiden genannten Gesellschaften noch durch die bereits besprochenen *„nebket"*, durch *Retama*-Gesellschaften und die Halophytenfluren um die Schotts. Bemerkenswert ist weiterhin, daß unter den beiden Hauptarten – *Stipa* und *Artemisia* – nur die eine eine wichtige weidewirtschaftliche Grundlage bildet, und zwar der Zwergstrauch. Das Gras ist jedenfalls für Schafe nicht verwertbar.

Neben der extensiven weidewirtschaftlichen Nutzung der Trockensteppenräume und der ackerbaulichen Nutzung mit Hilfe von Bewässerung wird in diesem Raum eine Grenze erreicht, von der ab Ackerbau ohne zusätzliche Bewässerung möglich wird.

Im allgemeinen wird die agronomische Trockengrenze mit 400 mm Niederschlagssumme pro Jahr angesetzt, womit sie mit der Nordgrenze der Trockensteppen übereinstimmt. Dennoch wird auch in den Trockensteppen vereinzelt Ackerbau getrieben, entweder auf der Basis besonders reichhaltiger Niederschläge eines Feuchtjahres oder mit Formen *„indirekter Bewässerung"*, also etwa dem *„dry farming"* oder der Wirtschaftsweise des *„Impluviums"*.

Sowohl von seßhafter Oasenbevölkerung als auch von nomadisierenden Stämmen werden in Trockensteppengebieten die Winter- oder Frühjahrsniederschläge zum episodischen Anbau von Getreide genutzt, wobei vor allem Parzellen in Frage kommen, die von randlich gelegenen Räumen Zuschußwasser bekommen. Auf einem ähnlichen Prinzip beruhen die *„maader"*-Kulturen Südmarokkos. Dabei werden beiderseits der Ouedbetten auf Terrassen Kulturen angelegt, nachdem diese Terrassen durch kurzzeitige Überschwemmung ausreichend Wasser speichern konnten. Bei diesen Anbauformen kann nur mit geringen Erträgen gerechnet werden, vor allem dann, wenn nicht noch ein weiteres Mal Niederschläge fallen.

Gezielt nachgeholfen wird dem normalerweise unzureichenden Wasserhaushalt durch das *„Impluvium"*-System. Durch die Anlage von kleinen Kanälen – oft nur Furchen – wird von Oberhängen Wasser auf Parzellen geleitet und auf diesen dann durch kleine, quer zur Hangneigung verlaufende Dämme zum Versickern gebracht. So wird praktisch durch gezielte Nachhilfe der Wasserhaushalt auf kleinen Flächen erheblich verbessert. Selbst langjährige Kulturen, z.B. Fruchtbaumpflanzungen (Ölbäume), werden möglich.

Im Prinzip liegt solchen Kulturen ein bereits erwähntes natürliches Phänomen zu Grunde. Es wurde schon von der kontrahierten Vegetation in Wüsten- und Randwüstenbereichen gesprochen. Auch dieses Verbreitungsmuster war auf Zuschußwasser zurückgeführt worden. Daß sich bei der Landnutzung eine weitere Regel – die der Stoffproduktionsabhängigkeit von den Niederschlagsmengen pro Fläche – beobachten läßt, belegen Ölbaumpflanzungen aus Marokko und Tunesien. Im tunesischen Sahel um Sousse nimmt die dichte der Ölbäume pro ha von über 50 bei ca. 400 mm Jahresniederschlag auf etwa 25 bei nur mehr ca. 200 mm Niederschlag ab.

Beim Trockenfarmen (oder dry-farming, nach der Anwendung im mittleren Westen der USA) wird versucht, den Niederschlag mehrerer Jahre im Boden zu speichern. Das geschieht durch das Einschalten von Schwarzbrache, wobei der Boden nur grobschollig gepflügt wird und damit dem Niederschlagswasser das Eindringen erleichtert. Nach Regenfällen wird sodann der Boden weiter durch Eggen bearbeitet. Dadurch verkleinert sich nicht nur die Bodenoberfläche, sondern es wird vor allem der kapillare Wiederaufstieg des Wassers verhindert. Nach einem oder auch zwei eingeschalteten Brache-Jahren ist eine befriedigende Produktion zu erzielen.

Das dry-farming bringt aber auch eine erhebliche Gefährdung der offen und ungeschützt daliegenden Bodenkrume mit sich. Diese wird nach heftigen Gewitterregen und besonders nach erfolgter oberflächlicher Austrocknung sowohl durch Wasser, wie vor allem durch den Wind abgetragen. In der US-amerikanischen *„dust bowl"* sind die stärksten Schäden dieser Art beobachtet worden.

3.4.2 Die mediterranen Subzonen der Subtropen

Die mediterranen Räume werden auf der Karte der Jahreszeitenklimate nach TROLL und PAFFEN unter IV/1 ausgewiesen und als Gebiete mit winterfeucht-sommertrokkenem Mediterranklima bezeichnet (vgl. Karte 1, nach S. 64).

Die auf den ersten Blick relativ wahllos verbreitet erscheinenden mediterranen Klimagebiete besitzen doch gemeinsame Lagekriterien. Das verdeutlicht Abb. 39. In fast allen Fällen bleiben die mediterranen Subzonen auf küstennahe Streifen auf den

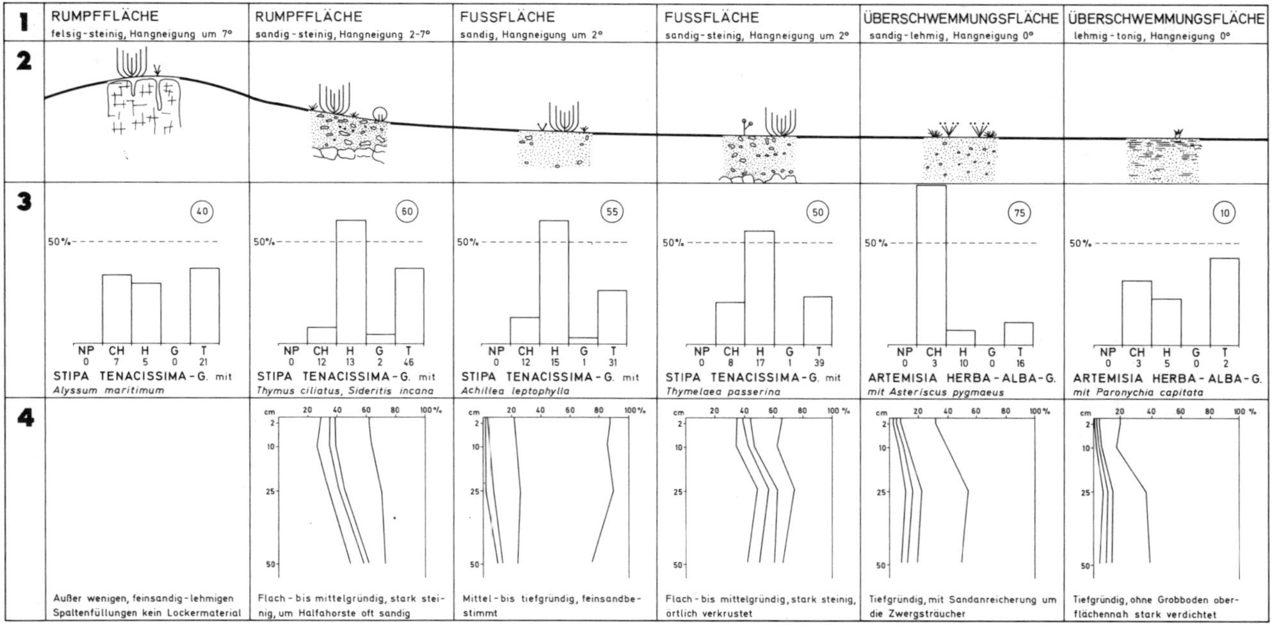

Abb. 38 Vegetations-Boden-Komplexe nordafrikanischer Trockensteppen am Beispiel der ostmarokkanischen Hochplateaus (nach Müller-Hohenstein 1978, verändert)

Zur Erläuterung der Spalten:

1 Angaben zum Formenschatz (Relieftyp, Hangneigung)

2 Profilschema (modellartige Aneinanderreihung typischer Ökotope)

3 Angaben zur Vegetation (Lebensformenspektren mit Artenzahl, Deckungsgrad, Gesellschaftsbezeichnung und kennzeichnenden Arten)

4 Angaben zum Boden (allgemeine Charakteristik, Korngrößenzusammensetzung in %-Anteilen für verschiedene Entnahmetiefen der von rechts nach links skizzierten Fraktionen 20–2,0, 2,0–0,6, 0,6–0,2, 0,2–0,06 und kleiner als 0,06 mm)

Westseiten der Kontinente beschränkt. Auf der Nordhalbkugel liegen diese Streifen etwa zwischen dem 30. und 45. Breitenkreis, auf der Südhalbkugel reichen sie wegen der geringeren Landmassen nur vom 30. bis zum 38. Breitenkreis. Die Abb. 39 zeigt darüber hinaus, daß das Relief die Ausdehnung der genannten Streifen ins Hinterland und die Abgrenzung der mediterranen gegen die Trockensteppengebiete sehr stark mitbestimmt. Schließlich ist zu erkennen, daß das europäische Mittelmeergebiet die bei weitem größte flächenhafte Ausdehnung unter den mediterranen Subzonen besitzt, wofür vor allem die weit zwischen dem europäischen und afrikanischen Kontinent nach Osten reichende Verzahnung von Land und Meer verantwortlich ist.

Bei der näheren Behandlung der mediterranen Subzonen wird im folgenden auch überwiegend auf den südeuropäisch-nordafrikanischen Mittelmeerraum Bezug genommen.

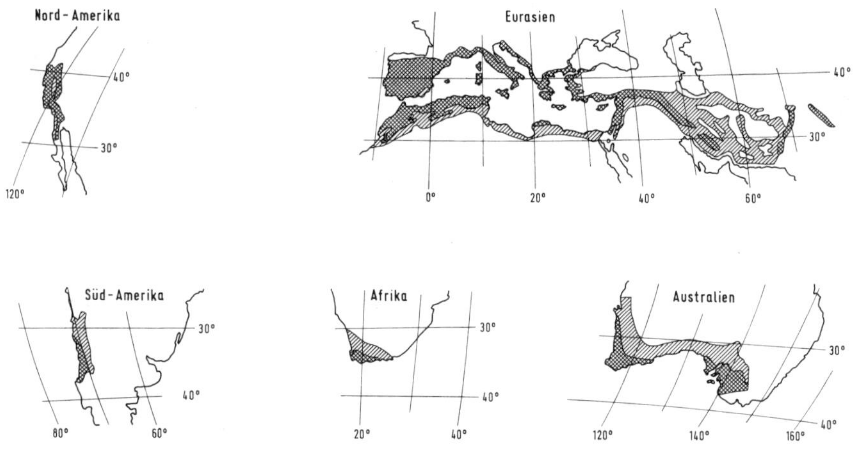

Abb. 39 Die Räume mit Mittelmeer- und Trockensteppenklima (nach TROLL und PAFFEN 1964)

3.4.2.1 Das Mittelmeerklima. Nach der genetischen Klimagliederung von FLOHN (vgl. Abb. 4) ist das Mittelmeerklima (subtropische Winterregenzone) ein alternierendes Klima. Die hierdurch ausgezeichneten Räume liegen nicht mehr ganzjährig im Bereich der subtropischen Hochdruck- und Passatzone, welche u.a. für die Niederschlagsarmut der Wüsten- und Halbwüstenräume verantwortlich war.

Subtropischer Hochdruckeinfluß – im Fall des europäischen Mittelmeergebietes, also des Azorenhochs – setzt sich nur im Zuge des Nordwärtswanderns der ITC in den Sommermonaten durch und führt zu der für das Mittelmeerklima kennzeichnenden Sommertrockenheit bei gleichzeitig hohen Temperaturen. Hierzu tragen besonders im östlichen Mittelmeerraum auch die stetigen, trockenen Nordwinde vom Frühsommer bis zum Herbst bei, die *Etesien*, welche namengebend für den mediterranen Klimatyp wurden.

Im Winterhalbjahr gewinnt im Zuge des Südwärtswanderns der ITC das zyklonale Wettergeschehen der außertropischen Westwindzone zunehmend an Bedeutung. Der Durchzug von eigenbürtigen oder von Zyklonen aus dem atlantischen Raum bringt Niederschläge. Die Winter sind also feucht – wobei insgesamt Niederschlagsjahressummen erreicht werden können wie im immerfeuchten Mitteleuropa –, dabei relativ mild durch den Einfluß des wegen der starken Land-Meer-Verzahnung überall nahen Meeres.

Die in Abb. 40 aus verschiedenen Mittelmeerräumen zusammengestellten Klimadiagramme lassen erkennen, wie sich die geschilderten jahreszeitlichen Luftmassenunterschiede effektiv in Daten ausdrücken lassen.

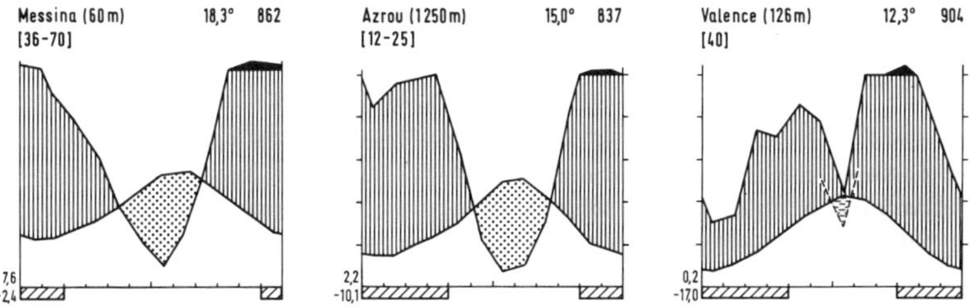

Abb. 40 Klimadiagramme aus dem europäischen Mittelmeerraum (nach Walter/Lieth)
Messina (38°13′N, 15°33′E) mit typischem Mittelmeerklima einer Küstenstation
Azrou (33°27′N, 5°14′W) mit mediterranem Gebirgsklima
Valence (44°56′N, 4°54′E) mit submediterranem Klima Südeuropas

Das Diagramm von Messina aus dem europäischen Mittelmeerraum kann dabei als Prototyp des mediterranen Klimas dienen. Es zeigt die nahezu frostfreien Verhältnisse küstennaher, mediterraner Flachlandstationen mit relativ hohem Jahresmittel von über 18°C und erstaunlich hohen Niederschlagsmengen von 862 mm. Das Janumittel liegt bei 7,6°C, das Julimittel dürfte über 24°C erreichen. Besonders typisch ist auch der Verlauf von Temperatur- und Niederschlagsjahresgang, wobei etwa die kälteste mit der feuchtesten Zeit sowie die wärmste mit der trockensten zusammenfällt und insgesamt 3 bis 4 Sommermonate nach den Kriterien von Walter als arid bezeichnet werden müssen.

Ganz ähnliche Verhältnisse zeigt das Diagramm von Azrou im Mittleren Atlas (vgl. Abb. 40) mit allerdings deutlich niedrigeren Temperaturen, die sich aus der Höhenlage von über 1200 m erklären lassen.

Allerdings liegen die mittleren Minima des kältesten Monats noch klar über der Frostgrenze. Diese wird bei den entsprechenden Werten der kühlgemäßigten Zonen schon bei Flachlandstationen – mit Ausnahme der hochozeanischen Bereiche – unterstrichen (vgl. Abb. 48).

Im gesamten europäischen Mittelmeerraum sind – abgesehen von in der Regel orographisch bedingten Abweichungen – folgende Tendenzen bei den thermischen wie auch den hygrischen Werten festzustellen:

1. Die Jahresmitteltemperaturen wie auch die Mittel von Januar und Juli nehmen von Norden nach Süden zu, ebenso – dem wachsenden kontinentalen Einfluß entsprechend – von Westen nach Osten, hier jedoch in geringeren Abstufungen.
2. Die Jahresniederschlagssummen nehmen umgekehrt von Norden nach Süden und von Westen nach Osten allmählich ab.

Faltkarte 3 Böden der Erde

1 Lateritische Böden der Tropen (Latosole, Kaolisole, ferralitische Böden u. a. m.)
2 Rotbraune und rote Böden der Trockensavannen und Trockenwälder und lateritische Böden
3 Braune, rotbraune und rote Böden der Dorn- und Trockensavannen
4 Dunkle schwere Böden der wechselfeuchten Tropen und Subtropen (Vertisole)
5 Gebirgsböden der humiden und subhumiden Tropen
6 Rand- und Vollwüstenböden einschließlich Dünen und Flugsandfelder
7 Gebirgs- und Hochgebirgswüstenböden
8 Rote und braune „hardpan soils" der Halbwüsten Australiens
9 Graue und braune Halbwüstenböden (Seroseme, Buroseme) und graubraune Böden der kühlgemäßigten Wüsten
10 Braune und rote mediterrane Böden
11 Braune mediterrane Gebirgsböden und Gebirgshalbwüstenböden
12 „Red and yellow podsolic soils" der subtropischen Feuchtwälder
13 „Red and yellow podsolic soils" der Gebirge
14 Kastanienfarbene Böden der Trockensteppen
15 Tschernoseme der Steppen
16 Braunerden und Parabraunerden (Lessivés)
17 Rasenpodsolböden (Eurasien), „Gray-brown podsolic soils" (Nordamerika) und Parabraunerden
18 Graue Waldböden, rötliche Prairieböden und tschernosemartige Böden
19 Gebirgsbraunerden und Gebirgspodsolböden
20 Graue Gebirgswaldböden und Gebirgssteppenböden
21 Podsolböden und nicht podsolierte Frost-Taigaböden
22 Gebirgstundra- und Gebirgspodsolböden
23 Podsol- und Moorböden
24 Gley-Podsole und Moor-Podsolböden
25 Tundragleyböden
26 Frostschutt und Frostmusterböden
27 Inlandeis und Gletscher
28 Mineralische und hydromorphe Böden

DIE BÖDEN DER ERDE

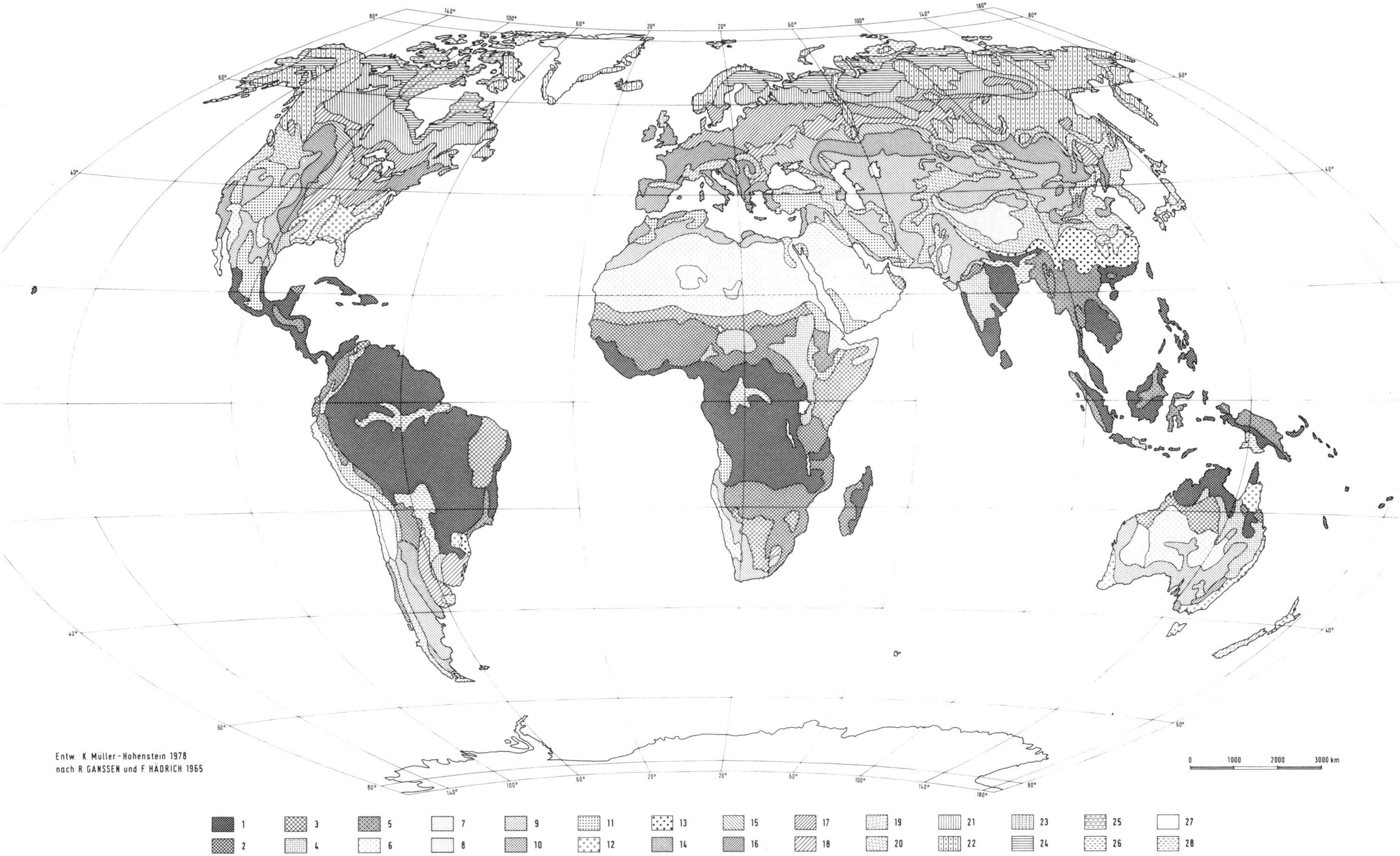

3. Am Nordsaum des Mittelmeergebietes ändert sich auch der Niederschlagsjahresgang: Das eingipflige Niederschlagsmaximum im Winter teilt sich von hier an in ein vorherrschendes Herbst- und ein noch sichtbares Frühjahrsmaximum.
4. Am Südsaum und im östlichen Mittelmeerraum (Türkei) liegt das Niederschlagsmaximum im Frühjahr.
5. Den Niederschlagsmengen und ihrer Verteilung zufolge nimmt ebenfalls von Norden nach Süden die Zahl der Trockenmonate zu.

3.4.2.2 Die Böden der mediterranen Subzonen. Infolge der relativ hohen Niederschlagsmengen ist in den mediterranen Räumen nahezu überall chemische Verwitterung und damit echte Bodenbildung möglich. Unter Umständen werden allerdings – dem Niederschlagsgang entsprechend – die Bodenbildungsprozesse in der sommerlichen Trockenzeit unterbrochen. Es ist wieder mit einer Bodendynamik zu rechnen, die für wechselfeuchte Böden charakteristisch ist und wie sie bereits für rand- und wechselfeuchttropische Räume beschrieben wurde.

Die beiden klassischen Bodentypen aller Mediterrangebiete sind die „Roten mediterranen Böden“ und die „Braunen mediterranen Böden“. Beide Typen und eine Reihe verwandter Übergangsbildungen herrschen auch vor, wie eine Bodenkarte von Nordwestafrika und der Iberischen Halbinsel nach GANSSEN und HÄDRICH 1965 zeigt (Abb. 41). Darüberhinaus treten aber einige azonale Bodenbildungen auf, die vor allem als Anpassung an die Reliefverhältnisse zu verstehen sind. Es sind semiterrestrische Böden in Tälern und Senken oder noch weiter zu differenzierende Gebirgsböden. Im Süden zeigt die Verbreitung der Seroseme den Übergang vom Mittelmeerraum zu den Trockensteppen und Halbwüsten an. Im Nordwesten der Iberischen Halbinsel, im immerfeuchten Spanien, zeigen Parabraunerden und sogar Podsolböden, daß dieser Bereich nicht mehr als mediterran bezeichnet werden kann.

Wie vollzieht sich die P e d o g e n e s e der zonalen mediterranen Böden?

Sie entwickeln sich unter semiariden bis semihumiden Klimabedingungen, sind also aufgrund der intensiveren, wenn auch meist jahreszeitlich beschränkten chemischen Verwitterung tonreicher als die Seroseme. Gleichzeitig wird durch die Farbbezeichnungen angedeutet, daß, ähnlich wie bei den wechselfeuchttropischen Böden, der Anteil an freien Eisenoxiden stark zugenommen hat. Naturgemäß ist dieser Anteil von dem Eisengehalt des Muttergesteins abhängig, dieser wiederum ist in karbonatreichen Gesteinen am höchsten. So finden sich also auch vor allem auf Kalk die „Roten mediterranen Böden“, auf silikatreichen und eisenärmeren Ausgangsgesteinen die „Braunen mediterranen Böden“. Zwischen beiden stehen die rot-braunen Bildungen als Übergangsböden. Bei trockeneren Verhältnissen, also als Übergang zu den Serosemen der Trockensteppen, werden die Zimtfarbenen bzw. Grauzimtfarbenen Böden genannt, die insgesamt humus- und tonärmer sind.

Der A-Horizont der mediterranen Böden ist nicht sehr entwickelt, auch nicht allzu humusreich, der B-Horizont dann relativ mächtig, tonreich, im semihumiden Bereich mitunter geringfügig lessiviert.

Die „terra rossa" wird im allgemeinen als fossiler Boden angesehen, der sich in humideren Phasen auf Kalkgestein bildete und jetzt nur noch in Resten, vor allem in Spaltenfüllungen und Taschen, im Kalkstein erhalten ist.

Mit dem Wassermangel in langen Perioden während eines jeden Jahres und den plötzlichen Starkregen hängt die hohe Erosionsanfälligkeit der mediterranen Böden zusammen. Da schon sehr früh und verstärkt seit dem Mittelalter nicht nur die Ebenen, sondern auch in zunehmendem Maße die Gebirge der Mittelmeerländer gerodet wurden, sind die Böden weiter Gebiete stark erodiert, zum Teil auch ganz abgetragen. Verbreitet sind deshalb sogenannte „geköpfte Böden" anzutreffen, Böden, deren A-Horizont abgetragen wurde und die deshalb kein vollständiges Profil mehr besitzen. In Senken finden sich dagegen häufig von Bodensedimenten überschüttete Bildungen.

Typische Verbreitungsmuster mediterraner Böden in Abhängigkeit vom Relief und vom Gestein sind in Abb. 42 festgehalten. Abschließend bleibt zu den mediterranen

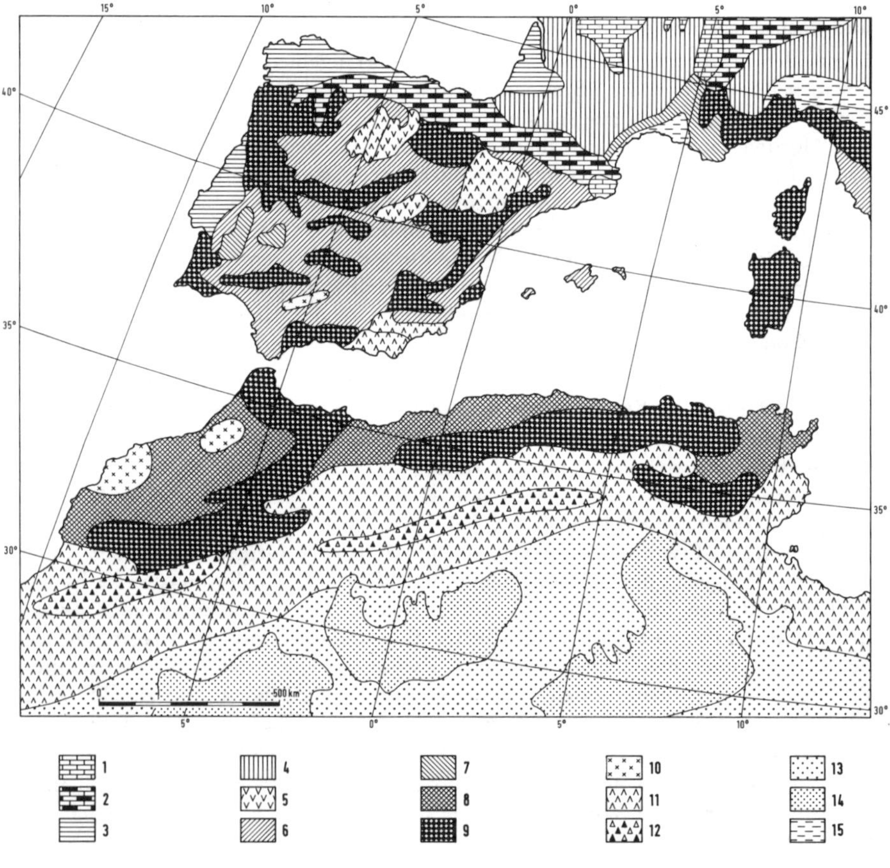

Böden ganz allgemein noch festzustellen, daß sie wegen der – im Vergleich zu den Trockensteppen – humideren Klimabedingungen weitgehend entkalkt und nicht besonders nährstoffreich sind. Ihre Ertragsleistung hängt aber auch hier ganz wesentlich vom Wasserangebot ab.

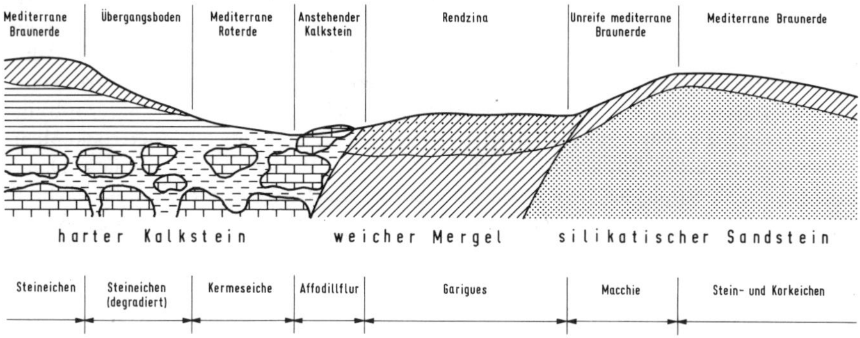

Abb. 42 Typische Boden-Vegetations-Komplexe des europäischen Mittelmeerraumes (nach Duchaufour aus Houston 1964, verändert)

3.4.2.3 Die natürliche Vegetation mediterraner Räume und ihre Ersatzgesellschaften. Das Pflanzenkleid der Mittelmeerländer wird oft mit dem Begriff der „Hartlaubvegetation" umschrieben. Es ist seit langem untersucht und in zahllosen Arbeiten beschrieben worden. Schon Rikli hat in den 40er Jahren eine noch heute weitgehend gültige Übersicht über den gesamten europäischen Mittelmeerraum zusammengestellt.

Abb. 41 Die Böden des westlichen Mittelmeerraumes
(nach Ganssen und Hädrich 1965, verändert)
Legende:
1 Parabraunerden und Pseudogleye
2 Gebirgsrendzinen und Gebirgsbraunerden
3 Braunerden, podsolierte Braunerden und Podsole
4 Gebirgsbraunerden und Gebirgspodsole
5 Kastanienfarbene Böden
6 Braune mediterrane Böden
7 Rote mediterrane Böden
8 Braune und Rote mediterrane Böden
9 Braune Gebirgswaldböden und Braune mediterrane Gebirgsböden
10 Vertisole (Tirse)
11 Graue Halbwüstenböden (Seroseme) und Grauzimtfarbene Böden
12 Gebirgs-Halbwüstenböden
13 Rand- bis Vollwüstenböden
14 Dünen und Flugsandfelder
15 Alluvialböden

Der Begriff „Hartlaub" geht auf die Blätter der wichtigsten bestandbildenden Arten in den natürlichen Wäldern zurück, die das Mittelmeergebiet einst weitgehend überzogen, auf die immergrünen Stein- und Korkeichen *(Quercus ilex, Qu. suber)*. Ähnlich ausgestattete Blätter besitzen auch weitere baum- oder strauchförmige Taxa.

Hartlaubige Blätter werden als sklerophylle Blätter bezeichnet. Diese Blätter sind hydrostabil, d.h. sie verringern ihre Transpiration, ihre Wasserabgabe in trockenen Sommern auf einen Bruchteil des sonst Üblichen, gleichzeitig steigert sich ihre Zellsaftkonzentration. Dadurch nimmt ihre Saugkraft so zu, daß auch aus trockeneren Substraten noch Wasser aufgenommen werden kann. Somit ist die Sklerophyllie eine vorzügliche Anpassung an die typischerweise auftretende Sommertrockenheit. Erreicht wird diese Anpassung letztlich durch den Verschluß der Stomata. Damit überdauern sklerophylle Taxa Dürrezeiten ohne Blattverlust und unter Aufrechterhaltung der erforderlichen Plasmahydratur. Sie sind auch anderen, den nichtsklerophyllen immergrünen und den laubwerfenden Arten überlegen. An Standorten mit ausreichender Feuchtigkeit über das ganze Jahr hinweg unterliegen sie diesen Arten allerdings im Wettbewerb.

Nichtsklerophylle, immergrüne Arten sind die malakophyllen Arten. Sie passen sich durch eine erhebliche Reduzierung der Blattflächen oder generell der transpirierenden Organe an, es bleiben häufig nur die Knospen erhalten. Zu ihnen gehört der Lorbeerbaum *(Laurus nobilis)*, der aber auch in seiner Verbreitung auf nahezu immerfeuchte Randbereiche des Mittelmeerraumes beschränkt bleibt. Gleiches gilt für die laubwerfenden Arten, die, wie die Flaumeiche *(Quercus pubescens)*, als typische Vertreter der submediterranen, zur gemäßigten Zone überleitenden Region angehören.

Damit sind Gruppen von Pflanzen genannt, die im Mittelmeerraum und seinen Grenzbereichen miteinander konkurrieren. Ergebnis dieser Konkurrenz ist häufig eine ausgesprochene Expositionsasymmetrie: Auf den trockeneren südexponierten Hängen dominieren Steineichengesellschaften, auf den nordexponierten sind sommergrüne Eichen Hauptbestandbildner.

Die wichtigsten natürlichen Pflanzengesellschaften des Mittelmeerraumes sind die Steineichengesellschaften *(Quercetalia ilicis)*. An besonders feuchten Standorten können sie durch Lorbeerwälder verdrängt werden. Auf die Küstenbereiche beschränkt sind Nadelgehölze, zusammengesetzt aus Pinien *(Pinus pinea)*, der Aleppokiefer *(P. halepensis)* und der Seestrandkiefer *(P. pinaster)*.

Kleinräumige Vegetationsmuster zeigen enge Zusammenhänge mit der Verbreitung von Bodentypen (vgl. Abb. 42).

Es sind hier zunächst nur die mediterranen Pflanzengesellschaften im engeren Sinn, die eumediterrane Vegetation, behandelt worden. Die außergewöhnlich starke orographische Gliederung der mediterranen Räume legt aber eine Betrachtung der Höhenstufen im Rahmen des hypsometrischen Wandels nahe. Sie wird in einem gesonderten Kapitel vorgenommen.

Allerdings hat sich das Waldkleid sowohl in seiner Ausdehnung als auch in seiner Zusammensetzung in den vergangenen Jahrhunderten durch die Landnahme mit nachfolgendem Ackerbau oder durch die Beweidung erheblich verändert. Für den westlichen Mittelmeerraum wurden die Folgen der Entwaldung und der übrigen anthropogenen Einflüsse auf das Waldkleid von MÜLLER-HOHENSTEIN 1973 zusammengestellt.

Schon in den vorrömischen Anfängen hängen Besiedlung und Entwaldung eng miteinander zusammen. Es muß nicht unbedingt völlige Rodung damit verbunden sein. Schon durch das Brandlegen für die Jagd und die Weidewirtschaft beginnt die Entwaldung. Sie wird fortgesetzt durch eine raubbauähnliche Holznutzung. Noch heute aber werden durch Rodung für landwirtschaftlich zu nutzende Flächen dem mediterranen Wald, insbesondere im Maghreb, Flächen abgerungen, obwohl alle Staaten mit unterschiedlich erfolgreichen Maßnahmen versuchen, dies zu verhindern. Insgesamt sind im Laufe der Jahrtausende etwa ²/₃ der gesamten Waldfläche völlig verloren gegangen. Auf die katastrophalen Folgen, die dies für die Böden und den Wasserhaushalt hatte, ist mehrfach hingewiesen worden (GIESSNER 1971).

Das restliche Drittel der Wälder ist keineswegs unbeeinflußt geblieben. Je nach Resistenz der einzelnen natürlichen Holzarten gegenüber Brand, Beweidung, Ausholzung u. a. m. haben sich Verschiebungen im Artenspektrum der Wälder ergeben. Hinzu kamen auch Holzarten, die schon in historischer Zeit aus benachbarten oder überseeischen Räumen eingeführt wurden und die örtlich die einheimischen Arten ganz verdrängt haben können. Zu nennen sind hier vor allem Eucalyptusarten.

Maßgeblich für die Ausbildung der Ersatzgesellschaften ist die Dauer, Intensität und die Reichweite der menschlichen Einflüsse; diese wieder hängen eng mit dem Zweck zusammen, zu welchem der Mensch die Eingriffe vornahm.

Grundsätzlich muß die wald- und forstwirtschaftliche Nutzung von der landwirtschaftlichen Nutzung unterschieden werden. Erstere führt in der Regel zu artenärmeren Wäldern, die gleichaltrig sind und im Hoch-, Mittel- oder Niederwaldbetrieb bewirtschaftet werden. Eine Übernutzung führt hier zu Strauch- und Zwergstrauchgesellschaften, den *Macchien* oder *Garigues.*

Bei der landwirtschaftlichen Nutzung ist entweder sofort mit vollständiger Rodung zu rechnen oder ebenfalls mit einer schrittweisen Degradierung durch das Weidevieh, wobei die Hirten häufig durch das Legen von Bränden diese Degradierung noch beschleunigen. Auch hier bleiben nur artenarme Zwergstrauchgesellschaften oder sogar der blanke Fels als Endstadien übrig.

Bis auf wenige Ausnahmen müssen deshalb auch die als Ersatzgesellschaften heute verbreiteten mediterranen Strauch- und Zwergstrauchgesellschaften als anthropogen bedingt angesehen werden. Dabei läßt die gegenwärtige Artenzusammensetzung oft Rückschlüsse auf den im Einzelfall zuständigen spezifischen Prozeß der Degradierung zu.

Von Einfluß auf das Aussehen der heutigen Wälder und Pflanzengesellschaften sind auch Aufforstungen, deren erste Anfänge ins 19. Jahrhundert zurückreichen, die aber erst seit den 50er Jahren von zunehmender Bedeutung in allen Mittelmeerländern werden. Allein im westlichen Mittelmeergebiet dürften die aufgeforsteten Flächen gegenwärtig bereits ein Areal von über 4 Mio. ha bedecken. Einsichten in die

Bedeutung der Wälder für die Erhaltung der Böden und den Wasserhaushalt, die ständig wachsende Nachfrage nach Holz und Holzprodukten im eigenen Land, aber auch politische Motive bei wachsenden Arbeitslosenzahlen haben die Aufforstungskampagnen stark vorangetrieben. So wurden also das Bild und die räumliche Ordnung der Waldgesellschaften ein weiteres Mal beeinflußt.

Als Holzarten für Aufforstungen wurden in erster Linie schnellwüchsige Arten herangezogen, die in der Regel kein sonderlich wertvolles Holz liefern. Der Protektionsfunktion des Waldes genügen sie meist, wenn auch bei diversen Arten an eine einseitige Bodenbeanspruchung und damit Verschlechterung ebenso zu denken ist, wie sie in Mitteleuropa durch den Fichtenboom im 19. Jahrhundert eingeleitet wurde. Über 2/3 der heute Verwendung findenden Arten sind Kiefern, darunter auch exotische wie *Pinus radiata;* das restliche Drittel wird von Laubbäumen gestellt, insbesondere einer Vielzahl von *Eucalyptus*-Hybriden. Die Voraussetzungen für die Aufforstungen waren oft ungünstig, vor allem dann, wenn die Bodenzerstörung schon stark fortgeschritten war. Deshalb waren und sind viele Mißerfolge zu verzeichnen. Diese können sich aber ebenso einstellen, wenn man der Weidewirtschaft betreibenden ländlichen Bevölkerung Weideflächen ersatzlos für die Aufforstung wegnahm und die Bauern gezwungen waren, die Aufforstungsflächen oder ihre Randbereiche weiter beweiden zu lassen (vgl. hierzu Aufforstung in Abb. 44).

Mit der vergleichsweise ausführlichen Erläuterung der mediterranen Ersatzgesellschaften und ihrer Genese ist versucht worden, an einem Beispiel die vielfältigen menschlichen Einflüsse etwas detaillierter zu zeigen. In fast allen geoökologischen Zonen ist gegenwärtig mit ähnlich zu erklärenden Ersatzgesellschaften zu rechnen.

3.4.2.4. Die Tierwelt der mediterranen Subzonen. Die Skleraea-Biome, die Lebensgemeinschaften der Hartlaubwälder, sind grundsätzlich durch eine Übergangsstellung zwischen den Silvaea-Biomen, denen der laubwerfenden Wälder der kühlgemäßigten Zonen, und den Wüsten-Biomen, den Lebensgemeinschaften der Trockengebiete, gekennzeichnet. Zwar gibt es durchaus tierische Arten, die ihren Verbreitungsschwerpunkt im Hartlaubwald oder den entsprechenden Ersatzgesellschaften haben, z. B. viele Schildkrötenarten, wie die griechische Landschildkröte *(Testudo graeca)*, und andere Reptilien oder auch eine Reihe von Vögeln, wie etwa die Blauelster *(Cyanopica cyanus)*, der Einfarbstar *(Sturnus sturnus unicolor)*, der Trauersteinschmätzer *(Oenanthe leucura)* und das Felsenhuhn *(Alectoris barbara)*.

Sehr viele Tierarten des Mittelmeergebietes haben ihr Hauptverbreitungsgebiet aber in den Trockenräumen oder in den Wäldern der kühlgemäßigten Zone und wandern randlich entweder von Süden oder von Norden in die mediterranen Gebiete hinein. Das bringt für diese Räume einen sehr hohen Artenreichtum mit sich. Das Gemeinsame der Trockenwälder liegt also in ihrer ökologischen Mittelstellung zwischen feuchteren Wäldern und den trockenen offenen Biotopen der Steppen und Halbwüsten. Als wohl wichtigste Tiergruppen müssen dabei die Insekten und Spinnen hervorgehoben werden. Detailliertere Ausführungen können bei Tischler 1955 und Müller 1977 entnommen werden.

3.4.2.5 Formen und Möglichkeiten der Landnutzung in mediterranen Räumen. Bei der Diskussion der mediterranen Wälder und ihrer Ersatzgesellschaften ist bereits eine erste wichtige Form der Landnutzung im Mittelmeerraum angesprochen worden, die der Weidewirtschaft. Hier muß ergänzend angemerkt werden, daß es im Mittelmeerraum bereits Formen der stationären Viehhaltung gibt, verbreiteter ist aber auch hier eine Weidewechselwirtschaft, für welche die kleinräumigen Reliefunterschiede und der typische Jahresgang des mediterranen Klimas wesentliche natürliche Voraussetzungen sind. Diese Form der Weidewechselwirtschaft wird als „*Transhumanz*" bezeichnet. Im Frühsommer ziehen dabei die Hirten mit ihren Herden in die höheren Gebirge, in den Wald oder über die Baumgrenze. Die Milch wird zu Käse an Ort und Stelle verarbeitet. Im Spätherbst erfolgt dann der Zug in die Ebenen, wo vor allem die Stoppelfelder abgeweidet werden und die Hirten mit ihren Familien zusammenleben. Die milden Winter erfordern keine Einstallung des Viehs. Wenn sich auch aus sozioökonomischen Gründen in diesem Bereich in der jüngeren Vergangenheit Wandlungen vollzogen haben, so kann diese traditionelle Form der Weidewirtschaft heute doch noch in einigen Gebirgen Spaniens und in Korsika beobachtet werden.

Das Relief spielt aber neben den anderen physisch-geographischen Rahmenbedingungen für die übrigen Formen der agrarischen Landnutzung eine ebenso große Rolle. In nicht unerheblichem Maße steuert es die drei großen Landnutzungsformen, die in grober Zusammenfassung für das europäische Mittelmeergebiet genannt werden müssen:

1. der ausgedehnte Getreideanbau in den Ebenen, z. B. auf den spanischen Meseten,
2. der intensive landwirtschaftliche Anbau mit Hilfe von Bewässerung in den Küstenhöfen, z. B. die spanischen „*huertas*",
3. die Baumkulturen der niedrigeren Hügelländer mit einem meist kleinräumig verschachtelten Muster diverser Arten, z. B. im mittelitalienischen Hügelland.

Gerade unter den Fruchtbäumen finden sich vor allem die Kulturpflanzen, welche für den Mittelmeerraum bzw. die Hartlaubgebiete kennzeichnend sind. Hierher gehört an erster Stelle der Ölbaum, der in Südeuropa und Nordafrika unter den Kulturpflanzen am besten geeignet ist, das Mittelmeergebiet nach außen hin abzugrenzen, da er empfindlich gegenüber zu großer Kälte bzw. zu hoher Feuchtigkeit einerseits wie auch gegenüber zu hohen Temperaturen bzw. zu großer Trockenheit andererseits reagiert (vgl. Abb. 5).

Weitere wichtige Fruchtbäume sind Mandelbaum, Feigenbaum und der Weinstock. Die heute mit Hilfe von Bewässerung verbreitet kultivierten Agrumen gehören nicht ursprünglich hierher, dafür aber noch eine Reihe von Gewürzpflanzen, wie z. B. Thymian, Rosmarin und Origano, oder andere, an ätherischen Ölen reiche Arten für die Kosmetikindustrie, wie z. B. der Lavendel.

Ausdruck der bunten Palette mediterraner Anbaufrüchte ist auch die traditionelle Form der Landnutzung in der „*coltura mista*". Dieser Begriff sagt schon, daß mehrere Kulturpflanzen, mitunter in einer Art Stockwerkbau, auf einer Parzelle miteinander vergesellschaftet sind. Heute weichen auch im europäischen Mittelmeerraum die Mischkulturen aus marktwirtschaftlichen Gründen in wachsendem Maße stärker mechanisierten Monokulturen, wie sie für die jünger erschlossenen mediterranen Räume Kaliforniens oder Australiens kennzeichnend sind. Im europäischen Mittelmeerraum zeigt sich aber auch gegenwärtig noch die durch das breite Nutzpflanzenspektrum mit bedingte Vielfalt der Landnutzungsformen.

3.4.2.6 Mediterrane Höhenstufen am Beispiel südeuropäischer und nordafrikanischer Gebirge. Die Behandlung der mediterranen Subtropen am Beispiel des europäischen Mittelmeerraumes hat wiederholt gezeigt, daß sowohl die Land-Meer-Verzahnung als auch die orographische Gliederung zu einem sehr starken, relativ kleinräumigen Wandel der kennzeichnenden terrestrischen Ökosysteme führen.

Die natürlichen Waldgesellschaften, die als typisch mediterran bezeichnet werden, sind in ihrer Verbreitung im gesamten Mittelmeerraum auf die küstennahen Ebenen und Hügelländer beschränkt. Im nördlichen Mittelmeerraum, z.B. den europäischen Staaten, werden die mediterranen Gesellschaften mit zunehmender Höhe – aber auch mit zunehmender Breite – von submediterranen Gesellschaften abgelöst. Im südlichen Mittelmeerraum, z.B. den Maghrebstaaten, bilden die mediterranen Gesellschaften eine mit abnehmender Breitenlage allmählich in den Gebirgen ansteigende Höhenstufe.

Zum besseren Verständnis dieses Wandels soll eine nähere Betrachtung der Höhenstufen führen. Hierbei wird die potentiell natürliche Vegetation hervorgehoben, da sie besonders gut geeignet ist, das in Abhängigkeit von der Höhenlage wechselnde Zusammenspiel der relevanten physisch-geographischen Variablen zu dokumentieren.

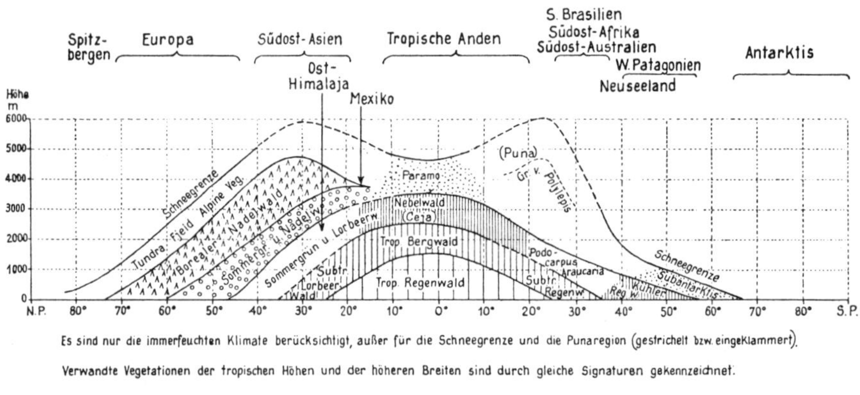

Abb. 43 Die Verteilung der immerfeuchten Vegetationstypen der Erde (dargestellt in einem Vegetationsprofil vom Nordpol zum Südpol) (nach TROLL 1948)

Bevor näher auf ausgewählte Beispiele eingegangen wird, müssen einige grundsätzliche Züge besprochen werden, die für die gesamte außertropische Höhenstufung der Vegetation in vorherrschender Abhängigkeit von klimatischen Faktoren gelten. Als Schema dient hierzu eine erdumspannende Darstellung von TROLL 1941 (Abb. 43).

Im Gegensatz zur Höhenstufung der Tropen, wo eine quasi authochtone Abfolge der Pflanzengesellschaften durch das Tageszeitenklima gesteuert wird, ist im außertropischen Bereich – also unter jahreszeitenklimatischen Verhältnissen – in der Regel mit zunehmender Breite und demzufolge abnehmenden Temperaturjahresmitteln (und auch T-Extremwerten) nach kurzem Anstieg auf Maximalwerte bei knapp 5000 m ü. NN ein kontinuierliches Absteigen der Waldgrenze zu beobachten. Letztere erreicht bei etwa 70 Grad nördlicher Breite den Meeresspiegel. Weiter nördlich schließen sich die Tundrenformationen an.

Bereits die erste – von Norden her gesehen – Waldformation, der boreale Nadelwald, ist mit abnehmender Breite etwa vom Meeresniveau an bis in die Subtropen zu verfolgen, wo er nach kontinuierlichem Ansteigen dann die Waldgrenze in über 4500 m Höhe bildet, um gegen die Tropen hin auszukeilen. Auch die folgenden Formationen zeigen ein ähnliches Verhalten, werden aber an der Grenze zu den Tropen etwa ab dem 20. Breitenkreis durch ganz andere Formationen abgelöst, die bei der Besprechung der tropischen Höhenstufen bereits vorgestellt worden sind.

Das Profil von Troll ist zwar nur für immerfeuchte klimatische Verhältnisse gültig, da sonst die Ost-Westseiten-Gegensätze der Kontinente die graphische Darstellung erschwert hätten. Im Prinzip gilt es aber auch für die Westseiten. So wird verständlich, warum die Höhenstufung im Norden des Mittelmeerraumes anders aussieht als im Süden.

Es wurde schon darauf hingewiesen, daß die Exposition für die Abfolge der Höhenstufen bzw. für die Höhenlage der einzelnen Gesellschaften sehr wichtig ist. Wird der Südhang eines mediterranen Gebirges z. B. noch von Stein- oder Korkeichengesellschaften eingenommen, so muß dies am schattigeren und deshalb auch feuchteren Nordhang nicht mehr der Fall sein; dort kann die Höhenstufung bereits mit einer submediterranen Gesellschaft, etwa dem Flaumeichenwald, beginnen.

Ein Schema der Höhenstufen der Vegetation im Mittelmeerraum muß diesen Verhältnissen Rechnung tragen (Abb. 44). Dabei wird in Anlehnung an Walter 1963 davon ausgegangen, daß es eine semihumid-humide Stufenfolge gibt, die vor allem im nördlichen Mittelmeerraum und in der feuchteren Nordexposition anzutreffen ist, sowie eine semiarid-aride Stufenfolge, die für Nordafrika, aber auch bereits für südexponierte Hanglagen südeuropäischer Gebirge Gültigkeit besitzt. Der sich auch in der Vegetation zeigende W-O-Wandel wird dabei nicht berücksichtigt, das Schema gilt für den westlichen Mittelmeerraum.

Im basalen und collinen Bereich der semihumid-humiden Stufenfolge sind Steineichengesellschaften und in geringerem Maße mediterrane Kiefernwälder verbreitet. Im submontanen Bereich werden diese Gesellschaften durch laubwerfende Arten abgelöst, hauptsächlich Eichen, wie der Flaumeiche *(Quercus pubescens)*, der lusitanischen Eiche *(Quercus lusitanica)* oder der Zerreiche *(Quercus cerris)*. Es folgt die montane Stufe, in welcher Buchen *(Fagus silvatica)*, Tannen *(Abies alba)* oder die Waldkiefer *(Pinus silvestris)* die natürlichen Waldgesellschaften bis zur Waldgrenze bilden. Darüber schließen im subalpinen und alpinen Bereich Zwergstrauchgesellschaften aus verschiedenen Heide- und Ginsterarten und schließlich Gebirgssteppen, alpine Rasen-Gesellschaften mit Festuca-Arten, an.

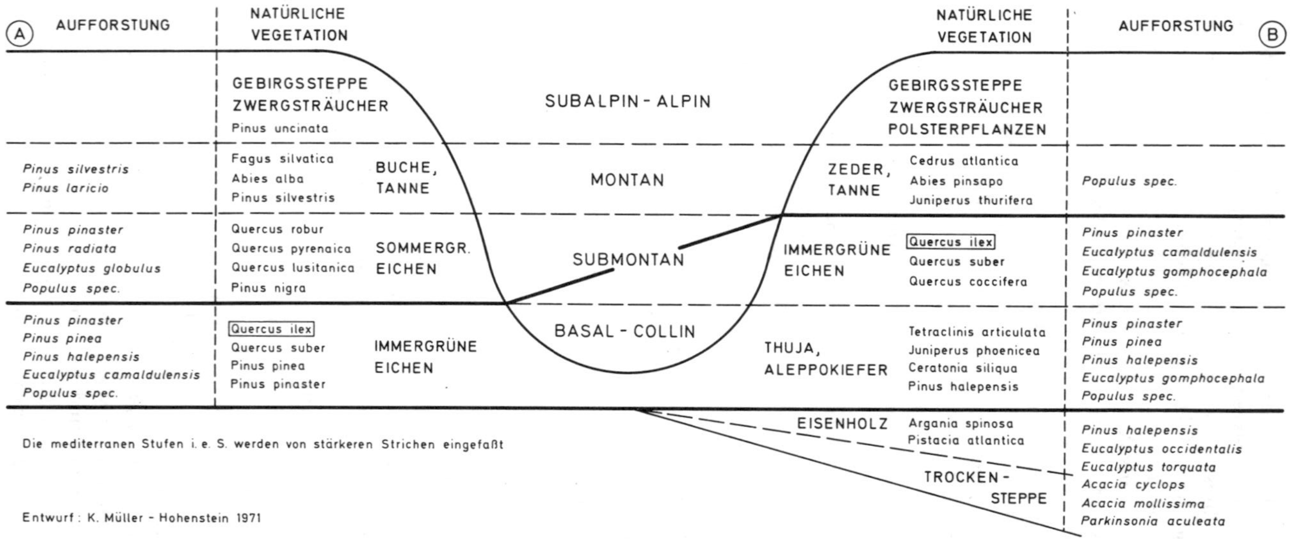

Abb. 44 Semihumid-humide und semiarid-aride Stufenfolgen der Vegetation im westlichen Mittelmeerraum (nach MÜLLER-HOHENSTEIN 1973)

In der trockeneren Stufenfolge nehmen die immergrünen Eichengesellschaften den submontanen Bereich ein. Hier sind im basalen und collinen Bereich die Berberthuya *(Callitris articulata)* und der phönizische Wacholder *(Juniperus phoenicea)* verbreitet, in ozeanisch getönten Räumen auch die Zwergpalme *(Chamaerops humilis)* und der Johannisbrotbaum *(Ceratonia siliquia)*, in kontinentaleren vor allem die Aleppokiefer *(Pinus halepensis)*. Wird es noch trockener, womit der eigentliche mediterrane Raum verlassen wird, so stellen sich Trockensteppengesellschaften ein, mit Halfagras *(Stipa tenacissima)*, den Eisenholzbäumen *(Argania spinosa)* und sukkulenten Euphorbien.

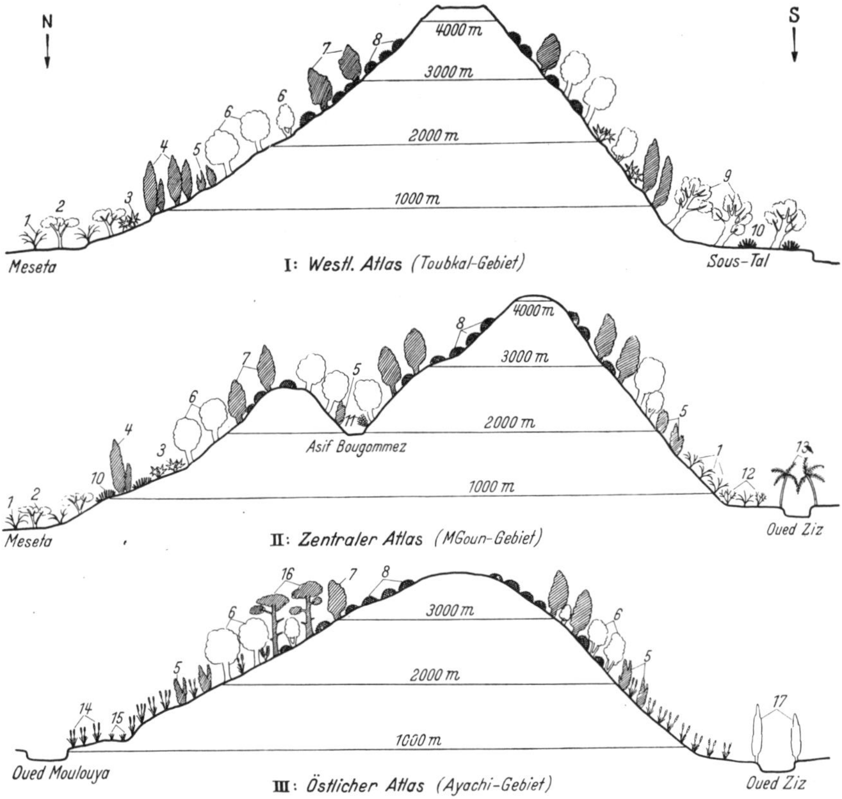

Abb. 45 Höhenstufengliederung im Hohen Atlas (nach RAUH 1952)
Vegetationsprofile durch den westlichen (I), zentralen (II) und östlichen (III) Atlas, schematisch. Die verwendeten Signaturen bedeuten: 1 Ziziphus lotus, 2 Acacia gummifera, 3 Chamaerops humilis, 4 Callitris articulata, 5 Juniperus phoenicea, 6 Quercus ilex, 7 Juniperus thurifera, 8 Dorn-Kugelpolster, 9 Argania spinosa, 10 sukkulente Euphorbien, 11 Buxus sempervirens, 12 Zollikoferia spinosa, 13 Phoenix dactylifera, 14 Stipa tenacissima, 15 Artemisia herba-alba, 16 Cedrus atlantica, 17 Populus spec.

Die laubwerfenden Eichen fallen als Höhenstufe infolge der zu hohen Aridität aus, es folgen hier im montanen Bereich Nadelhölzer, Tannen *(Abies maroccana)*, der Schwarze Wacholder *(Juniperus thurifera)* und die für die nordafrikanischen Gebirge kennzeichnende Zeder *(Cedrus atlantica)*. Oberhalb der Baumgrenze sind auch hier Strauchgesellschaften und Gebirgssteppen verbreitet, unter denen die der hohen Einstrahlung angepaßten Dorn- und Kugelpolsterpflanzen *(Bupleurum spinosum)* besonders charakteristisch sind. Die sehr schematische Darstellung in Abb. 44 ist in der Natur im konkreten Einzelfall zu modifizieren. Das kann an zwei Beispielen gezeigt werden. Am ersten beschreibt Rauh 1952 die Höhenstufen der Vegetation im Hohen Atlas in SW-Marokko (Abb. 45). Hier wird ein Gebirgsmassiv vorgestellt, welches als „mediterrane Insel" in einem Trockensteppenraum liegt. In mehreren Querprofilen wird dabei auch dem West-Ost-Wandel mit der in gleicher Richtung zunehmenden Kontinentalität Rechnung getragen.

Die Profilfolge bedarf kaum weiterer Erläuterung; betont sei nur, daß ein oben genannter Grundzug der Höhenstufung der Vegetation in den Subtropen sichtbar wird, nämlich das Auskeilen von Höhenstufen nach Süden. Am Beispiel des Hohen Atlas betrifft es die Zedernstufe. Noch deutlicher wird dieser Grundzug der mediterranen Vegetationsstufung am Beispiel eines Nord-Süd-Profils durch die Iberische Halbinsel, auf welchem die kristallinen Gebirge berücksichtigt werden (Ern 1964, Abb. 46). Auf diesem Profil finden laubwerfende Eichen und die Buche ihre südliche Verbreitungsgrenze. Außerdem werden sowohl das allmähliche Ansteigen einzelner Höhenstufen nach Süden hin als auch erhebliche Expositionsunterschiede zwischen Nord- und Südhängen sichtbar.

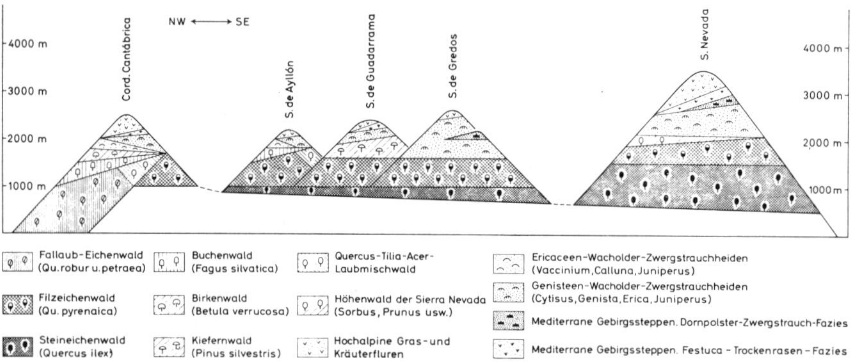

Abb. 46 Vegetationsstufen der kristallinen Hochgebirge der Iberischen Halbinsel von Nordwesten nach Südosten (nach Ern 1966)

3.4.3 Die ständig feuchten Subtropen

Ähnlich wie die inneren Tropen sind auch die ständig feuchten Subtropen hygrisch dadurch zu kennzeichnen, daß in jedem Monat mit Niederschlägen zu rechnen ist und kein Monat nach der Abgrenzung von WALTER als arid bezeichnet werden muß. Das zeigen auch die in Abb. 47 wiedergegebenen Klimadiagramme von Buenos Aires, Columbus/Ohio und Hankow.

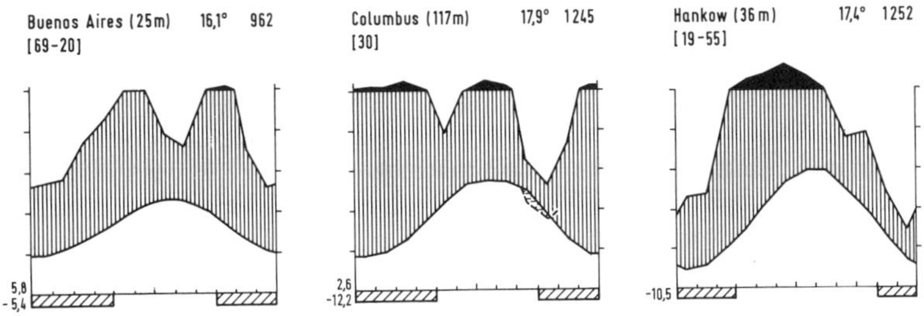

Abb. 47 Klimadiagramme der immerfeuchten Subtropen (nach WALTER/LIETH)
BUENOS AIRES (34°40′S, 58°30′W) mit immerfeucht subtropischem Klima Südamerikas
COLUMBUS (32°28′N, 84°59′W) mit immerfeucht subtropischem Klima Nordamerikas
HANKOW (30°35′N, 114°19′E) mit immerfeucht subtropischem Klima Ostasiens

Zur Abgrenzung gegen die Tropen müssen die thermischen Verhältnisse herangezogen werden. Diese Abgrenzung wird nach einem Vergleich der eben genannten Diagramme mit denen tropischer Stationen (vgl. Abb. 17) vorgenommen werden. Tropische Stationen hatten sich zunächst dadurch ausgezeichnet, daß keine Temperaturen unter dem Gefrierpunkt zu beobachten waren. Hier aber ist bei allen Stationen, sogar den an der Küste liegenden wie Hankow oder Buenos Aires, mit Frost in wenigstens 5, wenn nicht sogar 7 Monaten zu rechnen. Allerdings tritt der Frost in den jeweils kältesten Monaten nicht so häufig und nicht mit solchen Extremwerten auf, daß die Mittel der Minima für diese Stationen in den kältesten Monaten unter 0°C absinken würden. Das ist aber der Fall bei den Stationen, die an diese Bereiche im Norden in der kühlgemäßigten Zone angrenzen. Somit deutet sich schon eine Grenze zu den kühlgemäßigten Breiten an.

Was bedeuten nun immerfeuchte Verhältnisse mit merklichem Tages-, aber noch stärkerem Jahresgang der Temperatur – wobei Fröste auftreten – für die Entwicklung der Böden und der Vegetation?

Den immerfeuchten Verhältnissen entsprechen intensive chemische Verwitterung und relativ hohe Entwicklungstiefen der zonalen Böden, die in einer Hauptgruppe, den „Red and yellow podsolic soils" zusammengefaßt werden (GANSSEN und HÄDRICH 1965). Diese Typenbezeichnung läßt sich nicht so ohne weiteres übersetzen. Zwar sind die Böden je nach Gehalt an freien Eisenoxiden – der wiederum vom Ausgangsgestein abhängt – gelblich bis rötlich gefärbt. Mit dem Begriff „*podsolic*" wird jedoch jegliche Art des vertikal nach unten gerichteten Transports bestimmter Bodenkomponenten umschrieben, jede damit zusammenhängende Form der Texturdifferenzierung, also sowohl die Podsolierung im klassischen Sinn als auch und vor allem die Lessivierung. Solche Umlagerungsvorgänge unterscheiden diese Bodentypen von den tropischen Lateriten, wo nicht nur immerfeuchte Bedingungen, sondern auch gleichbleibend hohe Temperaturen herrschen. Auf der „kühleren Seite" der „Red and yellow podsolic soils" stehen infolge der längeren Kälteperioden dementsprechend Braunerden oder podsolige Braunerden mit geringerer Entwicklungstiefe.

Die „Red and yellow podsolic soils" besitzen in der Regel nur eine geringe Humusauflage (O) und einen humus- und tonarmen A-Horizont, der leicht erodierbar ist. Darunter schließt ein gelb bis rot gefärbter, wenig durchlässiger und meist nährstoffarmer B_t-Horizont an, der allmählich in die tief verwitterten Ausgangsgesteine übergeht, jedenfalls auf den in den immerfeuchten subtropischen Bereichen vorherrschenden sauren silikatischen Gesteinen.

Die entsprechenden Bildungen der Gebirgslagen besitzen bei geringerer Entwicklungstiefe einen höheren Grobbodenanteil, oft günstigere Bodenluft- und Bodenwasserbedingungen sowie einen höheren Nährstoffgehalt wegen der nachschaffenden Kraft des Reliefs, zeigen sonst aber dieselben Typenmerkmale. Als azonale Bodenbildungen sind die hydromorphen Böden der Talauen und feuchten Senken zu nennen.

Auf diesen Böden sind von Natur aus subtropische Feuchtwälder entwickelt, die sich jedoch in ihrer Artenzusammensetzung – entsprechend der Lage in ganz verschiedenen Florenreichen – in den einzelnen Kontinenten unterscheiden.

So herrschen in Mittelchina immergrüne, sehr üppige Waldformationen mit *Camellien, Rhododendren* und *Magnolien* vor, unter die sich wegen der kühleren Winter schon laubwerfende Arten der Gattungen *Castanea, Juglans, Ostrya, Celtis, Morus* und andere mischen. In den US-amerikanischen Südoststaaten bestimmen dagegen Eichen, Buchen, Hickory, Zuckerahorn und mehrere Kiefernarten die Zusammensetzung der entsprechenden Wälder; an feuchten, sumpfigen Standorten herrscht die Sumpfzypresse *(Taxodium distichum)* vor.

Auch auf der Südhalbkugel besitzen die subtropischen Wälder ein durchaus ähnliches Aussehen, auf Grund der anderen florengenetischen Entwicklung sind aber z. B. in Südamerika unter den Nadelhölzern die Gattungen *Podocarpus* und *Araucaria* vertreten, hinzu kommen Baumfarne und Palmen. Im Südosten von Australien herrschen Eucalyptuswälder vor, in welche sich nach Süden hin bereits die Südbuche *(Nothofagus)* mischt.

Auch Walter (1973) betont deshalb, daß es wegen dieser Artenvielfalt und der klimatischen Abstufungen sehr schwierig ist, die Grenzlinien zwischen den subtropischen und den tropischen Feuchtwäldern auf der einen sowie den warmtemperierten Fallaubwäldern auf der anderen Seite zu ziehen. Damit zeigt sich noch einmal die Schwierigkeit der Ausgliederung dieses subtropischen Bereichs, da zu der klimatischen Abstufung und ihren Problemen nun noch von Kontinent zu Kontinent große Unterschiede in der floristischen Zusammensetzung der vorherrschenden Vegetationsformationen kommen.

Die gegenwärtige Nutzung unterstreicht diese Vielfalt, denken wir nur an die Tee- und Zitruskulturen in Ostasien auf der einen und die Baumwoll-, Erdnuß- und Tabakpflanzungen der Südoststaaten der USA auf der anderen Seite.

Mit den feuchten Grasländern (IV/6 nach TROLL und PAFFEN) kommt die Vielfalt der immerfeuchten Subtropen durch eine weitere Vegetationsformation zum Ausdruck. Dieser Klima- und Vegetationstyp kommt allerdings nur in Südamerika vor und deckt sich räumlich mit der sogenannten argentinischen Pampa.

Von GANSSEN und HÄDRICH 1965 werden hier andere Bodenbildungen als die bisher behandelten als typisch vorgestellt. Die „Red and yellow podsolic soils" sind allenfalls noch im Norden, zwischen Porto Alegre und Santos landeinwärts, unter Wald verbreitet. Ansonsten herrschen unter den zonalen Böden „Tschernosemähnliche Böden" bzw. „Ausgelaugte Tschernoseme" vor. Solche Böden entwickeln sich auf der „humiden Seite" der Tschernoseme, für deren Entwicklung ein subhumid-kontinentales Klima charakteristisch ist. Damit wird zum Ausdruck gebracht, daß es selbst bei immerfeuchten Verhältnissen nicht zur Ausbildung der „Red and yellow podsolic soils" kommen muß. Wenn sich Niederschläge und Verdunstung über Monate hinweg regelmäßig fast die Waage halten und zudem kalkhaltige Ausgangsgesteine oder Lößdecken überwiegen, können andere pedogenetische Tendenzen vorherrschen.

Diese Böden stehen zwischen den echten Tschernosemen, den Böden der Kraut- und Hochgrassteppen der gemäßigten Breiten, und den Lessivés über meist kalkhaltigem Substrat. Sie besitzen einen relativ mächtigen (bis 50 cm) humosen A_h-Horizont, an den sich – im Gegensatz zu den Tschernosemen – ein verdichteter, ebenfalls karbonatfreier B-Horizont anschließt. Erst das angewitterte Muttergestein ist karbonathaltig.

Sowohl die „Tschernosemähnlichen Böden" als auch die mit ihnen örtlich vergesellschafteten azonalen Typen, wie Vertisole, Planosole und hydromorphe Böden, sind relativ nährstoffreich. Deshalb wird die argentinische Pampa auch intensiv landwirtschaftlich genutzt, was wiederum die Rekonstruktion des natürlichen Pflanzenkleides erschwert.

Zur Frage des natürlichen Pflanzenkleides der Pampa gibt es unterschiedliche Antworten. Einerseits wird die als „klassische Pampa" geltende krautreiche Hochgrasflur als natürlich angesehen, andererseits wird von einer ehemaligen Feuchtwaldvegetation ausgegangen.

Es gibt also quasi zwei Fronten: die Waldanhänger und die Graslandverfechter.

Zur ersten gehören ELLENBERG 1962, SCHMITHÜSEN 1968 und HUECK 1966, wobei insbesondere letzterer eigene Anschauungen im Rahmen seiner Beschäftigung mit den Wäldern Südamerikas erarbeitet hat. Für ein ehemaliges Waldkleid spricht nach diesen Autoren, daß

1. angrenzend Waldformationen auftreten und ebenfalls noch Galeriewälder an den Flüssen verbreitet sind,
2. die relativ hohe Bodenfruchtbarkeit hier eher zu Bränden und früher Rodung Anlaß gab,
3. bei Pflanzungen alle möglichen subtropischen Baumarten und viele aus kühlgemäßigten Breiten wachsen, wenn sie in den ersten Jahren von der Konkurrenz der Gräser verschont bleiben, und
4. das Klima ganz generell Waldwuchs erlaubt.

Waldgegner und Graslandanhänger sind Troll und Paffen, vor allem aber Walter, dem die Erklärung mit Hilfe anthropogener Eingriffe zu einfach ist. Er glaubt höchstens an Waldinseln unter entsprechenden edaphischen Bedingungen, sonst aber an Grasland, und hat folgende Argumente:

1. Der schlechtdrainierte Boden läßt Baumwuchs nicht zu.
2. Es fehlen ursprüngliche Arten an Holzpflanzen, wie sie für alle anderen Feuchtwaldgebiete der Subtropen charakteristisch sind.
3. Im Januar und Februar (Südsommer) herrschen trotz der Niederschläge bei hoher Verdunstungsrate aride Klimaverhältnisse.
4. Die Gräser sind offensichtlich den Bäumen überlegen. Bei letzteren wird natürliche Verjüngung nicht beobachtet.

4 Die kühlgemäßigten Zonen

4.1 Allgemeine, übergreifende Charakteristik der kühlgemäßigten Zonen

In Analogie zu den „warmgemäßigten Subtropenzonen" lassen TROLL und PAFFEN mit der Bezeichnung „kühlgemäßigte Zonen" erkennen, daß es sich wiederum um einen Landschaftsgürtel handelt, der klimatisch relativ heterogen ist und weiterer Untergliederung bedarf. Zwar stimmen die kühlgemäßigten Zonen in ihrer Lage und Ausdehnung recht genau mit der von FLOHN ausgegliederten Westwindzone überein (vgl. Abb. 4). Als wirklicher Gürtel ziehen sie kontinuierlich durch alle Kontinente der Nordhalbkugel und fehlen nur auf der Südhalbkugel wegen der anderen Land-Meer-Verteilung weitgehend. In diesem Gürtel auf der Nordhalbkugel machen sich aber örtlich sowohl hochozeanische als auch hochkontinentale Einflüsse geltend. Das führt dazu, daß das gemeinsame übergeordnete klimatische Kriterium, welches nach unserer Konzeption ein thermisches Kriterium sein muß, nur sehr weit gefaßt werden kann.

Wie kann also der Begriff „kühlgemäßigt" mit Daten umschrieben und damit diese geoökologische Zone gegen die angrenzenden warmgemäßigten Zonen abgegrenzt werden?

Am besten läßt sich der kühlgemäßigte Bereich durch die Jahresmitteltemperaturen abgrenzen. Lagen die entsprechenden Werte innerhalb der „warmgemäßigten" Subtropen noch bei 15 bis 20°C, so betragen die Werte für die kühlgemäßigten Breiten etwa 8 bis 12°C. In der kaltgemäßigten, nördlich anschließenden borealen Zone werden dann nur noch wenige Grad über 0 erreicht.

4.1.1 Die klimatische Vielfalt der kühlgemäßigten Zonen

Wenn auch als Faustzahlen zur übergreifenden thermischen Kennzeichnung der kühlgemäßigten Zonen die eben genannten Jahresmitteltemperaturen von 8–12°C genannt werden können, so lassen sich doch schon aus den Temperaturen erhebliche klimatische Differenzierungen ableiten. Zwar liegen die Mittel für den wärmsten Monat relativ einheitlich bei 15 bis etwas über 20°C; die entsprechenden Werte für den kältesten Monat aber schwanken zwischen etwa +10 und −30°C, die der Temperaturjahresamplitude entsprechend zwischen nur ca. 8°C in den hochozeanischen Bereichen und über 40°C in den hochkontinentalen (vgl. Abb. 48).

So kann es nicht verwundern, daß TROLL und PAFFEN insgesamt 12 bzw. sogar 16 Subzonen der kühlgemäßigten Klimate unterscheiden, mehr als doppelt soviel wie bei den Subtropen. Die außerordentlich reiche klimatische Differenzierung der kühlgemäßigten Zonen soll über die in Abb. 48 gebotenen Daten hinaus noch durch weitere kennzeichnende Zahlen belegt werden, wobei diese Zahlen in Anlehnung an TROLL und PAFFEN zunächst für die Waldklimate, sodann für die Steppenklimate der kühlgemäßigten Zonen zusammengestellt sind.

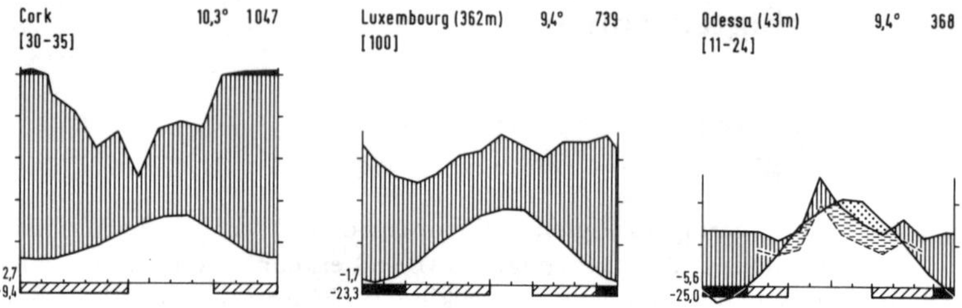

Abb. 48 Klimadiagramme der kühlgemäßigten Zone
(nach WALTER/LIETH)
CORK (51°54′ N, 8°28′ W) mit hochozeanischem kühlgemäßigtem Klima
LUXEMBURG (49°37′ N, 6°08′ E) mit ozeanischem kühlgemäßigtem Klima
ODESSA (46°30′ N, 30°46° E) mit hochkontinentalem kühlgemäßigtem Klima

Die Tabelle 6 läßt als wichtigstes, sich ständig bis III/6 abstufendes Kriterium die Temperaturjahresamplitude erkennen, aus der hervorgeht, daß der Abstufung eine Tendenz vom Ozeanischen zum Kontinentalen hin zugrunde liegt. In den Subtypen III/7 und III/8 kommt bereits der Ostseiteneinfluß mit gemäßigteren Wintern zum Ausdruck. Diese beiden Subzonen haben die engsten klimatischen Beziehungen zu den sommer- und immerfeuchten Subtropen, die sich im Süden anschließen.

Tab. 6 Kennzeichnende Daten der Waldklimate der kühlgemäßigten Zonen nach TROLL und PAFFEN 1964

	dT	mTkM	mTwM	Veg.-Dauer	hygr. R.
III/1	10	2–10	15		if wm
III/2	16	2	20		if whm
III/3	16–25	+2/−3	20	200	if hsm
III/4	20–30	−3/−13	20	160–210	if sm
III/5	30–40	−10/−20	20	150–180	swt
III/6	40	−10/−30	20		wt
III/7/7 a	20–35	2/−8	20–26		sf
III/8	20–30	2/−6	20–26		if

Erläuterung der Abkürzungen:

dT	=	Jahrestemperaturamplitude
mTkM	=	Mitteltemperatur des kältesten Monats (in Grad C)
mTwM	=	Mitteltemperatur des wärmsten Monats (in Grad C)
Veg.-Dauer	=	Vegetationszeit in Tagen
hygr. R.	=	hygrisches Regime, z. B. if (immerfeucht), wm (Wintermaximum), whm (Winter- und Herbstmaximum), sm (Sommermaximum), wt (wintertrocken), sf (sommerfeucht) u. a. m.

Bei stärkerer Generalisierung ergibt die räumliche Abfolge der bislang aufgezählten klimatischen Subzonen auf dem eurasiatischen Kontinent eine West-Ost-Abfolge vom Atlantik bis zu den pazifischen Randmeeren Ostasiens.

Im Hinblick auf die regelhafte West-Ost-Abfolge unterscheiden sich die alt- und neuweltlichen kühlgemäßigten Zonen. Bei letzteren macht sich in starkem Maße der klimasteuernde Reliefeinfluß der nordamerikanischen Kordillerenketten bemerkbar. Allerdings können in Eurasien auftretende Abweichungen von der genannten Regel auch auf den Einfluß von Gebirgsmassiven zurückgeführt werden.

Außer den bisher vorgestellten, sogenannten Waldklimaten der kühlgemäßigten Zonen unterscheiden TROLL und PAFFEN die Steppenklimate. Hier sehen die kennzeichnenden Daten, vor allem auch die Abgrenzungskriterien, anders aus (Tabelle 7).

Tab. 7 Kennzeichnende Daten der Steppenklimate der kühlgemäßigten Zonen nach TROLL und PAFFEN 1964

	mT kM	hygr. R.	Vegetation
III/9/9a	unter/über 0	über 5 humid	Feuchtsteppe
III/10/10a	unter/über 0	über 6 humid	Trockensteppe
III/11	unter 0	sf, semiarid	Gras-Zwergstrauchsteppe
III/12/12a	unter 0/−6	sm, arid	Halbwüste/Wüste

Erläuterung der Abkürzungen: s. Tab. 6

Die durch die letztgenannten Steppenklimate gekennzeichneten Räume liegen in den beiden Nordkontinenten wie auch in Südamerika in ausgesprochen kontinentalen Binnenräumen (soweit das für Südamerika überhaupt möglich ist). Dabei sind sie in der Neuen Welt – wiederum reliefbedingt – West–Ost angeordnet, in Osteuropa und Zentralasien dagegen Nord–Süd. Für Trockenräume ist das entscheidende Abgrenzungskriterium zwar ein hygrisches. Die Steppen und Wüsten der kühlgemäßigten Zonen grenzen an die warmgemäßigten Subtropen, z.B. in Kleinasien und in Iran, unterscheiden sich klimatisch aber nun von diesen thermisch, besonders durch die kälteren Winter. Insgesamt kann die klimatische Vielfalt der kühlgemäßigten Zonen in folgenden Tendenzen zusammengefaßt werden:

1. Eine West-Ost-Abstufung einer Reihe von Waldklimaten, die sich durch die wachsende Temperatur-Amplitude, d.h. zunehmende Kontinentalität, auszeichnen.
2. Eine Ost-West-Abstufung von Waldklimaten auf den Ost-Seiten der Kontinente mit immerfeuchten bis sommerfeuchten Verhältnissen.
3. Eine Nord-Süd-Abstufung von Steppen- und Wüstenklimaten in den kontinentalen Bereichen.

Die unter 2. und 3. genannten Klimate haben relativ enge Beziehungen zu den südlich anschließenden subtropischen Räumen, unterscheiden sich von diesen aber durch kältere Winter. Deshalb fehlen hier auch die für die heißen Trockengebiete charakteristischen Oasen. An die unter 1. genannten Waldklimate schließen sich im Süden die mediterranen Räume der Subtropen an.

Somit bleibt als *wichtigstes* Kriterium, welches die kühlgemäßigten Zonen klimatisch von den Subtropen trennt, das der *Jahresmitteltemperaturen*. Daß darüberhinaus die thermische Differenzierung durch Thermoisoplethendiagramme sichtbar gemacht werden kann, zeigt ein Blick auf eine charakteristische Auswahl dieser Diagramme: ein tropisches Trockenklima (Timbuktu) mit Tageszeitenklima (Abb. 28), ein subtropisches Trockenklima (Kairo) mit Jahreszeitenklima (Abb. 32) sowie ein stärker ozeanisch getöntes Klima (Oxford) und ein stärker kontinental getöntes (Klagenfurt) der kühlgemäßigten Zone (Abb. 49). Letztere besitzen ein sehr deutlich ausgeprägtes Tageszeitenklima, wie der im wesentlichen vertikale Verlauf der einzelnen Isoplethen anzeigt. In Oxford liegen die winterlichen Tagesamplituden zwischen 2 und 5°C, die sommerlichen zwischen 8 und 20°C. Im kontinentaleren Bereich Klagenfurts sind die entsprechenden Werte im Winter zwischen −7 bis −2 bzw. im Sommer 14 bis 24°C. Deutlicher wird der Gegensatz in den Jahresschwankungen, die für Oxford etwa 15°C, für Klagenfurt dagegen bereits über 25°C betragen.

Zusammenfassend muß zur klimatischen Differenzierung der kühlgemäßigten Zonen festgehalten werden, daß sich, ähnlich wie in den Subtropen und anders als in den Tropen, *keine* breitenkreisparallele Untergliederung in Subzonen vornehmen läßt – mit Ausnahme der Nord-Süd-Abstufung bei den kontinentalen Trockenräumen –, sondern daß eine West-Ost-Abstufung zugrunde gelegt werden muß, in der sowohl den West-Ost-Gegensätzen der Kontinente als auch der zunehmenden Kontinentalität Rechnung getragen wird (Tabelle 8).

Abb. 49 Thermoisoplethendiagramme der kühlgemäßigten Zone (nach Troll)
Oxford (51°46′ N, 1°16′ W) mit ozeanischem kühlgemäßigtem Klima
Klagenfurt (46°37′ N, 14°18′ E) mit kontinentalem kühlgemäßigtem Klima

Oxford (φ=51°46'N; λ=1°16'W) H=63m 1881 - 1915

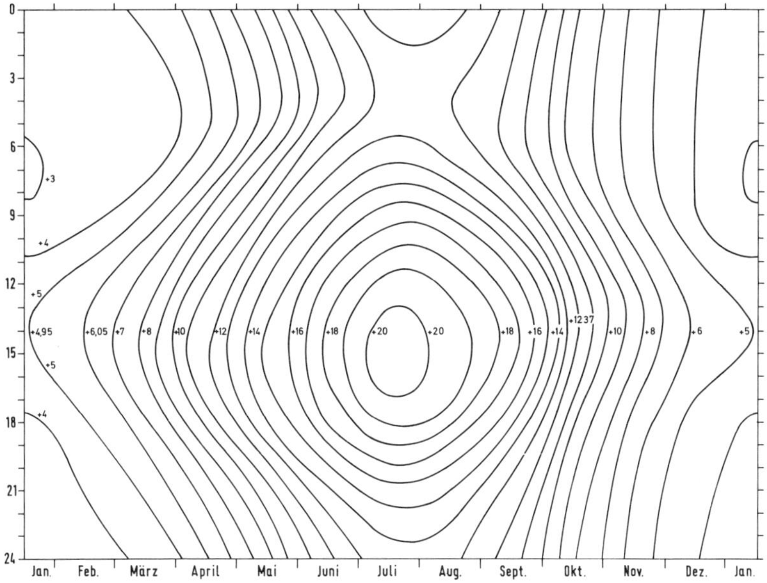

Klagenfurt (φ=46°37'N; λ=14°18'O) H=446m 1880 - 1899

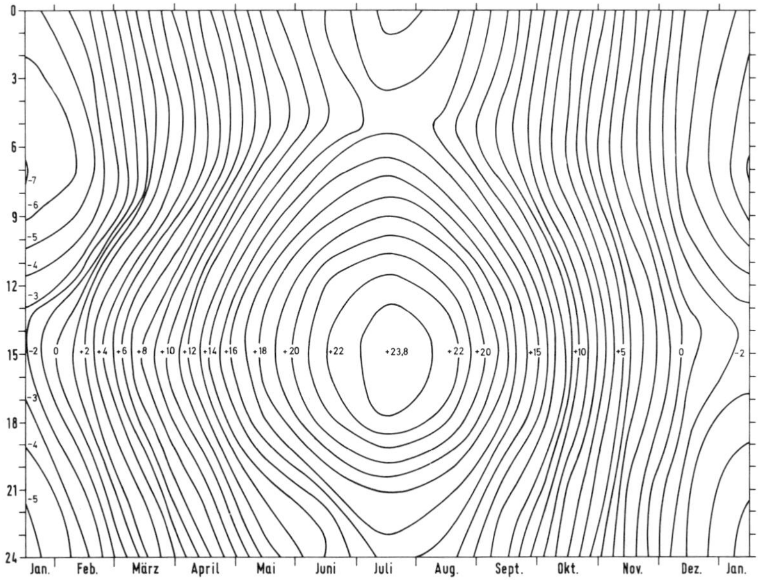

Tab. 8 Die Untergliederung der kühlgemäßigten Zonen nach Troll/Paffen 1964, Schmithüsen 1976 und Walter 1970

	Troll/Paffen	Schmithüsen	Walter
III/1–III/3:	hoch- bis subozeanische, wintermilde Waldklimate, dT 10–25° C, über 200 Tage Vegetationszeit mit ozeanischen Fallaub- und Mischwäldern	sommergrüne Laubwälder und temperierte Regenwälder	sonstiger hochstämmiger Wald und atlantische Heiden
III/4–III/6:	sub- bis hochkontinentale, winterkalte Waldklimate, dT 20 bis über 40° C, 210–120 Tage Vegetationszeit mit kontinentalen Fallaub- und Mischwäldern und Waldsteppen	sommergrüne Laubwälder, sommergrüne Laubwälder mit Nadelholz und sommergrüne Baumsteppen	sonstiger hochstämmiger Wald und winterkalte Steppen, Waldsteppen
III 7/8:	sommerwarme Waldklimate (O-Seiten der Kontinente), mTwM 20–26° C, mit wärmeliebenden Fallaub- und Mischwäldern	sommergrüne Laubwälder	sonstiger hochstämmiger Wald
III/9:	winterkaltes Feuchtsteppenklima, über 5 Monate feucht	Schwarzerde- und Übergangssteppen	kalte Steppen
III 10/11:	winterkalte Trockensteppenklimate, unter 6 Monate feucht	Trockensteppen und Hartpolsterformationen	kalte Steppen
III/12:	winterkalte Wüsten- und Halbwüstenklimate	trockene Halbwüsten und Wüsten	Halbwüste und Wüste

4.1.2 Die Böden und die gegenwärtige Reliefgestaltung der kühlgemäßigten Zonen

Wenn auch der klimatischen Vielfalt der kühlgemäßigten Zonen in etwa die der Böden entspricht, so lassen sich doch einige besonders kennzeichnende Typen herausgreifen. Hier sollen zunächst nur die zonalen Böden berücksichtigt werden.

Für die stärker ozeanisch getönten Bereiche der Waldklimate sind Braunerden und Parabraunerden (Lessivés, Gray brown podsolic soils) zu nennen, in stärker kontinental getönten die grauen Waldböden. Allen genannten Bodentypen gemeinsam ist ein recht ausgewogenes Verhältnis von physikalischer und chemischer Verwitterung (Tonmineralbildung) und – der Waldbedeckung zur Folge – ein relativ mächtiger humusreicher A-Horizont. Je nach Ausgangsgesteinen können mehr oder weniger nährstoffreiche Varianten ausgebildet werden. Die Parabraunerden sind an ursprünglich karbonathaltige Ausgangsgesteine und relativ hohe Niederschlagswerte gebunden. Auf typische Bodenmosaike innerhalb der kühlgemäßigten Waldklimate wird später eingegangen.

Die besonders charakteristischen Böden der Steppenklimate sind die Tschernoseme, die Kastanienfarbenen Böden und die Buroseme (Halbwüstenböden), wobei in dieser Reihenfolge gleichzeitig die Abnahme der Niederschläge wie auch der Humifizierung zum Ausdruck kommt.

Für die Böden der kühlgemäßigten Breiten gilt, daß sie keine ungestörte und einheitliche Entwicklung durchlaufen haben. Auch aus diesen Räumen belegen Bodenrelikte die zurückliegenden Klimaphasen, z. B. tertiärzeitliche Rotlehmbildungen. Vor allem aber haben die Kaltzeiten die Bodenentwicklung immer wieder unterbrochen, so daß unter Umständen an einem Standort mehrere unterschiedlich alte Bodenbildungen übereinander angetroffen werden können.

Welche gegenwärtigen reliefgestaltenden Prozesse herrschen in den kühlgemäßigten Zonen vor? Nach Büdel 1971 liegen sowohl die kühlgemäßigten Zonen als auch die nördlich anschließende kaltgemäßigte Zone des borealen Nadelwaldes in einer klimamorphologischen Zone, die dadurch ausgezeichnet ist, daß an formenschaffenden Prozessen die Talbildung überwiegt, wenngleich sie nicht übermäßig stark ist. Büdel spricht von der „ektropischen Zone retardierter Talbildung".

Die wesentlich feinere Gliederung von J. Hagedorn und Poser läßt hier wieder einige wichtige, über die bei Büdel genannten hinausgehende Merkmale erkennen. In den flächengrößten Anteilen der kühlgemäßigten Zonen kommen beide Autoren zu dem Schluß, daß mäßig fluviale Prozesse, also Talbildung, alle anderen Prozesse überwiegen. In den kontinentaleren Bereichen aber werden nach J. Hagedorn und Poser die fluvialen Prozesse intensiver, und es wird sicherlich zu Recht betont, daß frostdynamische Prozesse bereits eine große Rolle spielen, vor allem in den Gebirgen. Diese Prozesse umfassen solifluidale Bewegungen von Lockermaterial und führen damit zu charakteristischen Bodenmustern und -formen. In den Trockengebieten der kühlgemäßigten Zonen herrschen nach J. Hagedorn und Poser dieselben Prozesse vor wie in den subtropischen Trockenräumen, also intensive Hang- und Flächenspülung, äolische Prozesse und periodisch starke fluviale Prozesse.

4.1.3 Die Vegetation und die Tierwelt der kühlgemäßigten Zonen

Die Bezeichnungen Wald- bzw. Steppenklimate weisen schon auf den vorherrschenden Formationscharakter der Pflanzenwelt in der kühlgemäßigten Zone hin. Bei letzteren erlauben, wie schon bei den bisher besprochenen Trockengebieten, die Niederschlagsmengen und ihr Jahresgang keinen Baumwuchs mehr. Die andere Artenzusammensetzung der Steppen ist auf die niedrigeren thermischen Werte zurückzuführen.

Das aus dem Russischen stammende Wort Steppe hat in der wissenschaftlichen Literatur in zweierlei Hinsicht Verwirrung ausgelöst. Zum einen wurden alle Grasländer, also auch die tropischen, häufig mit dem Begriff Steppe belegt. Es wurde also nicht zwischen Grasländern oder eventuell Savannen und Steppen bzw. Waldsteppen unterschieden. Wir verwenden den Steppenbegriff nur für subtropische und kühlgemäßigte Gras- und Krautfluren. Zum anderen wurde auch unter Steppe – wohl nach dem Begriff „Versteppung" – eine ausgesprochen arme, trockenheitsliebende Vegetation verstanden. Beides ist nicht unbedingt der Fall.

Über der mächtigen Schwarzerde ist nämlich eine üppige krautreiche Wiese ausgebildet, die nur im Herbst einen etwas trockeneren Eindruck macht. Sie ist ausgesprochen artenreich und hat auch einen ganz deutlichen Aspektwechsel im Laufe eines Jahres zu verzeichnen, wie er ähnlich bei den heutigen „Kunst"-Wiesen zu finden ist. Eine Schilderung der jahreszeitlichen Aspekte der Steppe gibt WALTER 1973.

Die charakteristischen Schwarzerdesteppen und ihre Übergangsformationen zu den Wäldern, die Waldsteppen, werden noch ausführlich behandelt. Als neue Vegetationsformationen treten nun solche auf, die im wesentlichen aus sommergrünen Laubhölzern zusammengesetzt sind. Wenn auch im einzelnen die Artenzusammensetzung stark schwankt, so zeigt sich doch z. B. auf der Karte der Vegetation der Erde nach SCHMITHÜSEN 1976 (Karte 2, nach S. 96), daß dieser Bereich der kühlgemäßigten Zonen, der bei TROLL und PAFFEN (Karte 1, nach S. 64) noch stark untergliedert wurde, vegetationsgeographisch einheitlicher zu erfassen ist.

Was bedeutet diese sommergrüne, also laubwerfende Waldgesellschaft im Hinblick auf das Klima? Welche Anpassungen zeigen sich hierin?

Bereits in den wechselfeuchten Tropen wurden laubwerfende Waldgesellschaften vorgestellt. Dort ließen einige Arten ihr Laub fakultativ dann fallen, wenn in der Trockenzeit die Wasserversorgung nicht mehr ausreichte, die Transpiration also herabgesetzt werden mußte. In den kühlgemäßigten Zonen stellt der Blattabwurf eine Anpassung an die kalte, winterliche Jahreszeit dar. Immergrüne, meist dicke Blätter würden bei länger anhaltenden Temperaturen unter 0°C erfrieren; das Abwerfen der dünneren sommergrünen Blätter im Winter stellt also eine Stoffersparnis dar. Voraussetzung dabei ist: Die Sommer sind so lang, daß mit Hilfe der Blätter weiteres Wachstum erreicht wird und vor allem die Stoffreserven für das Austreiben und Fruchten im nächsten Sommer gebildet werden. Daß das in der Regel der Fall sein muß, zeigt Abb. 8, auf der die Kohlenstoff-Bindung für die einzelnen Räume wiedergegeben wird. Aus dieser Darstellung geht hervor, daß trotz der Winterruhe der Vegetation in den kühlgemäßigten Zonen, vor allem in den ozeanisch getönten Bereichen, besonders hohe Werte der pflanzlichen Primärproduktion erreicht werden, die nur von denen in den immerfeuchten Tropen übertroffen werden.

Allerdings darf die kalte Jahreszeit nicht zu lange anhalten. Die Vegetationszeit, d.h. die Zahl der Tage mit Tagesmitteltemperaturen über 10°C, muß mindestens 120 erreichen. Sinkt sie darunter ab, so können nur noch Nadelhölzer gedeihen, wie in der nördlich anschließenden borealen Zone, der Taiga. Außerdem muß in dieser Zeit auch ausreichend Feuchtigkeit zur Verfügung stehen. WALTER 1973 spricht bei den Räumen, in denen die eben skizzierten Anforderungen erfüllt sind und dementsprechend laubwerfende Gesellschaften dominieren, von der *„nemoralen Zone"*. In keiner anderen geoökologischen Zone – ausgenommen die mediterrane Subzone Eurasiens und Nordafrikas – sind allerdings die Vegetationsformationen in so starkem Maße verändert worden wie in den kühlgemäßigten Zonen. Die natürlichen Wälder und Steppen mußten Forsten und Kultursteppen weichen. Ein ständig wachsender Anteil von den Flächen dieser Zonen geht darüberhinaus durch die Bebauung oder die Konstruktion von Verkehrswegen für eine pflanzliche Produktion ganz verloren.

In der Tierwelt begegnen sich in der kühlgemäßigten Zone zwei Biome, der Laubwald- oder *Silvaea-Biom* einerseits und der *Steppenbiom* (letztlich sogar der *Wüstenbiom*) andererseits. Für den Artenbestand beider Biome kann zweierlei festgehalten werden: Die Artenzusammensetzung ist erstens nicht so vielseitig, der Artenreichtum zweitens nicht so hoch wie in den subtropischen Hartlaubwäldern *(Skleraea-Biom)*.

Durch die jahreszeitlichen Klimaunterschiede finden hier die typischen Vertreter – unter den Säugern, z.B. Luchs, Wolf, Bär – zu Lebensrhythmen, die insbesondere auf die kalte Jahreszeit ausgerichtet sind (Winterschlaf vieler Arten). Allerdings hat der Mensch nicht nur die Vegetation, sondern auch die Tierwelt stark beeinflußt. Viele Tierarten wurden durch die Jagd ausgerottet oder vertrieben. Daneben konnten andere Arten aufgrund von Monokulturen, die ihnen eine ausreichende Nahrungsgrundlage boten, eine Massenvermehrung erleben. Auf die Variante des Trokkensteppen-Bioms wurde schon ausführlicher eingegangen. Die kontinentalen Steppen der kühlgemäßigten Zonen verlangen von der Tierwelt ebenfalls eine Anpassung an den ausgeprägten Wechsel von kalter und warmer Jahreszeit. Kennzeichnende Arten sind für die eurasiatischen Steppen die Ziesel, eine Reihe von Steppenvögeln und die Saiga-Antilope. In den nordamerikanischen Prärien sind ebenfalls die Säuger und Vögel durch charakteristische, aber andere Arten derselben Gruppen vertreten, z.B. die Großsäuger durch den heute nahezu ausgerotteten Bison. Die Besprechung der Tierwelt soll hier mit einem Beispiel abgeschlossen werden, welches die enge Bindung bestimmter Taxa an den Steppen-Biom auf allen Nordkontinenten zeigt.

JUSATZ hat 1966 ein Diagramm skizziert, welches die Beziehungen zwischen der Tularämie – der Hasenpest, einer Krankheit, die ein typhusähnliches Erscheinungsbild hat – und dem Steppen-Biom aufzeigt (Abb. 50). Der Krankheitserreger lebt in Milben und Zecken, die in den Steppen vorkommen. Diese infizieren in der Regel

Kleinsäuger, die ebenfalls weit verbreitete Arten der Steppen-Biome sind und vom Menschen gejagt werden. Auf diesem Weg gelangt also schließlich der Erreger in den Endwirt, den Menschen, und erzeugt in diesem das Krankheitsbild.

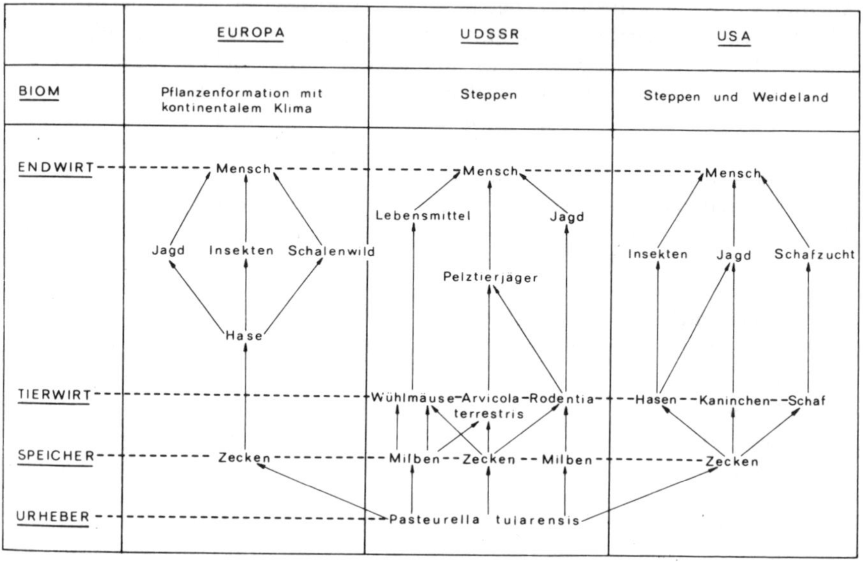

Abb. 50 Beziehungen zwischen Tularaemie und dem Steppen-Biom (nach JUSATZ aus MÜLLER 1977)

4.1.4 Die Landnutzung in den kühlgemäßigten Zonen

In dem breiten Fächer der agrarischen Landnutzung der kühlgemäßigten Zonen spiegelt sich nicht zuletzt auch die klimatische Differenzierung dieser Räume wider. Kleinräumige Besonderheiten sind darüberhinaus mitunter edaphisch zu erklären.

In den relativ wintertrockenen, insgesamt aber feuchteren Steppenbereichen sieht ENGELBRECHT (vgl. Abb. 13) den Sommerweizenanbau als vorherrschend. WHITTLESEY (vgl. Abb. 14) spricht ganz allgemein von Getreidebau und Großviehzucht. Für die wintertrockenen Räume mit seltener und dann nur dünner Schneedecke kann aber Wintergetreide wegen der Gefahr zu niedriger Temperaturen nicht mehr angebaut werden. Wintergetreide bleibt auf wintermilde Räume oder solche mit regelmäßig eintreffender ausreichend hoher Schneedecke beschränkt, die vor extremen Frösten schützt.

Im Laubwaldgürtel sieht ENGELBRECHT den Hafer als Futtergetreide als kennzeichnende Anbaufrucht. Bei WHITTLESEY stehen folgende Betriebsformen im Vordergrund: Milchwirtschaft in ozeanischen Räumen und in den etwas kontinentaleren Bereichen Getreidebau und Großviehzucht für den Weltmarkt, örtlich auch nur für die eigene Versorgung.

Einige besonders typische Anbaufrüchte für die kühlgemäßigten Zonen sind damit schon bekannt, ergänzend genannt werden müssen noch weitere Getreidearten wie Roggen und Gerste und die Hackfrüchte, die Kartoffel und Zucker- und Futterrüben. Je nach klimatischer und edaphischer Standortgunst treten dabei häufig im Zuge des Fruchtwechsels besonders typische Nutzpflanzenkombinationen auf, z. B. auf nährstoffreichen Böden und unter günstigen klimatischen Bedingungen die Kombination Weizen – Zuckerrübe – Braugerste oder unter ungünstigeren Bedingungen die Kombination Roggen – Futterrübe – Kartoffel.

Die letztgenannten Beispiele zeigen zwar eine relativ enge Bindung an die natürlichen Standortverhältnisse, doch ist auch bekannt, daß besonders die mitteleuropäischen Agrarräume in den letzten Jahrzehnten tiefgreifende Veränderungen erfuhren und heute in erster Linie sozioökonomische Faktoren die Art der Landnutzung prägen. Aber selbstverständlich fügen sich auch die gegenwärtigen Formen der Landnutzung in den naturgeographischen Rahmen und deuten an, daß dieser Rahmen weder zu eng noch als absolut bindend gesehen werden darf.

4.2 Die klimatische und vegetationsgeographische Untergliederung der kühlgemäßigten Zonen

Die größten Gegensätze innerhalb der kühlgemäßigten Zonen bestehen zwischen den von Natur aus ein Waldkleid tragenden Räumen und den natürlichen Steppen- und Trockengebieten.

Innerhalb der Steppengebiete oder der kühlgemäßigten Trockenräume überhaupt ist eine Untergliederung sehr einleuchtend nach der Niederschlagshöhe bzw. dem Niederschlagsjahresgang vorzunehmen. Grenzwerte sind die Anzahl der humiden bzw. ariden Monate.

In geringerem Maße als die hygrischen Werte eignen sich die thermischen zu einer begründeten Untergliederung. Zwar konnte in den ersten sechs Laubwald-Subzonen nach Troll und Paffen ein kontinuierliches Anwachsen der Jahrestemperaturamplitude beobachtet werden. Schon in den vorherrschenden Vegetationsformationen kommt diese detaillierte Gliederung in sechs Subzonen z. B. bei Schmithüsen 1976 gar nicht mehr zum Ausdruck. Deshalb sollen auch in der hier benutzten Gliederung die drei ersten vorwiegend ozeanisch getönten Subzonen und die Zonen 4–6 als vorwiegend kontinental getönte Varianten zusammengefaßt werden. Das wird vor allem durch die Verbreitung der Vegetation gestützt, da einige Laubhölzer in Osteuropa ihre Verbreitungsgrenzen finden, bzw. weiter östlich zu den reinen Laubholzformationen nun in immer stärkerem Maße Nadelhölzer hinzutreten. Die an die Ostseiten der Kontinente gebundenen Subzonen 7 und 8 werden als sommerwarme Waldgebiete zusammengefaßt. Es herrschen auch hier Laubhölzer vor (vgl. Tabelle 8).

Da die Anteile der Südkontinente an der kühlgemäßigten Zone nicht näher behandelt werden, sei auf einen sehr wichtigen floristischen Unterschied hingewiesen.

Nach TROLL und PAFFEN gehören diese Räume zu den stark ozeanisch geprägten Waldklimaten. Floristisch sind sie durch das Auftreten vieler immergrüner Arten noch in die Nähe der subtropischen Feuchtwaldgebiete zu stellen. Als wichtigste Gattung ist sowohl in Südamerika (Mittel- und Südchile) als auch in Tasmanien und der neuseeländischen Südinsel die Südbuche *(Nothofagus)* zu nennen. Von dieser Gattung herrschen besonders in jeweiliger Küstennähe die immergrünen Arten vor. Das ist durchaus nicht ungewöhnlich, wird doch auch in Europa dieser immergrüne Wald mit vielen mediterranen Arten am atlantischen Küstensaum bis nach Irland angedeutet.

Welche Räume sind nach dieser Gliederung den einzelnen Subzonen zuzuzählen? Die Räume der ozeanischen Waldklimate nehmen auf der Nordhalbkugel in Nordamerika nur einen schmalen Küstenstreifen ein, der von Nordkalifornien bis in die kanadische Provinz Britisch-Kolumbien hineinreicht. Schon bald nach den Küstengebirgen schließen hier kontinentalere, teilweise wüstenhafte Räume nach Osten hin an. In Europa erstrecken sich die ozeanischen Räume der mittleren Breiten vom immerfeuchten spanischen Norden bis über Bergen an der norwegischen Küste im Norden hinaus, im Südosten wird das Schwarze Meer erreicht, im Nordosten gehören die die südliche Ostsee umrahmenden Gebiete noch dazu. Die wesentlich geringere Ausdehnung dieser Subzone, wie der kühlgemäßigten Breiten überhaupt, auf der Südhalbkugel wurde schon erwähnt, ebenso die Beispiele Südchiles, Südostaustraliens mit Tasmanien und Süd-Neuseelands.

Die kontinentalen Waldklimate sind in Nordamerika vor allem für die Grenzbereiche zwischen den USA und Kanada bezeichnend, insbesondere für das Gebiet um die großen Seen. In Eurasien schließen sie an die Räume mit ozeanischen Waldklimaten an und reichen als ständig schmaler werdender, ostwärts gerichteter Keil von Warschau über Moskau bis Nowosibirsk; der kontinentalste Typ ist in der Mandschurei vertreten. Er fehlt in Nordamerika, ebenso – wie alle kontinentalen Waldklimate – auf der Südhalbkugel.

Die Gebiete der sommerwarmen Waldklimate sind auf die Ostseiten der Kontinente beschränkt. Am ausgedehntesten sind sie in der Neuen Welt, z. B. in den Oststaaten der USA, wo sie zwischen dem 35. und 45. Breitengrad gelegene Räume einnehmen und die Staaten Missouri, Iowa und Minnesota umfassen. Teile Ostchinas, Korea und die japanischen Nordinseln vertreten in der Alten Welt diesen Klimatypus.

Außer den ostpatagonischen Steppen und Halbwüsten, die sich im Regenschatten der Kordillerenketten ausbreiten, kommen keine Räume mit kühlgemäßigten Trokkenklimaten auf der Südhalbkugel vor.

Am ausgedehntesten sind sie in Eurasien, unter ihnen besonders die Feuchtsteppen, die wegen ihrer besonderen Bodenentwicklung als Schwarzerdesteppen bezeichnet werden. Sie umfassen das nördliche Schwarzmeergebiet um die Unterläufe von Don, Dnjepr und Dnjestr und trennen in der Kasachensteppe südlich des Ural und im Osten bis nahe Nowosibirsk die Waldsteppen im Norden und die Trockensteppen im Süden in einem 300 bis 500 km breiten Streifen. In Nordamerika schließen sie an die temperierten Laubwälder im Westen als Hochgrassteppen oder Hochgrasprärie an.

Die Trockensteppen folgen sodann in der Neuen Welt auf die Hochgrasprärien im Westen als Kurzgrasprärien, in Eurasien schließen sie in schmaleren Streifen an die Schwarzerdesteppen im Süden an, sind aber auch noch im Hochland von Tibet verbreitet.

Überhaupt führt die Reliefgestaltung in Zentralasien zu vielen kleinräumigen Abweichungen von dieser schematischen Zonierung. Die Gebiete der winterkalten Wüsten und Halbwüsten liegen in Asien im wesentlichen östlich des Kaspischen Meeres und um den Aralsee, schließlich noch in der Dsungarei, dem Tarimbecken und der Gobi, der wohl bekanntesten winterkalten, extrem kontinentalen Wüste. In Nordamerika besitzen die Great Plains am Ostfuß des Felsengebirges wie auch die intramontanen Becken in Utah und Nevada Halbwüsten- und Wüstencharakter.

Es ist nicht möglich, im Rahmen dieser Einführung alle Subzonen der kühlgemäßigten Breiten ausführlich zu behandeln. Vielmehr sollen die Ökosysteme etwas näher vorgestellt werden, die völlig neue Aspekte bringen. An europäischen Beispielen wird zunächst die Subzone der ozeanischen, wintermilden Waldklimate, sodann die der kontinentalen Schwarzerdesteppen näher besprochen.

Im übrigen werden für einen etwas großzügigeren Überblick eine Reihe von Profilen betrachtet, die die wichtigsten Übergänge und Klimasubtypen umfassen. Hierzu dienen Beispiele aus Nordamerika mit einem Profil vom Atlantik bis zur Ostabdachung des Felsengebirges, ein weiteres Profil von der europäischen Atlantikküste bis zum Ural – innerhalb der Waldklimate – und schließlich ein letztes Profil in der UdSSR von den kontinentalen Laubmischwäldern im Norden bis zu den winterkalten Wüsten im Süden.

4.3 Die Subzone der ozeanischen, wintermilden Waldklimate

4.3.1 Zur Kennzeichnung der ozeanischen Waldklimate

Die klimatischen Verhältnisse dieser Subzone sollen am Beispiel des Klimadiagramms von Luxemburg (Abb. 48) erläutert werden. Die lange Beobachtungszeit vermittelt dabei Daten, die in besonders hohem Maße repräsentativ sein dürften.

Die thermischen Verhältnisse sind vor allem dadurch zu kennzeichnen, daß jetzt eine wirklich kalte Jahreszeit auftritt, wobei in diesem Fall 3 Monate Mittelwerte unter 0°C für die Minima aufweisen. Es kommt also regelmäßig zu nächtlichen Frösten, die im Extremfall sogar −23,3°C betragen können, im Mittel allerdings nur bei −1,7°C liegen. Bis auf den Juli und August kann in allen Monaten Frost auftreten. Auch die Mittelwerte des wärmsten Monats bleiben deutlich unter 20°C; schließlich liegt das Jahresmittel der Temperaturen exakt innerhalb der eingangs genannten Spannweite von 8–10°C.

Die Niederschlagskurve läßt keine allzugroßen Schwankungen erkennen. Wichtig ist, daß es sich nun um ein immerfeuchtes Klima handelt und bei insgesamt nur 739 mm Jahresniederschlag und relativ trockenen Sommern alle Monate humid sind.

Ein Vergleich mit dem Diagramm von Valence (Abb. 40), welches für submediterrane Verhältnisse steht, zeigt die konsequente klimatische Veränderung aus der Mediterraneis in den kühlgemäßigten Laubwaldbereich, vor allem aufgrund des Niederschlagsgangs, zumal die Niederschlagsmenge der submediterranen Station die der kühlgemäßigten um ca. 160 mm übertrifft.

4.3.2 Die Böden in den Räumen mit ozeanischem Waldklima

Mückenhausen (1962) gibt als klimatische Voraussetzungen für die Braunerdeentwicklung Jahresmittel von 8 bis 10°C bzw. 500 bis 800 mm Niederschlag an. Da die Werte von Luxemburg sowohl in die thermische als auch in die hygrische Spanne fallen, darf dort eine typische Braunerdeentwicklung und -verbreitung erwartet werden. Eine Bodenkarte von Ganssen und Hädrich (1965) für das nördliche Mitteleuropa zeigt jedoch ein sehr buntes Verbreitungsmuster unterschiedlicher Bodenbildungen. Unter ihnen tritt die Braunerde zwar auf, sie besitzt aber keine beherrschende Stellung. Von ebenso großer Bedeutung sind Parabraunerden und sogar Podsolböden und dazwischen liegende Übergangsbildungen. Ergänzt wird das Bodenmosaik durch intrazonale Böden wie Rendzinen und Kalksteinbraunlehme auf Kalkgestein, hydromorphe Bildungen wie Auen- und Moorböden in tiefer gelegenen Bereichen sowie junge, durch Verlandung entstandene Marschböden.

Die vor allem für die boreale Nadelwaldzone kennzeichnenden Podsole scheinen gar nicht hierher zu passen. Dennoch sind sie aber für stark ozeanisch getönte Räume, in denen von Natur aus sauren Humus liefernde atlantische Heiden verbreitet sind, durchaus typisch.

Die Ausdehnung der Heideflächen wurde stark anthropogen gefördert. In gleichem Maße setzte auch eine verstärkte, zum Podsol führende Bodendynamik ein. Die Lüneburger Heide ist das wohl bekannteste Beispiel einer schon seit Jahrhunderten erfolgenden Umwandlung ehemaliger Wälder in Heideflächen. Dieser Zeitraum genügte auch einer entsprechend ausgerichteten Bodenentwicklung. Relativ hohe Jahresniederschläge, die in diesen Bereichen teilweise über 800 mm hinausgehen, verstärken die Podsolierungstendenz.

In umgekehrter Richtung wirken sich auch relativ geringe Niederschlagssummen, etwa im Regenschatten von Harz und Thüringer Wald, auf die sich dort über Löß abspielende Bodendynamik aus. Hier sind bereits Schwarzerden, Tschernoseme entwickelt, die als Klimaxböden der kontinentalen Feuchtsteppenbereiche gelten und die dort näher besprochen werden.

Als besonders kennzeichnend verbleiben somit die Parabraunerden und die Braunerden. Erstere, auch Lessivés genannt oder nach dem amerikanischen Sprachgebrauch „Gray-brown podsolic soils", entwickeln sich auf ursprünglich karbonathaltigen Lockergesteinen. Hierbei führt das humide Klima mit den relativ hohen Niederschlägen zur allmählichen Auswaschung zunächst der löslichen Karbonate, sodann der Eisen- und vor allem Tonkomplexe. Als Resultat entwickelt sich ein Bodenprofil, welches unter dem meist nur geringmächtigen A_h-Horizont einen fahlen, tonarmen A_e-Horizont besitzt, da Tone ausgewaschen und im Untergrund in einem folgenden B_t-Horizont angereichert worden sind. In den obersten Bereichen des Ausgangsgesteins kann durch Kalkanreicherung ein C_{ca}-Horizont ausgebildet sein. Die Parabraunerden sind in der Regel durchaus fruchtbare, bzw. nährstoffreiche Böden; allerdings werden ihre physikalischen Eigenschaften schnell verschlechtert, wenn der B_t-Horizont so stark verdichtet wird, daß er wasserstauend wirkt. Dann kommt es zu Übergangsbildungen in Richtung von Pseudogleyen.

Der andere Prototyp ist die Braunerde. Sie entwickelt sich in Hanglagen auf kalkfreien Ausgangssubstraten, vor allem Silikatgesteinen, und zeigt im Idealfall weder Podsolierungs- noch Lessivierungserscheinungen. Unter dem mehr oder weniger mächtigen A_h-Horizont folgt ein kräftig braun bis ocker gefärbter B_v-Horizont, in dem das Mineralgefüge des Gesteins in situ verwittert ist. Der Übergang zum C-Horizont erfolgt allmählich.

Je nach Ausgangsgestein können unterschiedlich nährstoffreiche bzw. -arme Varianten unterschieden werden, die jedoch allesamt ein sehr günstiges physikalisches Verhalten haben, da sie gleichmäßig durchfeuchtet und durchlüftet werden. Nach meist erforderlicher Düngung sind die Braunerden deshalb vorzügliche Ackerböden.

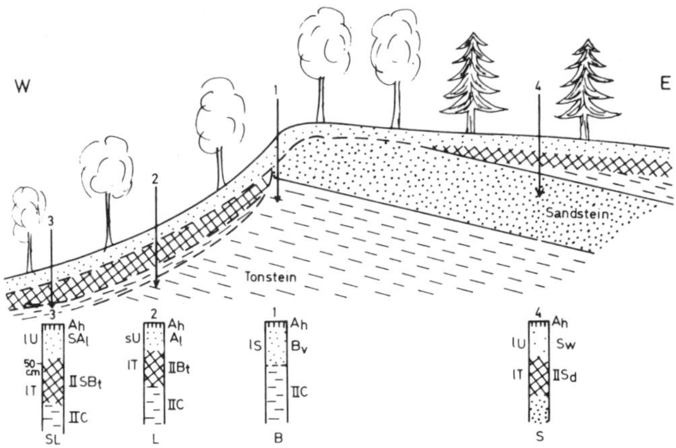

Abb. 51 Bodenabfolge im Deckgebirge des Hessischen Berglands (nach SEMMEL 1977)
Profil 1 = B = Braunerde aus Deckschutt;
Profil 2 = L = Phäno-Parabraunerde aus Deckschutt über Basisschutt;
Profil 3 = SL = Pseudogley-Phäno-Parabraunerde aus Deckschutt über Basisschutt;
Profil 4 = S = Pseudogley aus Deckschutt über Basisschutt.
Symbole rechts der Profile = Horizontsymbole,
links = Bodenarten

Während die Podsole auf der einen und die Tschernoseme auf der anderen Seite als klimatisch bedingte Abwandlungen der zonalen Böden der kühlgemäßigten Breiten zu verstehen sind, müssen die Braunerden und Parabraunerden schon in gewissem Maße als gesteinsbedingte Varianten aufgefaßt werden. Daß es eine noch wesentlich feinere regelhafte räumliche Differenzierung typischer Bodenmosaike in Mitteleuropa auch in Abhängigkeit von anderen Faktoren, z.B. dem Relief, gibt, mag an zwei Beispielen von SEMMEL 1977 erläutert werden.

Zunächst sei auf die typische, catenenartige Abfolge von Bodentypen im Deckgebirge hingewiesen, wozu als Beispiel die Verhältnisse aus dem Hessischen Bergland herangezogen werden (Abb. 51). Hier sind die Bodentypenabfolgen Ergebnis sowohl der unterschiedlichen faziellen Ausbildung der geologischen Formationen als auch der mehr oder weniger starken Hangneigung. Erstere sind wichtig als Ausgangsgesteine, letztere steuert das Vorhandensein oder Fehlen allochthoner Decksedimente, die als Muttergestein ebenfalls in Frage kommen. Am Hang ergibt sich somit eine Abfolge von der Braunerde über eine Parabraunerde zu einer Parabraunerde mit Pseudovergleyung.

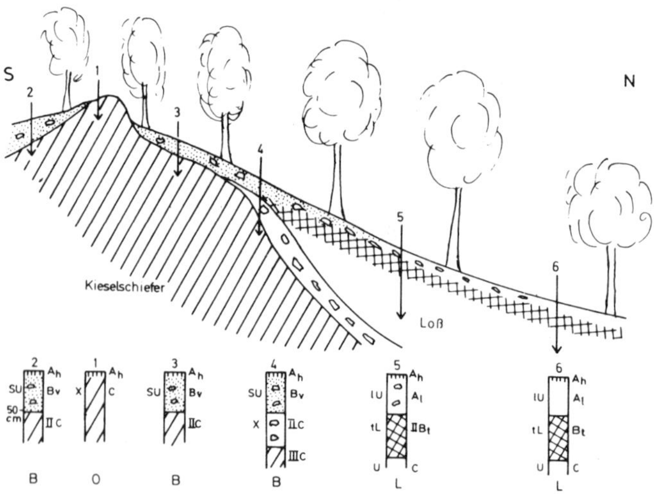

Abb. 52 Bodenabfolge im Grundgebirge am Nordostrand des Rheinischen Schiefergebirges (nach SEMMEL 1977)
Profil 1 = O = Ranker aus Kieselschiefer; Profil 2 und Profil 3 = B = Braunerde aus Deckschutt; Profil 4 = B = Braunerde aus Deckschutt über Basisschutt; Profil 5 = L = Parabraunerde (Phäno-Parabraunerde) aus Deckschutt über Löß; Profil 6 = L = Parabraunerde aus Löß.
Symbole rechts der Profile = Horizontsymbole, links = Bodenarten

Im Grundgebirge – als Beispiel wird das Rheinische Schiefergebirge herangezogen (Abb. 52) – sehen die Differenzierungen bei einheitlichem Gestein etwas anders aus. Hier sind hangab zunächst ein Ranker in besonders exponierter Kammlage und sodann verschiedene Braunerden über unterschiedlich alten Schuttdecken entwikkelt, die alle aus ein und demselben Muttergestein stammen. Erst dort, wo mit den Lößdecken hangabwärts ein neues Muttergestein auftritt, setzt auch eine andere Bodenbildung ein, die – ganz den bisherigen Ausführungen entsprechend – nur eine Parabraunerde sein kann.

4.3.3 Die Vegetation in den Räumen mit ozeanischem Waldklima

Eine erste charakteristische Pflanzengesellschaft der ozeanischen Waldklimasubzone wurde bereits erwähnt, auf den Zusammenhang der küstennah verbreiteten Podsolböden mit den auf ihnen stockenden atlantischen Heiden ist hingewiesen worden. Wenn auch nicht alle Heideformationen als anthropogen angesehen werden dürfen, so sind doch besonders die Reste immergrüner hochozeanischer Wälder ein Indiz für die einstige Waldverbreitung bis an die Küsten. Die atlantischen Heiden sind also oft, nachdem sie ursprünglich nur Unterwuchs in Laubwäldern waren, eine Ersatzgesellschaft von Eichen-Birkenwäldern.

Mit den Moorgesellschaften verdankt ein weiterer Vegetations-Boden-Komplex seine heutige Verbreitung weitgehend anthropogenen Eingriffen. Vermoorung setzte vor allem dort ein, wo sich Heidegesellschaften nach der Rodung entwickelt hatten und die Heiden nun bei gleichbleibend hohen Niederschlägen weniger Wasser verdunsteten als vorher die Waldgesellschaft. Dies führte zu einem langsamen Grundwasseranstieg mit folgender Vermoorung. Natürlich sind bei weitem nicht alle Moore durch menschliche Eingriffe entstanden, sondern auch – in entsprechender orographischer Lage in Mulden und Becken – in den Initialstadien nach dem Eisrückzug im Postglazial. Ihre maximale und typische Ausbildung und Verbreitung erreichen sie aber erst innerhalb der borealen Zone.

Die von Natur aus am weitesten verbreiteten Pflanzengesellschaften dieser „*nemoralen*" Subzone sind die sommergrünen Laubwälder mit einer oft dichten, schattenliebenden Kraut-Gras-Schicht. Der Laubabwurf bei den hier vertretenen Holzarten ist obligatorisch. Er wird wahrscheinlich durch die abnehmende Tageslänge ausgelöst und muß als Anpassung an die Winterkälte verstanden werden. Durch die winterliche Vegetationsruhe wird nur ein relativ geringer Stoffverlust in Kauf genommen. Allerdings verbrauchen die blattlosen Bäume in der kalten Jahreszeit weiter Wasser; die Verluste an Wasser sind aber bei den einzelnen Arten unterschiedlich hoch, die Frosttrocknis setzt also bei den verschiedenen Arten unterschiedlich früh oder spät ein. Demzufolge besitzen die einzelnen Laubhölzer unterschiedliche Areale und finden eine unterschiedliche Ostgrenze (vgl. Abb. 53).

Zunächst setzt auf dem Weg nach Osten die Buche *(Fagus silvatica)* aus, deren Ostgrenze grob mit dem Verlauf von Dnjestr und Weichsel angegeben werden kann. Es folgt sodann die Hainbuche *(Carpinus betulus)*, die über den Dnjepr reicht, und dann die Gemeine Esche *(Fraxinus exelsior)*, welche bis in das Wolgagebiet hinein vorkommt. Bis an den Ural schließlich sind Eichen *(Quercus robur* und *Q. sessiliflora)* in den Laubwäldern bestandbildend. Die Grenzen der drei letztgenannten Arten überschneiden sich dabei teilweise mit den Westgrenzen einiger sibirischer Nadelhölzer aus dem borealen Waldgürtel, wie z. B. der sibirischen Tanne *(Abies sibirica)*, der sibirischen Kiefer *(Pinus sibirica)* und der gegenüber Frösten überhaupt resistentesten Baumart, der sibirischen Lärche *(Larix sibirica)*. Allerdings gibt es Laubholzarten, die erst in noch kontinentaleren Räumen ihre Ostgrenze finden, z. B. Birkenarten *(Betula tortuosa)*, die Eberesche *(Sorbus aucuparia)* und die Zitterpappel *(Populus tremula)*, alles besonders kleinblättrige Laubhölzer.

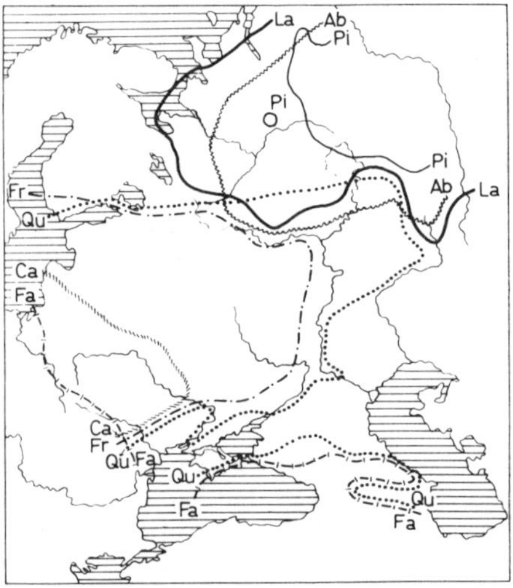

Abb. 53 Ostgrenzen einiger mitteleuropäischer Laubholzarten und Westgrenzen sibirischer Nadelhölzer (nach Walter/Alechin aus Walter 1968)
Fa = Fagus silvatica, Ca = Carpinus betulus, Qu = Quercus robur, Fr = Franxinus exelsior, Ab = Abies sibirica, La = Larix sibirica, Pi = Pinus sibirica (cembra)

Dort aber, wo die eben aufgeführten Holzarten ihre Verbreitungsgrenzen aus klimatischen Gründen noch nicht gefunden haben, konkurrieren sie miteinander. Andere Faktoren sind jetzt für ihr Vorhandensein bzw. ihren Anteil an den Mischbeständen verantwortlich. Von großer Bedeutung für die Wettbewerbsfähigkeit der Laubhölzer sind die Lichtverhältnisse. Ausgesprochene Lichthölzer, wie die Birke und die Espe, sind im jugendlichen Stadium den Schatthölzern Buche und Hainbuche und den dazwischen einzustufenden Arten wie Ahorn und Eichen überlegen. Erst wenn sie ein Schattendach ausgebildet haben, können sie den Schatthölzern Möglichkeiten des Wachstums bieten, werden dann von diesen aufgrund des schnelleren Wachstums oft überholt und unterliegen ihnen schließlich in der Konkurrenz, vorausgesetzt, es sind nicht noch andere Standortfaktoren von übergeordneter Bedeutung. Die Buche ist deshalb – abgesehen von wenigen Ausnahmestandorten mit nährstoffarmen Böden, hohem Grundwasserstand und in trockenen Beckenlagen – der bestandbildende Baum der mitteleuropäischen Wälder schlechthin. Erst nach ihrer Ostgrenze wird diese Rolle von der Eiche übernommen.

Auf der von SCHMITHÜSEN 1976 skizzierten Vegetationskarte für das nördliche Mitteleuropa ist als vorherrschende Vegetation dementsprechend in großer räumlicher Ausdehnung der ozeanische Laubwald vertreten. Intrazonale Gesellschaften treten nur in den Auenbereichen, im jungen Marschland und in den Mooren hervor, ebenfalls die Laubwaldgesellschaften der höheren Mittelgebirgslagen, welchen mit der Tanne schon ein Nadelholz beigemischt sein kann.

Im Laubwaldbereich wird das Vorherrschen bestimmter Laubhölzer angedeutet. So ist beispielsweise die Birkensignatur in küstennahen Räumen im Nordwesten angegeben, wo gegenwärtig atlantische Heiden verbreitet sind, in denen sich aber – wie auch in den Mooren – durchaus noch Birken über podsoligen Böden erhalten haben.

Die Buchensignatur, die der Hainbuchen und auch die der Eichen scheinen recht wahllos verstreut vorzukommen, wenn auch ein gewisses Vorherrschen von Buchen auf Rendzinen einerseits – in sehr artenreichen Beständen – und auf Braunerden andererseits – in artenärmeren Beständen – zu erkennen ist. Eichen- und Hainbuchenwälder sind dagegen offenbar stärker in Gebieten mit Parabraunerden und auch auf den Schwarzerden als natürliche Vegetation anzunehmen, wobei sie auf letzteren allerdings eher den Charakter von Waldsteppen gehabt haben dürften.

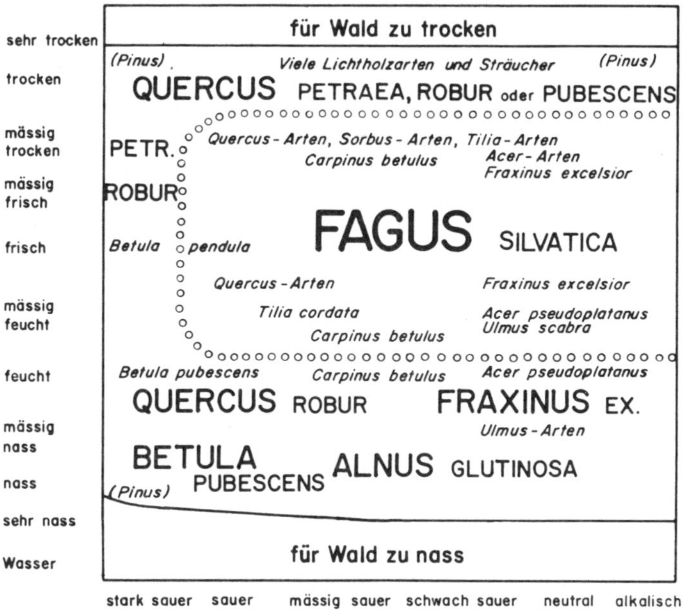

Abb. 54 Übersicht über die Verbreitung der in Mitteleuropa waldbildenden Holzarten in Abhängigkeit von der Feuchtigkeit des Bodens und dessen Reaktion (Basenreichtum), als Ergebnis des natürlichen Wettbewerbs (nach ELLENBERG 1963)
Die Größe der Schrift soll die ungefähren Dominanzverhältnisse wiedergeben.

Welche Faktoren bestimmen also das Vorherrschen der einen oder anderen Art unter den Laubhölzern und damit die floristische Zusammensetzung der ozeanischen Fallaubwälder?

Einige relevante Zusammenhänge lassen sich einem ökologischen Diagramm von ELLENBERG 1956 entnehmen (Abb. 54).

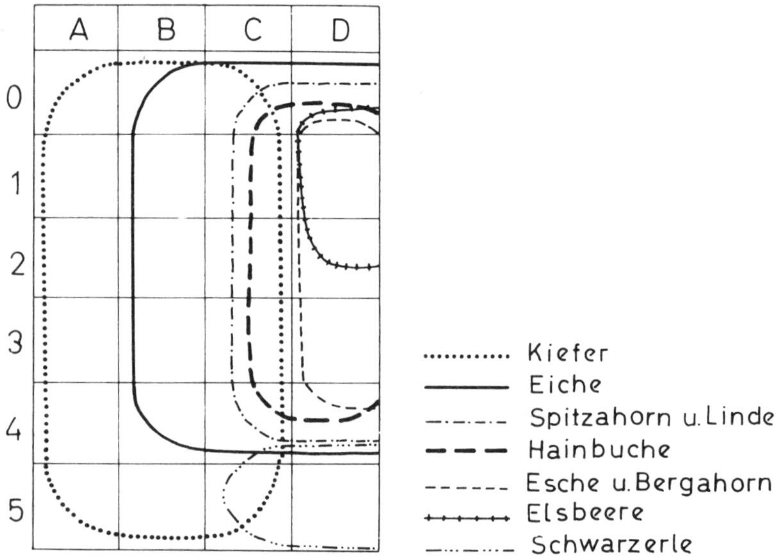

Abb. 55 Vorkommen der Laubholzarten und der Kiefer im Laubwaldgebiet westlich des Dnjepr in Abhängigkeit von der Feuchtigkeit des Bodens und dessen Tongehalt (Nährstoffgehalt)
(nach KOSHEVNIKOV aus WALTER 1968)
0–5 = sehr trocken, trocken, frisch, feucht, naß, sumpfig
A–D = Sand, lehmiger Sand, Lehm, graue Waldböden über Löß

In einem Koordinatensystem sind hier Bodenreaktion und Bodenfeuchte in bestimmten Abstufungen als Parameter aufgeführt. Hieraus geht hervor, daß die Buche in der Bodenreaktion nicht sehr wählerisch ist und nur stark saure Standorte meidet. Dagegen ist sie empfindlicher gegenüber der Bodenfeuchte. Frische Standorte werden bevorzugt, die Böden dürfen weder zu trocken noch zu feucht werden. In solchen Bereichen ist sie als Schattholz auf die Dauer allen anderen Arten überlegen.

Die Eiche geht sowohl in feuchtere als auch in trockenere Bereiche, könnte also nach diesem Kriterium auf frischen Standorten gedeihen, wird dort aber in der Konkurrenz von der Buche unterdrückt. Auch die Hainbuche hat im Hinblick auf die Bodenfeuchte eine etwas größere Amplitude; die Birke geht schließlich sowohl in feuchtere Bereiche als auch auf stark saure Standorte, wo sie die Konkurrenz der Buche nicht zu fürchten braucht.

Natürlich werden mit dem Diagramm nicht alle möglichen Faktoren erfaßt, die von Einfluß auf die Artenzusammensetzung der sommergrünen Laubwälder sind. Dennoch läßt sich nach dieser Darstellung das natürliche und teilweise auch das gegenwärtige Muster der Laubwälder besser verstehen. Ein ähnliches Diagramm klärt die Konkurrenzverhältnisse in den stärker kontinental getönten Eichen-Kiefernwäldern im Dnjepr-Gebiet (WALTER 1968, vgl. Abb. 55).

Zu erwähnen sind noch einige Aspekte zur Struktur und Produktion der Laubwaldökosysteme, ohne dabei besondere Rücksicht auf die Artenzusammensetzung zu nehmen. Der sommergrüne Laubwald ist in der Regel eine mehrschichtige Pflanzengemeinschaft, die aus Baumschicht, Strauch- und Kraut-Gras-Schicht besteht. In letzterer herrschen Hemikryptophyten vor, die im Winter Schutz unter der Laubstreu finden; Geophyten sind zahlreich; Therophyten dagegen fehlen weitgehend, weil sie keine ausreichenden Lichtverhältnisse am Waldboden vorfinden.

Es ist schwer, den natürlichen Artenbestand von Strauch- und Baumschicht zu rekonstruieren, da es keine natürlichen Bestände mehr gibt. Durch die Forstwirtschaft sind die Wälder oder besser „Forsten“ einförmiger, meist gleichaltrig geworden. Die Strauchschicht wurde oft entfernt, die Krautschicht schließlich bei der Waldweide durch selektiven Viehverbiß verändert, der auch den Baumjungwuchs betraf.

Die Produktion mitteleuropäischer Laubwaldgesellschaften ist in etwa bekannt. Hier werden von MÜLLER und NIELSEN 1954 für einen Buchenbestand 13,5 t/ha genannt, ein Wert, der nicht weit unter dem vergleichbarer tropischer Regenwälder liegt, in denen allerdings die Atmungsverluste der Bäume wesentlich höher zu veranschlagen sind. Etwa die Hälfte dieser Primärproduktion entspricht nutzbarem Stammholz, das sind bei Buchen etwa 11 m^3.

4.4 Die Subzone der Schwarzerdesteppen in den kühlgemäßigten Zonen Eurasiens

Schon bei der Behandlung der ozeanischen Waldklimate war für die Vegetation auf eine Differenzierung im Artenbestand mit zunehmender Kontinentalität hingewiesen worden. Es ist ebenfalls bereits bekannt, daß sich die Laubwaldzone im kontinentalen Bereich stark verschmälert und nur noch als ein schmales Band zwischen den borealen Nadelwäldern im Norden und den Waldsteppen und Steppen im Süden liegt. Die trockeneren Räume mit Steppenklimaten sind nur in den kontinentalen Bereichen von größerer Ausdehnung. Besonders wichtig sind unter ihnen die Feucht- oder Schwarzerdesteppen in landwirtschaftlicher Hinsicht.

Bevor diese Subzone näher erläutert wird, soll ein Blick auf ein Nord-Süd-Profil in der UdSSR geworfen werden, welches die Lage der Schwarzerdesteppen im kontinentalen Eurasien verdeutlicht.

4.4.1 Die Lage der osteuropäischen Schwarzerdesteppen auf einem Nord-Süd-Profil durch die UdSSR

Das von SCHENNIKOW entworfene und aus WALTER 1973 entnommene Nord-Süd-Profil durch die UdSSR liegt ganz im kontinentalen Bereich der eben betrachteten West-Ost-Abfolge der Laubwaldgebiete, dort, wo diese Laubwälder nur noch einen relativ schmalen Streifen einnehmen (Abb. 56). Hier sind bei warmen Sommern und sehr kalten Wintern schon Jahrestemperaturamplituden von über 30°C zu erwarten; die Jahresmitteltemperaturen erreichen nur noch um 5°C. Zugleich haben die Niederschlagsjahressummen abgenommen, und trotz regelmäßig auftretender Sommermaxima werden die Sommer aufgrund der höheren Temperatur zunehmend arid.

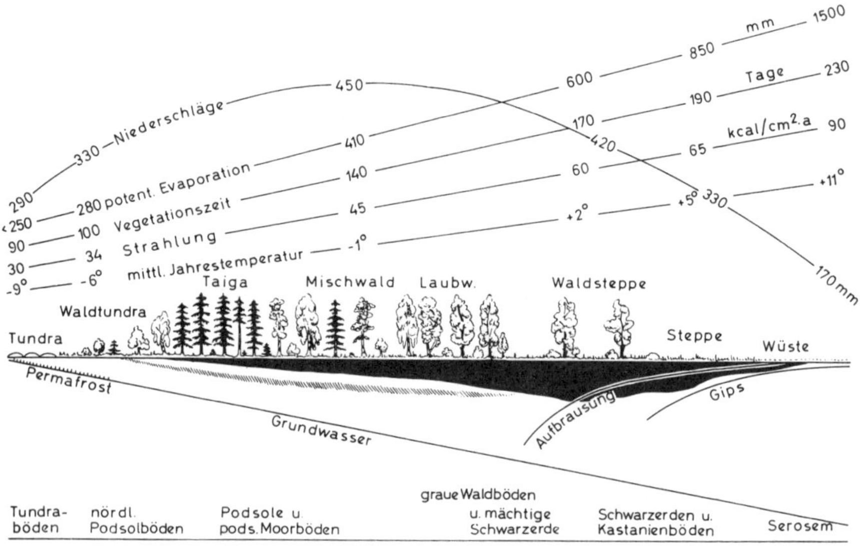

Abb. 56 Schematische Klima-, Vegetations- und Bodengliederung auf einem Profil durch Osteuropa von NW nach SE bis zur Kaspischen Niederung (nach SCHENNIKOW aus WALTER 1968)
Mächtige Schwarzerde entspricht der Waldsteppe. Schwarz = Humushorizont, gestrichelt = illuvialer B-Horizont

Das Nord-Süd-Profil beginnt im Norden in der subpolaren Tundrenzone und erstreckt sich durch den borealen Nadelwaldgürtel bis in die Laubwaldzone. Damit werden im Norden zwei Landschaftsgürtel gequert, auf die später zurückzukommen ist. Nach Süden folgen die Zonen der Mischwälder, der reinen Laubwälder, der Waldsteppe, der eigentlichen Schwarzerdesteppe, der Halbwüste und schließlich der Wüste.

Selbstverständlich kann dieses Profil nur eine sehr stark generalisierte Darstellung der einzelnen Subzonen umfassen. Das gilt auch für die in verschiedenen Kurven

zugeordneten klimatischen und edaphischen Parameter. Gerade deshalb werden aber die Zusammenhänge zwischen Klima, Boden und Vegetation besonders deutlich.
In einer ersten Kurve sind die Niederschlagsjahressummen aufgetragen. Ihr Verlauf zeigt, daß im Bereich der Mischwälder mit ca. 450 mm das Maximum erreicht wird. Sowohl nach Norden bis in die Tundren als auch vor allem nach Süden in die Wüstenbereiche hinein fällt die Niederschlagskurve ab auf Werte unter 300 mm im Norden und unter 200 mm im Süden. Die zweite Kurve, als allmählich ansteigende Gerade skizziert, betrifft die potentielle Verdunstung. Sie ist im Zusammenhang mit der ebenfalls linear ansteigenden Kurve der Strahlung und der der mittleren Jahrestemperaturen einerseits sowie mit der der Niederschläge andererseits zu sehen. Die Verdunstungs- und Niederschlagskurven schneiden sich etwa im Grenzbereich von Laubwald und Waldsteppe, dort werden also die humiden von den ariden Räumen abgelöst.
In einer letzten Kurve wird die Dauer der Vegetationszeit wiedergegeben. Sie steigt auch linear an und zeigt enge Beziehungen zu der Kurve der Temperatur-Jahresmittel. Eigentlich ist sie erst für die Verhältnisse am Nordrand des Profils von größerer Bedeutung. Am Südrand beschränkt die Vegetationszeit das Vegetationswachstum nicht. Allerdings ist schon das Auftreten der Nadelhölzer und schließlich das völlige Ablösen der Laubhölzer durch Nadelhölzer darauf zurückzuführen. Für die noch näher zu besprechenden Steppen sind also folgende klimatische Daten kennzeichnend (nach diesem Profil): ca. 330 mm Niederschlag, ca. 850 mm pot. Evaporation, ca. 190 Tage Vegetationszeit sowie eine mittlere Jahrestemperatur von +5°C. Welche Konsequenzen haben diese klimatischen Verhältnisse für die Bodenbildung? Auch im edaphischen Bereich sind einige Gradienten und Werte eingetragen, auf die näher eingegangen werden soll.
Durch den Permafrost in der Tundrenzone und durch lange winterliche Bodengefrornis im borealen Waldgürtel werden die Bodenbildungsprozesse verlangsamt oder unterbrochen. So setzt auch nur allmählich in südlicher Richtung stärkere Humusbildung ein; ebenso macht sich dann trotz der relativ geringen Niederschläge, aber bei ebenfalls geringer Verdunstung ein Illuvialhorizont bemerkbar, der zunächst auf die Podsolierung, dann auch auf die Lessivierung zurückzuführen ist. Nach Süden hin ist ein kontinuierliches Absinken des Grundwasserspiegels Konsequenz der Feuchtigkeitsverhältnisse. Im grundwasserfreien Bereich wird in den Böden unter Waldsteppenbedingungen aus dem kalkhaltigen Muttergestein, z. B. dem Löß, der Kalk ausgewaschen. Diese Auswaschung nimmt im Süden unter den aridereren Bedingungen der Steppen bald ab, so daß ein Aufbrausungshorizont, der den Kalkgehalt anzeigt, immer oberflächennaher zu liegen kommt. Stärker wird Gips ausgewaschen, der aber als Kruste unter Halbwüsten- und Wüstenbedingungen auch schon oberflächennah liegt, unmittelbar unter den nun immer flachgründiger werdenden humushaltigen Horizonten. Edaphisch sind die Steppenbedingungen also durch eine mächtige Humusauflage gekennzeichnet, einen oberen entkalkten und einen unteren kalkhaltigen Oberboden sowie möglicherweise Gipsanreicherungen im Unterboden. Als Typenbezeichnungen werden unter Waldsteppen und Steppen mächtige Schwarzerden, Schwarzerden und Kastanienböden genannt.

Ein ähnliches Profil wie das eben besprochene teilen nach russischen Autoren GANSSEN und HÄDRICH 1965 mit. Neu ist dabei unter den klimatischen Parametern die Julitemperatur, die im Steppenbereich etwas über 20°C liegt. Auch diese Autoren weisen bei den Steppenböden auf die außergewöhnliche Humusanreicherung hin, ebenso auf den Kalkhorizont, die Gipsausscheidungen und darüber hinaus auf eine typischerweise noch etwas tiefer folgende Anreicherung von Na-Salzen.

4.4.2 Der Klima-Boden-Vegetations-Komplex der Schwarzerdesteppen

Die klimatischen Verhältnisse der Schwarzerdesteppen können durch das Klimadiagramm der Station Tschaklov belegt werden (Abb. 57). Das Diagramm zeigt sehr deutlich, wie die Vegetation in diesem Raum durch zwei Faktoren in ihrem Wachstum behindert wird. Der erste ist im Temperaturjahresgang begründet. Frost tritt in mindestens 8 Monaten im Jahr mit Sicherheit auf, absolut frostfrei sind nur der Juli und August. Die mittleren Minima liegen im Januar bei fast −20°C, die Extremwerte sogar bei unter −40°C. Allein aus thermischen Gründen kann hier die Vegetationszeit kaum Werte über 180 Tage erreichen.

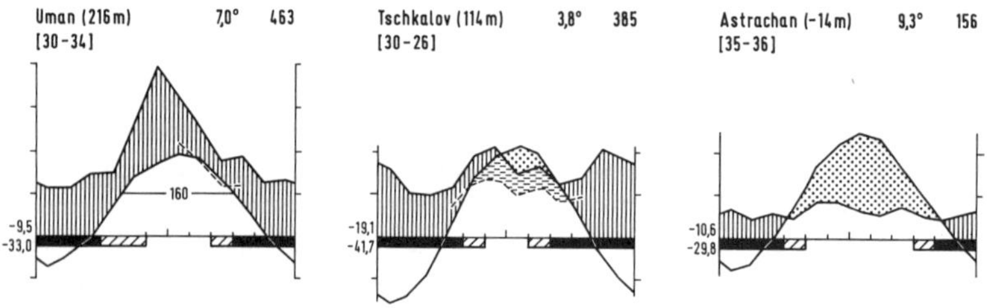

Abb. 57 Klimadiagramm aus der kühlgemäßigten Zone Osteuropas (nach WALTER/LIETH)
UMAN (48°45′ N, 30°10′ E) mit kontinentalem Klima der Waldsteppengebiete
TSCHAKLOV (51°50′ N, 55°00′ E) mit kontinentalem Klima der Steppengebiete
ASTRACHAN (46°22′ N, 48°04′ E) mit kontinentalem Klima der Halbwüstengebiete

Die Verteilung der Niederschläge, die ihren Ursprung in der Regel mittelmeerbürtigen Zyklonen verdanken, ist über das ganze Jahr hinweg einigermaßen regelmäßig, wenn auch Frühsommer und Spätherbst Maxima besitzen. Aufgrund der hohen Sommertemperaturen tritt aber im Juli und August eine aride Phase ein, neben der Dürrezeit kann man auch noch (nach WALTER) eine wesentlich längere Trockenzeit ablesen. (Dabei werden nicht, wie üblich, T/N wie 1/2, sondern wie 1/3 abgetragen.) Die Sommertrockenheit unterbricht ebenfalls das pflanzliche Wachstum oder schränkt es stark ein. Gleiche Beeinträchtigungen gelten für die Pedogenese. Ansonsten zeigen Jahresmittelwerte der Temperaturen und Niederschläge etwa den in dem Profil in Abb. 56 skizzierten Spielraum.

Im Vergleich mit dem Diagramm von Uman (Abb. 57), welches für die Waldsteppenzone gültig ist, zeigt sich aber auch, daß der Wasserfaktor, d.h. die höheren Niederschläge, dort einen Baumwuchs wenigstens noch inselhaft erlauben, da nur eine kurze herbstliche Trockenzeit auftritt.

Das Diagramm von Astrachan, aus einem Halbwüstenraum, weist eine lange Sommerdürre auf. Hier unterliegen krautige Pflanzen und viele Gräser der Konkurrenz von Zwergsträuchern.

Wie sieht unter diesen klimatischen Verhältnissen die Bodendynamik aus, was wird unter einer Schwarzerde verstanden, die der Prototyp des zonalen Bodens der winterkalten Steppe ist? Die Schwarzerden oder Tschernoseme sind A-C-Böden oder *Pedocale*, denen der für die Parabraunerden noch typische Anreicherungshorizont (B_t) fehlt. Solche Böden bilden sich nur unter Kraut- oder Hochgrassteppen bei subhumid-kontinentalen Klimabedingungen, wobei die im Sommer verdorrenden Kräuter und Gräser durch die Bodentiere in den Boden eingearbeitet, dort aber wegen der Winterkälte nur mäßig mineralisiert werden, so daß eine außergewöhnlich mächtige, nach der Färbung oft noch zu differenzierende Humusauflage entsteht. Der bis zu 1,5 m mächtige A_h-Horizont, der allenfalls in seinen unteren Teilen karbonathaltig ist, enthlält eine Vielzahl meist organischer Sorptionsträger. Hierauf beruht die nachhaltige Fruchtbarkeit dieser Böden, die von keinem anderen Typ erreicht wird.

Der C-Horizont besteht aus oft noch kalkreichem Karbonatlockergestein, meist aus Löß. Je nach Mächtigkeit der Humusschicht werden die Tschernoseme noch weiter untergliedert in nördliche Schwarzerden, die starke Übergänge zu den grauen Waldböden besitzen und auf denen in der Regel Eichenwälder stocken, in nördliche Schwarzerden mit einer feuchten, krautreichen Wiesensteppe, in mächtige Schwarzerden mit der typischen Wiesensteppe, in gewöhnliche Schwarzerden mit einer krautreichen Federgrassteppe und schließlich in eine südliche Schwarzerde mit einer trockenen, krautarmen Federgrassteppe.

Damit ergibt sich also aufgrund der klimatischen und edaphischen Zonierung gleichzeitig eine – sehr schematisch gesehen – typische Abfolge unterschiedlicher Pflanzengesellschaften.

Nach Süden nehmen die anspruchsvolleren Kräuter in den Steppen allmählich ab, und es kommt zur Ausbildung von Federgrasformationen, einer Steppe, die ganz wesentlich aus Gräsern, insbesondere *Stipa*-Arten, zusammengesetzt ist. Die hier vertretenen Arten müssen sowohl frosthart sein als auch eine lange sommerliche Trockenzeit überdauern. Ebenso nimmt die Vegetationsdichte zusehends ab. Über den Kastanienfarbenen Böden stocken bereits viele Zwergsträucher, die schließlich auf den Burosemen der Halbwüsten dominieren.

Heute sind weite Steppenbereiche wegen der hohen Bodenfruchtbarkeit in Kulturland überführt, dadurch auch die Böden stellenweise degradiert.

Es stellt sich überhaupt die Frage, ob die ausgedehnten Steppenareale als natürlich anzusehen sind oder ob sie auf die Rodungstätigkeit des Menschen zurückgehen. Für die natürlichen Steppen spricht einmal, daß sie regelmäßig von Großtieren –

Büffel, Antilopen, Gazellen u.a.m. – beweidet wurden. Außerdem ist mit dem Feuer als einem natürlichen Faktor zu rechnen, der immer wieder – vor allem im Herbst – zu großen Flächenbränden geführt hat. Eine Verbuschung oder gar Bewaldung konnte sich kaum einstellen. Dennoch kann eine anthropogen bedingte Ausdehnung der Steppenareale nicht bestritten werden.

Die pflanzliche Primärproduktion der Steppen ist nicht mehr so hoch wie die der Laubwälder, erreicht aber doch Nettowerte von etwa 8 bis 11 t/ha, je nach Artenzusammensetzung.

Bemerkenswert ist in diesem Zusammenhang eine Parallele, die zu den Trockengebieten der Tropen und Subtropen gezogen werden kann. Auch hier nimmt mit wachsender Trockenheit der unterirdische Anteil der Pflanzen zuungunsten des oberirdischen Anteils stark zu. Die Phytomasse der Federgrassteppen liegt zu ca. 90% unter der Erde, also im sehr dichten und weitverzweigten Wurzelwerk. Reichen die Niederschläge nur zur Befeuchtung der oberen Bodenschicht aus, so werden sie bereits ganz von den relativ flach wurzelnden Gräsern verbraucht, die tiefwurzelnden Kräuter erlangen kein Wasser mehr.

4.5 Die kühlgemäßigten Subzonen Nordamerikas

Es ist schon darauf hingewiesen worden, daß in Nordamerika wegen der Nord-Süd-Erstreckung des Felsengebirges keine ausschließlich breitenkreisparallele Zonierung innerhalb der kühlgemäßigten Zonen ausgebildet ist. Vielmehr interferieren West-Ost und Nord-Süd gerichtete klimatische Gradienten – sowohl thermische als auch hygrische –, so daß das eigentliche Muster eine eher schachbrettartige Anordnung von Subzonen bedingt. Hier soll die durchschlagendere West-Ost-Abfolge einzelner Subzonen am Beispiel eines weiteren Profils vorgestellt werden (Abb. 58).

Das Profil erstreckt sich über eine Länge von ca. 1000 km durch das Gebiet der nordamerikanischen Prärien, etwa von Ost-Nebraska bis an den Fuß des Felsengebirges, wobei die absoluten Höhen von 300 bis auf 1500 m über NN ansteigen. Auch diesem Profil lassen sich Hinweise auf das Klima, die Vegetation und die Böden entnehmen.

Im klimatischen Bereich sind nur für die Randgebiete genauere Daten zu entnehmen, ansonsten aber Tendenzen aufgezeigt. Die Niederschlagsjahressummen nehmen vom Osten bei über 700 mm nach Westen auf 300 mm ab. Gleichzeitig steigt die potentielle Verdunstung, da – trotz Abnahme der Jahresmittel von 11 auf 8 °C – die nach Westen zunehmende Kontinentalität zu höheren Sommertemperaturen führt. Diese klimatischen Grundlagen haben für die Pedogenese folgende Konsequenzen: Im Osten werden bei den relativ hohen Niederschlägen die Böden noch stark ausgewaschen. Es bilden sich Prärieböden oder *Pedalfers* (Gray brown podsolic soils), die den Parabraunerden gleichgestellt werden dürfen. Böden und Niederschläge lassen also durchaus ein Waldwachstum erwarten. Dennoch ist eine Langgrasprärie ausgebildet, die von WALTER 1973 aber als natürlich angesehen wird, da auch hier Feuer und Beweidung zu den natürlichen Faktoren zu rechnen sind.

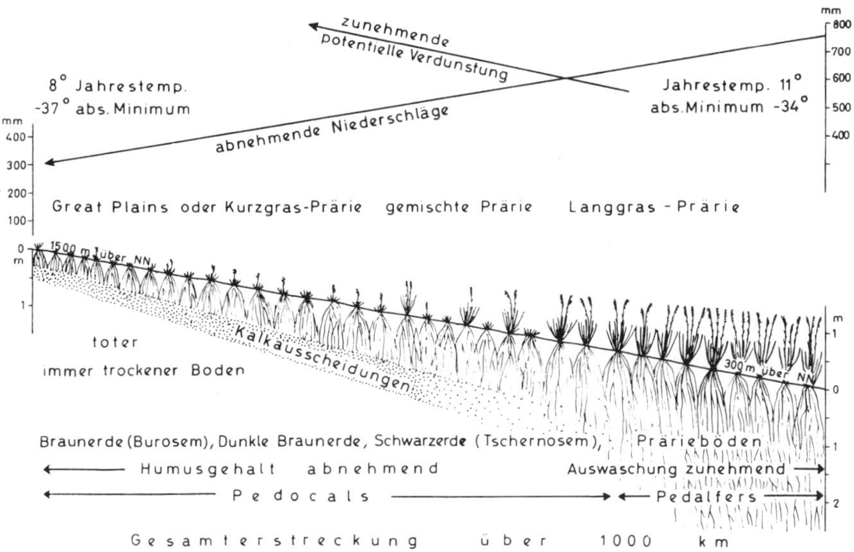

Abb. 58 Schematischer Schnitt durch das nach Westen von 300 m NN auf über 1500 m NN ansteigende Präriengebiet mit Angaben über die Änderung des Klimas (oben), der Vegetation (Mitte) und der Böden (unten) (nach WALTER 1968)

Mit abnehmenden Niederschlägen hört die Auswaschung der Böden auf, und es werden typische Schwarzerden entwickelt, die wegen der Kalkauscheidungen im Unterboden als *Pedocals* bezeichnet werden. Hierauf stockt eine gemischte Prärie, die der krautreichen Steppe entspricht. Schließlich laufen Niederschlagsabnahme und Abnahme des Humusgehalts sowie der Bodengründigkeit bei gleichzeitiger Zunahme der Kalkanreicherung parallel. Das Ergebnis sind Buroseme oder Halbwüstenböden, auf denen die Kurzgrasprärie und schließlich Halbwüstenformationen mit Zwergsträuchern am Gebirgsfuß der Rocky Montains folgen.

Die Begriffe Langgras-, gemischte und Kurzgras-Prärie können irreführen. Es sind natürliche Grasfluren, wobei aber nicht aufgrund ungünstigerer Bedingungen die Gräser nicht mehr so „lang" wachsen, sondern mit jeweils ganz spezifischer Artenzusammensetzung, wobei in Nordamerika nicht so sehr die *Stipa*-Arten (Federgräser), sondern vor allem *Andropogon*-Arten dominieren.

Die nordamerikanischen Prärien sind heute durch den Menschen weitgehend umgestaltet. Die natürliche Vegetation wurde durch Nutzpflanzengemeinschaften ersetzt, die Böden oft irreversibel zerstört. Die klassische „*belt*"-Konzeption der Agrarlandschaften ließ die skizzierten physisch-geographischen Rahmenbedingungen deutlicher erkennen als das heutige Bild der Agrarräume, in welchen zwar die kennzeichnenden Kulturpflanzen – z. B. Baumwolle, Mais – noch vorkommen, aber nicht mehr vorherrschen.

5 Die kaltgemäßigte, boreale Zone

5.1 Allgemeine, übergreifende Charakteristik der kaltgemäßigten Zone

Bei der Behandlung der kontinentalen Subzonen innerhalb der kühlgemäßigten Zonen wurde darauf hingewiesen, daß hier den Laubwäldern bereits ein erheblicher Anteil verschiedener Nadelhölzer beigemischt ist. Mit diesen Mischwäldern deutet sich der Übergang zur nördlich anschließenden kaltgemäßigten oder borealen Zone an.

Bei TROLL und PAFFEN 1964 heißt der Landschaftsgürtel „kaltgemäßigte, boreale Zone". Im Gegensatz zu den beiden vorher besprochenen geoökologischen Zonen ist diese offensichtlich homogener, da nicht mehr von Zonen gesprochen wird. Als übergeordnetes Kriterium wird der Begriff „kaltgemäßigt" eingeführt, damit konsequenterweise also wiederum ein thermisches Kriterium. Was heißt in klimatischer Sicht „kaltgemäßigt"? Bei TROLL und PAFFEN werden keine Jahresmittelwerte angegeben, sondern nur Extremwerte oder ausgewählte Monatsmittel. Da aber die Ausdehnung der kaltgemäßigten Zone nach TROLL und PAFFEN etwa mit der der D-Klimate von KÖPPEN übereinstimmt, kann unter Heranziehung beider Gliederungen eine thermische Charakterisierung vorgenommen werden.

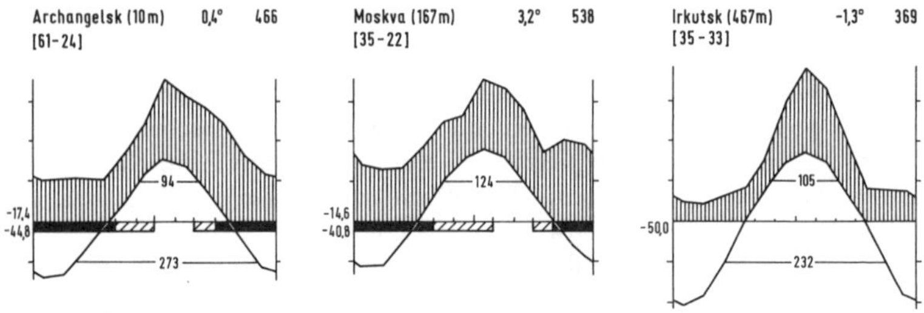

Abb. 59 Klimadiagramme der kaltgemäßigten Zone
(nach WALTER/LIETH)
ARCHANGELS (64°32′ N, 40°40′ E) mit borealem Klima Nordeuropas
MOSKAU (55°45′ N, 37°42′ E) mit Klima der boreo-nemoralen Mischwaldgebiete
IRKUTSK (52°16′ N, 104°19′ E) mit hochkontinentalem borealem Klima Sibiriens

Mit Ausnahme der am stärksten ozeanisch getönten nordamerikanischen Küstenbereiche liegt das Mittel des kältesten Monats stets unter −3° C, in den kältesten, d. h. kontinentalsten, Bereichen sogar bei unter −25° C. Die Mittel des wärmsten Monats erreichen dagegen immer über 10° C, mitunter sogar 20° C. Hieraus folgt, daß die Jahresmittel deutlich unter denen der kühlgemäßigten Breiten liegen. Waren dort in ozeanischen Bereichen noch Werte um 8 bis 12° C zu verzeichnen, in kontinentalen um 5° C, so liegt die Spannweite jetzt – abgesehen von Extremwerten – zwischen +3 und −3° C. Damit ist der Begriff „kaltgemäßigt" einzugrenzen.

Daß es sich beim kaltgemäßigten Klima um ein ausgesprochenes Jahreszeitenklima handelt, unterstreicht das Thermoisoplethendiagramm von Helsinki (vgl. Abb. 61). Ökologisch entscheidend ist bei den thermischen Werten, daß die Zahl der Tage mit Mitteltemperaturen von 10 oder mehr °C, also die Vegetationszeit, jetzt unter 120 Tage absinkt, wodurch das Wachstum vieler Laubholzarten nicht mehr möglich ist. Die kalte Jahreszeit ist mindestens 6 Monate lang.

Als Nordgrenze der Nadelwaldzone oder Taiga zu den Zwergstrauchgesellschaften der Tundra in der subpolaren Zone müssen nur noch 30 Tage Vegetationszeit und eine kalte Jahreszeit von über 8 Monaten angenommen werden.

Da eindeutig die thermischen Werte die im Hinblick auf die Bodenentwicklung und die Vegetation wichtigeren sind, kommt sowohl der Niederschlagsmenge als auch ihrer jahreszeitlichen Verteilung keine so große Rolle zu. Entscheidend ist hier nur, daß die warmen Monate und damit die Vegetationszeit jeweils mindestens 100 mm Niederschlag erhalten. Das ist immer der Fall, zumal mit einem sommerlichen Niederschlagsmaximum zu rechnen ist.

Die immerfeuchten, vollhumiden Verhältnisse wie auch die aus der Streu der Nadelwälder in reichem Maße zur Verfügung stehenden organischen Säuren tragen dazu bei, daß sich mit dem Podsol der typische zonale Boden entwickelt, der bis auf wenige, meist reliefbedingte Ausnahmen großflächig verbreitet ist. Auf die Klima-Boden-Vegetationskomplexe wird bei der Behandlung der kaltgemäßigten Subzonen noch näher eingegangen. Im Überblick sollen hier noch die Tierwelt der borealen Zone besprochen und die Möglichkeiten und Grenzen der Landnutzung diskutiert werden.

Für die Tierwelt sind einerseits der Lebensraum mit den größten zusammenhängenden Waldflächen überhaupt, andererseits die lange Winterkälte von Bedeutung. Letztere schränkt das aktive Leben vieler Arten auf wenige Monate ein. Welche Tiere können unter diesen Bedingungen hier leben?

Unter den Wirbeltieren, von denen viele noch deutliche Beziehungen zum Silvaea-Biom zeigen, sind mehrere Arten circumpolar verbreitet (Luchs, Nerz, Hermelin, Elch), ebenso eine Reihe von Vögeln, meist Rabenvögel. Wegen der Lichtarmut im Waldesinnern und am Boden spielt sich das Leben im wesentlichen im Kronenraum der Bäume ab, Baumbrüter herrschen vor, auch viele Säuger leben auf Bäumen, jagen und klettern dort. Weitere Arten haben sich an das Leben im oder am Wasser angepaßt (Biber, Otter, Bisamratte u. a.). Der winterlichen Kälte entkommen einige Arten durch Wanderungen (Zugvögel), andere durch einen Winterschlaf oder eine Winterstarre. Bezeichnenderweise fehlen manche Tiergruppen fast ganz, hierzu gehören die Reptilien und die Amphibien. Bei Tischler 1955 wird der biozönotische Konnex in einem borealen Nadelwald Nordamerikas vorgestellt. In diesem Schema werden die vielfältigen Zusammenhänge, die sich zwischen der Tier- und Pflanzenwelt der Taiga aufgrund der Nahrungskette ergeben, am deutlichsten sichtbar (Abb. 60).

Im borealen Nadelwaldgürtel werden die wirtschaftlichen Möglichkeiten im Vergleich zum Laubwaldgürtel sehr viel stärker eingeschränkt. Die Ackerbaugrenze bleibt in der Regel sogar um 5 bis 10 Breitengrade hinter der Waldgrenze zurück.

Nördlichste Getreideart ist die Sommergerste, die mit nur 91 bis 95 Vegetationstagen auskommt. Auch Hafer und Roggen können noch im Nadelwaldgebiet im Süden angebaut werden, bei den sehr nährstoffarmen Böden allerdings nur mit Hilfe starker Düngung.

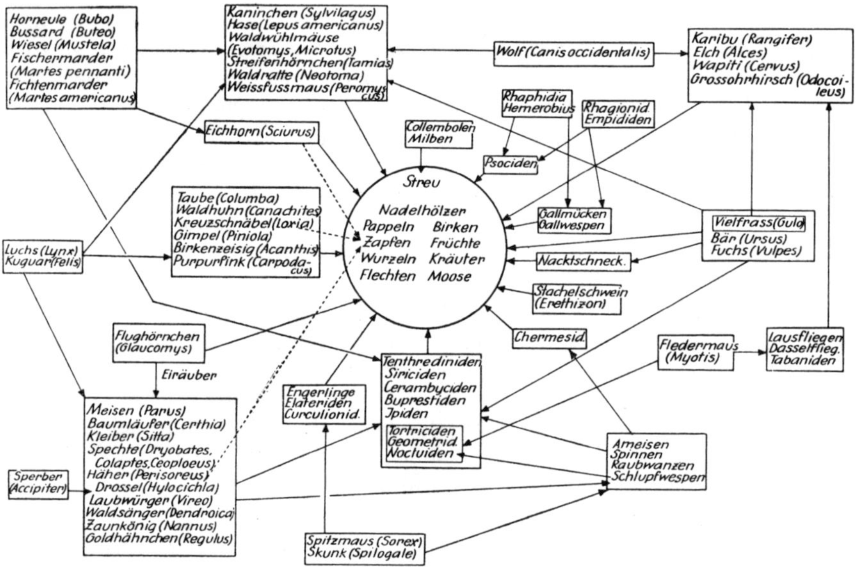

Abb. 60 Biozönotischer Konnex in der nordamerikanischen Taiga (nach TISCHLER 1955)

Grünlandschaft reicht in der Regel etwas weiter nach Norden. Dennoch sind insbesondere im südlichen Nadelwaldbereich die Wälder nicht mehr überall natürlich, weil Wald-Feld-Wechselwirtschaft, verbunden mit Brandrodung, noch bis heute zu beobachten ist. Von Norden dringen Rentiernomaden aus der Tundra periodisch in die Taiga ein. Über die letzten Tendenzen der Landnutzung am Polarsaum der Ökumene berichtet EHLERS (1976). Von größter wirtschaftlicher Bedeutung ist der Wald, sind die Hölzer selbst. Etwa 90% des Papier- und Schnittholzbedarfs der Erde werden heute durch die Nutzung der borealen Wälder gedeckt. Schließlich darf ein weiterer Wirtschaftszweig nicht vergessen werden, der schon sehr früh zur Erschließung der Waldgebiete beitrug und bis heute große Bedeutung hat: Jagd und Pelztierwirtschaft.

Die Räume, welche nach den eben skizzierten Kriterien zur kaltgemäßigten Zone zu rechnen sind, liegen ohne Ausnahme auf der Nordhalbkugel. Das ist wiederum auf die ungleiche Land-Meer-Verteilung auf der Erdoberfläche zurückzuführen. Selbst das südlichste Südamerika und Neuseeland besitzen noch ein vorwiegend ozeanisch getöntes, kühlgemäßigtes Klima. Die Antarktis gehört aber bereits zur polaren Zone.

Als regelrechter Gürtel ist die kaltgemäßigte, boreale Zone in Eurasien ausgebildet. Im Westen des Kontinents zählen die Räume zwischen dem 60. und 70. Breitengrad hierher, große Teile der skandinavischen Länder umfassend. Weiter östlich, in kontinentaleren Räumen, verbreitert sich die kaltgemäßigte Zone nach Süden; das gesamte Uralgebiet gehört dazu, und noch weiter im Osten grenzt die boreale Zone direkt an die kontinentalen Waldsteppen und Trockengebiete der kühlgemäßigten Zone (vgl. Karte 1, nach S. 64).

Die orographische Gliederung führt auf dem nordamerikanischen Kontinent wieder zu stärkeren Abweichungen von der mehr oder weniger breitenkreisparallelen Anordnung dieses Landschaftsgürtels. Abgesehen von den küstennahen pazifischen Räumen, die bis nach Alaska ein extrem ozeanisches, kühlgemäßigtes Klima auszeichnet, sind große Teile Alaskas und bis auf den Nordosten nahezu das gesamte Kanada zur borealen Zone zu rechnen. Im küstenferneren Westen erstreckt sich diese Zone dabei etwa zwischen dem 45. und 70. Breitengrad über nahezu 3000 km, im Osten zwischen dem 45. und 57. Breitenkreis nur mehr über ca. 1600 km.

5.2 Die klimatische und vegetationsgeographische Untergliederung der kaltgemäßigten, borealen Zone

Die Subtropen und die kühlgemäßigten Zonen haben sich klimatisch als relativ heterogene geoökologische Zonen erwiesen, die eine weitere Untergliederung unbedingt erforderten. Diese Untergliederung mußte in den Subtropen vor allem nach hygrischen Kriterien vorgenommen werden. Bei den kühlgemäßigten Zonen war aber der Gegensatz zwischen ozeanischen und kontinentalen Klimavarianten größer.

Die kaltgemäßigte Zone ist klimatisch wesentlich einheitlicher. Dennoch umfaßt der Begriff „kaltgemäßigt" eine erhebliche thermische Spanne. Auch hier ist mit Abstufungen zu rechnen, die in der Lage zu den Weltmeeren begründet sind. Es bietet sich wieder eine Differenzierung nach dem Grad der Kontinentalität bzw. Ozeanität des kaltgemäßigten Klimas an.

Troll und Paffen unterscheiden drei Subzonen kaltgemäßigter Räume und grenzen sie durch unterschiedliche Temperaturjahresamplituden gegeneinander ab. Die erste mit ozeanischem Borealklima ist auf jeweils schmale Küstensäume im Westen Nordamerikas und Europas beschränkt. Die Temperaturamplitude liegt hier zwischen 13 und 19°C. Die beiden anderen Subzonen werden getrennt durch den Wert über bzw. unter 40°C Temperaturschwankung, in die kontinentalen bzw. hochkontinentalen Borealklimate (vgl. Tabelle 9).

Da die ozeanische Subzone der borealen Zone nur einen sehr geringen Flächenanteil an dem gesamten kaltgemäßigten Landschaftsgürtel besitzt, soll auf sie nicht näher eingegangen werden. Im folgenden schließt sich eine vergleichende Betrachtung der Subzonen mit kontinentalem und hochkontinentalem Borealklima an.

Tab. 9 Die Untergliederung der kaltgemäßigten Zone
nach Troll/Paffen 1964, Schmithüsen 1976 und Walter 1970

	Troll/Paffen	Schmithüsen	Walter
II/1:	ozeanische Borealklimate, wärmster Monat 10–15° C Jahresschwankung 13–19° C	temperierte Regenwälder und immergrüne boreale Nadelwälder	borealer Nadelwald einschließlich Anteile der boreo-nemoralen Mischwälder und der Waldtundra
II/2:	kontinentale Borealklimate, wärmster Monat 10–20° C Jahresschwankung 20–40° C	immergrüne boreale Nadelwälder	
II/3:	extrem kontinentale Boreal-klimate, wärmster Monat 10–20° C Jahresschwankung über 40° C	sommergrüne Nadelwälder	

5.3 Die kontinentale und hochkontinentale boreale Subzone Eurasiens in vergleichender Betrachtung

5.3.1 Zur klimatischen Kennzeichnung und Differenzierung

Mit Hilfe der in Abb. 59 skizzierten Klima- und Thermoisoplethendiagramme soll zunächst eine etwas eingehendere klimatische Kennzeichnung der beiden wichtigsten Subzonen des borealen Nadelwaldgürtels vorgenommen werden. In der Abbildung sind drei Klimadiagramme zusammengestellt, das linke von Archangelsk am Weißen Meer, stellvertretend für die kontinentalen Bereiche, das rechte von Irkutsk in Sibirien, stellvertretend für die hochkontinentalen Bereiche, sowie das mittlere Diagramm von Moskau, welches nochmals die Verhältnisse im Grenzbereich zwischen Laub- und Nadelwaldgürtel zeigt.

Am Moskauer Diagramm kann abgelesen werden, daß bei zwar sehr niedrigen absoluten bzw. mittleren Minima doch ein Jahresmittel von 3,2°C erreicht wird, was knapp über den Grenzwerten der borealen Klimate liegt. Ebenso wird ein weiterer Grenzwert überschritten, der der Vegetationszeit mit insgesamt 124 Tagen. Merklich anders liegen die Verhältnisse in Archangelsk. Die entsprechenden Mi-

Abb. 61 Thermoisoplethendiagramme der kaltgemäßigten Zone
(nach Troll)
Helsinki (60° 2′ N, 24° 9′ E) mit kontinentalem borealem Klima
Irkutsk (52° 16′ N, 104° 19′ E) mit hochkontinentalem borealem Klima

Helsinki (φ = 60° 2′ N; λ = 24° 9′ O) H = 10 m 1844 – 1863

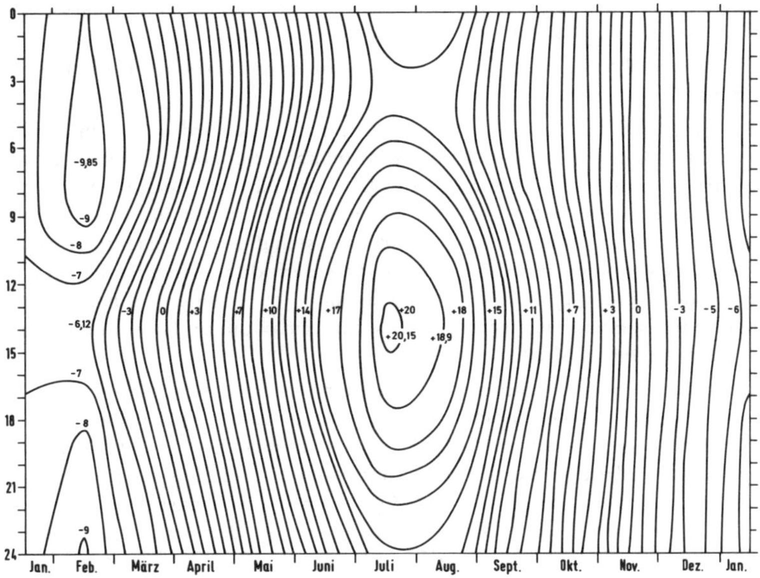

Irkutsk (φ = 52° 16′ N; λ = 104° 19′ O) H = 491 m 1887 – 1897

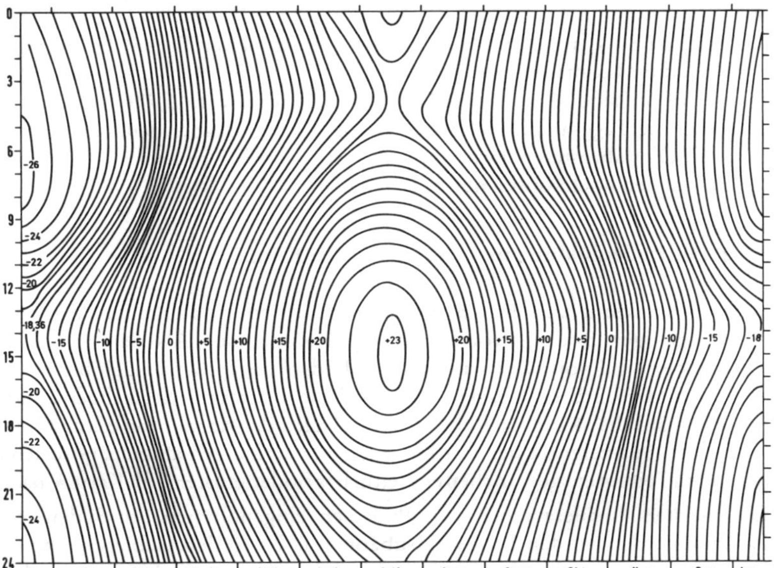

nima sind jeweils etwas niedriger, auch das Jahresmittel paßt in den angegebenen Spielraum. Mit nur 94 Tagen liegt aber jetzt der Wert der Vegetationszeit deutlich unter dem „Laubwaldlimit". Tagesmittel von über −10°C werden noch an 273 Tagen erreicht. Sie lassen erkennen, daß mit einer jährlichen Dauerfrostperiode von etwa 90 Tagen zu rechnen ist.

Im Vergleich mit den Werten der Station Irkutsk wird nun auch der Unterschied zwischen kontinentaler und hochkontinentaler Subzone sichtbar. Trotz erheblich niedrigerer absoluter Minima von −50°C und einer deutlich niedrigeren Jahresmitteltemperatur von −1,3°C ist die Vegetationszeit wegen der etwas wärmeren Sommer mit 105 Tagen länger; ebenso drücken sich die sehr viel kälteren Winter in einer nun über 4 Monate anhaltenden Dauerfrostperiode aus. In allen Fällen ist schließlich noch der durchweg humide Klimacharakter zu beachten, mit Niederschlägen zu allen Jahreszeiten bei ausgeprägtem Sommermaxium und absoluten Werten, die um 400 mm liegen, in Moskau etwas höher.

Die thermischen Verhältnisse, auf die es in diesem Landschaftsgürtel ja ganz besonders ankommt, sollen noch mit Hilfe ausgewählter Thermoisoplethendiagramme näher charakterisiert werden. Hierfür stehen ebenfalls von Troll erarbeitete Diagramme von Irkutsk für den hochkontinentalen und Helsinki für den kontinentalen Bereich zur Verfügung (Abb. 61). Verfolgen wir zunächst die Tagesschwankungen in Irkutsk im Januar. Das Minimum liegt in den frühen Morgenstunden bei −26,4°C, das Maximum gegen 14.00 Uhr bei −18,4°C, woraus sich eine Tagesamplitude von nur 8°C ergibt. Im Juli werden die Minima mit 11,3°C etwas früher, die Maxima mit 23,5°C etwas später erreicht. Hieraus resultiert eine sommerliche Tagesschwankung von 12,2°C. Die mittlere Jahresschwankung aber beträgt über 40°C.
In Helsinki ist der Februar der kälteste Monat. Hier liegen die Minima bei nur −9,9°C, die Maxima bei −6,1°C, woraus sich eine Schwankung von nur knapp 4°C ergibt. Im Juli sind Maxima von 20,2°C und Minima von 13,7°C verzeichnet, womit auch hier die Tagesamplitude höher als im Winter ist, aber dennoch nur knapp 6°C erreicht. Die Jahrestemperaturamplitude ist schließlich mit etwa 27°C deutlich niedriger als in den hochkontinentalen Bereichen.

5.3.2 Die Bodenbildung im kaltgemäßigten Klima

Welche Konsequenzen haben die immerfeuchten, winterkalten Verhältnisse mit mehrmonatiger Bodengefrornis für die Pedogenese? Als der zonale Bodentyp schlechthin wird von allen Autoren der Podsol angesehen. Auch bei Semmel 1977 deckt sich das Verbreitungsgebiet der Podsole in etwa mit der kaltgemäßigten Zone. Ein Blick auf die skandinavische Halbinsel nach der Kartierung durch Ganssen und Hädrich 1965 zeigt für den nördlichen, ganz zur kaltgemäßigten, borealen Zone gehörenden Teil ein ausgesprochen einheitliches Bodenmuster (vgl. Karte 3, nach S. 128).

Die meisten Areale werden von Podsolen eingenommen, im Süden leiten noch Parabraunerden zu den Laubwaldsubzonen über, in den Gebirgen sind – der Höhenstufung entsprechend – Gebirgspodsole oder schon Gebirgstundrenböden verbreitet. Im ozeanischen Bereich fallen Areale mit Rasenböden auf. Ebenfalls inselhaft eingestreut sind Moorbildungen, die aber als intrazonale Böden zu gelten haben. Ganz im Norden gewinnt allerdings noch ein weiterer Typ an Bedeutung, der, wie eine entsprechende Karte des nordamerikanischen Kontinents zeigt (GANSSEN und HÄDRICH 1965), durchaus zonal verbreitet ist. Es sind Podsolgleye, die ihre Genese und besondere Dynamik langanhaltender Bodengefrornis und relativ geringer Auftautiefe verdanken. Ansonsten ist auch der nordamerikanische Nadelwaldgürtel ein Podsolgebiet.

Die Podsole sind also der zonale Bodentyp, die Moorbildungen die azonalen Bildungen unter bodengenetischen Aspekten in der borealen Zone.

Die typischen Entwicklungsstadien eines Podsolbodens sollen an einem Profilschema von MÜCKENHAUSEN 1962 etwas näher verfolgt werden (Abb. 62).

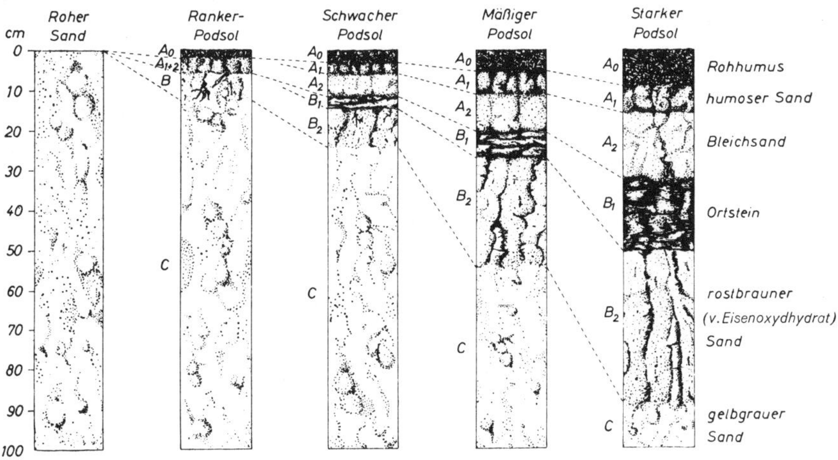

Abb. 62 Schematische Darstellung der Entwicklungsstadien eines Podsols aus Sand unter gleichbleibenden Bedingungen als Funktion der Zeit (nach MÜCKENHAUSEN 1962)

Als Ausgangsstadium wird dort ein roher Sand gewählt, doch spielt das Ausgangsgestein keine sehr große Rolle. Podsole bilden sich auf Sandsteinen ebenso, und selbst auf stark kalkhaltigen Ausgangssubstraten ist Podsolbildung beobachtet worden. Schon bei der ersten Entwicklungsstufe, dem Rankerpodsol, ist ein A_e-Horizont festzustellen, allerdings noch keine deutliche Anreicherung im Unterboden. Aber schon der schwache Podsol weist dann alle charakteristischen Horizonte auf, die in ihrer Abfolge diesen Bodentyp kennzeichnen. Diese Horizontfolge beginnt mit einem O-Horizont, der Nadelstreuauflage, die einen stark sauren Humus liefert, dem A_h-Horizont (Rohhumus, wenig mineralisiert) und dem A_e-Horizont, dem Bleichhorizont. Im Unterboden folgen sodann B_i-Horizonte, die noch differenziert werden können, z.B. in einen B_h-Horizont einerseits, in dem vor allem Humusstoffe ausgeschieden werden, und in einen B_s-Horizont andererseits, in welchem im wesentlichen Eisenoxide abgelagert werden. Humusverbindungen und Eisenoxide können sich bei außergewöhnlich starker Anreicherung auch zu einem „Ortsstein" verbinden, der das pflanzliche Wachstum einschränkt, da Wurzeln diesen Horizont kaum noch durchbrechen können.

Auf den Unterboden folgt schließlich der unbeeinflußte C-Horizont; die Bodenmächtigkeit, die in diesem Fall mit ca. 1 m angegeben ist, darf als typisch angesehen werden.

Je nachdem mehr Humus- oder mehr Eisenverbindungen ausgewaschen werden, sind schon an der eher rotbraunen oder fast schwarzen Färbung Eisen- bzw. Humuspodsole zu unterscheiden.

Für höhere Breiten am Übergang zum Tundrengebiet sind weniger mächtige Ausbildungen charakteristisch, die als Nanopodsole bezeichnet werden. In diesem Raum macht sich in stärkerem Maße die Bodengefrornis bemerkbar. Hier taut der Boden nur noch oberflächlich bis zu 1 m oder auch weniger in den warmen Sommermonaten auf, darunter bleibt er gefroren. Dadurch wird, ebenso wie durch Ortssteinbildungen, das Baumwachstum gehemmt und die Bodenbildung beeinflußt. Die Bodengefrornis wirkt sich wasserstauend aus, so daß sich periodisch ein Grundwasserhorizont bildet, der zur Vergleyung der Böden führt. Hier treten als weitere zonale Böden die Typen auf, die besonders stark in Nordamerika, aber auch in Nordeuropa und Sibirien verbreitet sind: die Gley-Podsole.

SEMMEL 1977 hat ein Profil skizziert, welches das typische Bodenmuster in der borealen Zone zeigt, hier an einem Beispiel aus Norwegen (Abb. 63). An diesem

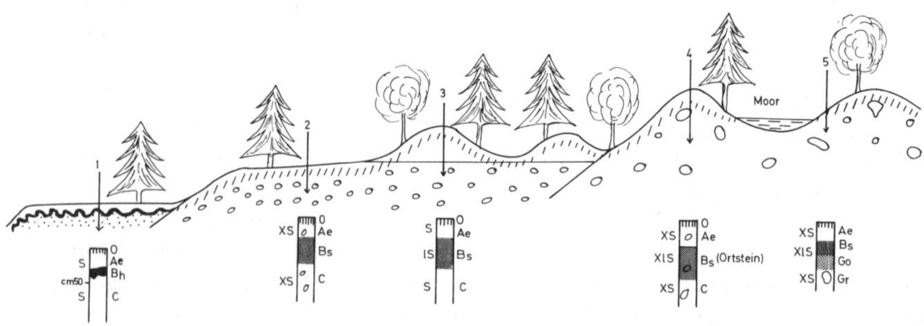

Abb. 63 Podsolabfolge im norwegischen Küstengebiet (nach SEMMEL 1977)
Prof. 1 = Podsol aus sandigem Muschelschill einer jüngeren marinen Strandterrasse; Prof. 2 = Podsol auf einer älteren Strandterrasse; Prof. 3 = Podsol auf Dünen; Prof. 4 = Podsol auf Moränen; Prof. 5 = Gley-Podsol auf Moräne

Profil fällt auf, daß völlig unabhängig vom jeweiligen Muttergestein immer Podsole entstehen. Sie sind nur durch eine unterschiedlich lange Entwicklung voneinander zu unterscheiden, was auf das verschiedene Alter der Ablagerung und Ausgangssubstrate zurückzuführen ist. In Moor- und damit in Grundwassernähe kommt es schließlich zur Ausbildung eines Gley-Podsols.

5.3.3 Die Moore des borealen Nadelwaldgürtels

Mit den Mooren muß ein besonders typischer Vegetations-Boden-Komplex der kaltgemäßigten Zone etwas eingehender besprochen werden. Sie dürfen als eindrucksvolles Beispiel des regelhaften Zusammentretens bestimmter klimatischer und hydrologischer Variablen gelten, die zusammen mit an diese Verhältnisse angepaßten Pflanzen zu charakteristischen Bodenbildungen führen. In erster Linie sind die relativ hohen Niederschläge, die niedrigen Temperaturen und die hieraus resultierende Humidität des Klimas mit erheblichem Feuchtigkeitsüberschuß für die Moorbildung verantwortlich. Der Abfluß über die Flüsse zu den Meeren wird häufig erschwert, vor allem in Senken oder in Auftauinseln inmitten von Bodengefrornis. Steigt aber der Grundwasserspiegel auf Dauer über 50 cm an, so ist kein Baumwuchs mehr möglich und die Vermoorung beginnt. In der Regel steht am Beginn ein topogenes Moor, welches – wie der Name sagt – seine Entstehung den eben geschilderten topographischen Situationen verdankt. Die Niedermoore der kühlgemäßigten Zone gehören zu den topogenen Mooren mit hohem Grundwasserstand. Daneben kommt es zur Entwicklung von ombrogenen Mooren, die nur durch Niederschlagswasser ernährt werden und sich uhrglasförmig über ihre Umgebung erheben. Sie werden auch Hochmoore genannt. In Hanglagen werden soligene Moore ausgebildet. Dazwischen gibt es eine Reihe von Übergangsformen, wobei der Nährstoffgehalt noch zur Differenzierung herangezogen werden kann. Die Moore der kühlgemäßigten Zonen und der kaltgemäßigten borealen Zone sind in der Regel oligotroph. Außerdem kommen auch hier Übergangsformen vor, was die Wasserherkunft und damit den Nährstoffgehalt betrifft.
Nach beteiligten Pflanzenarten, Wachstum, Aufbau und klimatischen Verhältnissen werden eine Reihe von Moortypen unterschieden. WALTER hat 1968 bzw. 1973 Verbreitungskarten und Profile der wichtigsten Moortypen veröffentlicht. Hier wird im folgenden seine Interpretation wiedergegeben (Abb. 64).

Unter Deckenmooren werden ganze Flächen überziehende Vermoorungen im atlantischen Bereich innerhalb der Heideflächen verstanden. Sie sind oft anthropogenen Ursprungs. Hochmoore sind bereits stärker kontinentale Typen, die im allgemeinen baumlos sind. Treten wegen zunehmender Kontinentalität und zunehmender Trockenheit auch Bäume in den Mooren auf, so spricht man von Waldmooren.

Nördlich der Hochmoorzone erstreckt sich ein Gebiet mit Aapa- oder Strangmooren. Diese Stränge ziehen sich isohypsenparallel an den Hängen hin. Frostdynamik, insbesondere die Schubwirkung der Eis- und Schneedecke, spielen bei ihrer Genese eine Rolle. Schließlich entwickeln sich noch Palsenmoore, die aber bereits weit in die Tundra hineinreichen und die, ebenso wie die Aapamoore, circumpolar verbreitet sind, während die anderen Moortypen mehr auf ozeanische Bereiche beschränkt bleiben.

Bei der Entstehung der Palsenmoore spielt das Bodeneis eine gewisse Rolle. Das zeigt ein Profil von SEMMEL 1977 (Abb. 65). In Palsenmooren können sich aufgrund der hohen Feuchtigkeit und der anhaltenden Fröste Eislinsen bilden, die dann – da vom Torf geschützt – im Sommer nicht unbedingt wieder auftauen, allmählich im Laufe der Jahre wachsen und an diesen Stellen das Moor zu Hügeln aufwölben, den Palsen.

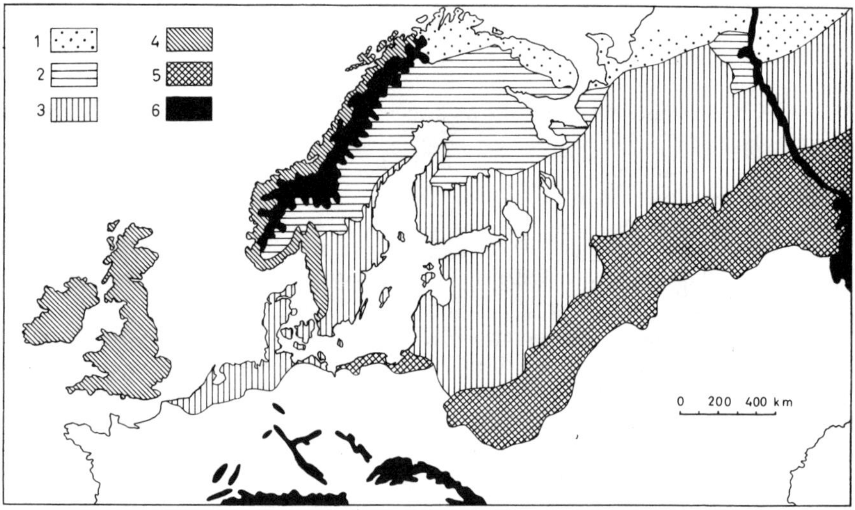

Abb. 64 Die Hauptverbreitungsgebiete der einzelnen Moortypen in Nordeuropa (nach KATZ und EUROLA aus WALTER 1968)
1 = Palsenmoore
2 = Aapamoore
3 = typische Hochmoore
4 = Deckenmoore
5 = Waldhochmoore
6 = Moore der Gebirge
Weiße Flächen der südlicheren Gebiete mit vorwiegend topogenen Mooren

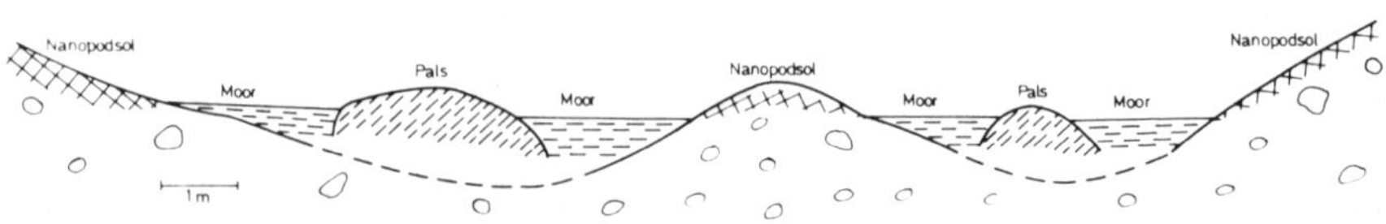

Abb. 65 Palsenmoor in Lappland
(nach SEMMEL 1977)
(nach dem Ergebnis von 1 m-Bohrungen, die gerissenen Grenzen sind vermutet)

Die Moore werden mit ihren organischen, hydromorphen Bodenbildungen von besonderen Pflanzengesellschaften besiedelt. Wenn auch die einzelnen Typen unterschiedliche Artenzusammensetzung erkennen lassen, z.B. die ozeanischen Moore floristisch anders aussehen als die kontinentalen oder etwa die im Randbereich zur Tundra, so gibt es doch eine Reihe von ökologisch begründeten Übereinstimmungen. Zur näheren Besprechung sei ein Hochmoor ausgewählt.

Hochmoore sind im Idealfall uhrglasförmig gewölbt und daher im Zentrum in ihrem Wachstum ausschließlich vom Regenwasser abhängig. Das bedeutet für die Pflanzen, daß sie mit ebenso feuchten wie nährstoffarmen Bedingungen fertig werden müssen. Am besten gelingt das den wichtigsten Moorpflanzen schlechthin, den Torfmoosen (*Sphagnum*-Arten). Eine solche Pflanze besteht in der Regel unten zum großen Teil aus bereits abgestorbenen und allmählich vertorfenden Zellen, in der Mitte ebenfalls aus toten Zellen, in denen sehr leicht Wasser kapillar gespeichert wird, so daß eine Moospflanze bis zum Zehnfachen ihres Gewichts an Wasser aufnehmen kann. Nur der obere Pflanzenteil lebt und wächst. Er erreicht dabei unter günstigen Bedingungen, d.h. günstigen Lichtverhältnissen, ausreichender Vegetationszeit sowie den erforderlichen Niederschlägen – die im übrigen auch Nährstoffe mitbringen –, jährlich ein Längen- bzw. Höhenwachstum bis zu 10 cm. Diese Moose vertragen nur kein Austrocknen. Relativ kühle und feuchte Sommer sind also ideal. Sobald aber, z.B. durch anthropogene Eingriffe, Moore entwässert werden, verheiden sie allmählich, die Torfmoose finden keinen Lebensraum mehr.

Hochmoore entstehen – wie bereits ausgeführt – häufig in topographisch günstiger Lage über das Zwischenstadium des Niedermoores oder in allmählich vernässenden Wäldern, aus denen die Bäume langsam verdrängt werden. Es können mit den Moosen nur solche Arten konkurrieren, die mit ihrem Wachstum Schritt halten. Bäume werden dabei in der Regel bald überwuchert, da sie aus Luftmangel absterben und Jungwuchs nicht konkurrenzfähig ist. Waldmoore können sich deshalb nur in kontinentaleren Bereichen entwickeln, wo das Mooswachstum stark verlangsamt ist.

Die Oberfläche eines Moores ist auch in den zentralen Teilen nicht ganz eben, sondern besitzt ein Kleinrelief aus sogenannten „*Bulten*“ und „*Schlenken*“. Erstere sind etwas erhöhte, kaum 1 m über den kleinen Vertiefungen der Schlenken liegende Hügel von etwa 1 m^2 großer Fläche. Auf den Bulten können in der Regel neben den Torfmoosen auch wenige andere, höhere Pflanzen wachsen, da sie etwas trockener sind. In den feuchten Schlenken dagegen wachsen nur Torf- und andere Moose. Die Bulten bleiben im Laufe der Zeit in ihrem Wachstum zurück, werden bald von den Schlenken überholt, so daß sich regelmäßig eine Art „Reliefumkehr“ mit einem natürlichen Wechsel der Pflanzengesellschaften ergibt. Dieser Wechsel spielt sich nur in längeren Zeiträumen ab. Neben den typischen Torfmoosen und anderen Moosen sind auf den trockeneren Standorten der Bulten dann auch Heidelbeere, Krähenbeere, Preißelbeere und selbst Heidekräuter verbreitet (vgl. Schmidt 1969).

Die Randzonen der Hochmoore sind etwas trockener, da das Wasser auf dem geneigten Randgehänge besser abfließen kann. Hier sind es Wollgräser, wiederum die genannten Zwergsträucher und eventuell schon einzelne Kiefern und Zwergbirken, die gedeihen können, erst recht aber am eigentlichen Hochmoorrand, dem sogenannten „Lagg", unter minerotrophen Bedingungen. Insgesamt aber haben es sowohl die Sträucher als vor allem die Bäume sehr schwer, gegen die Moose in der Konkurrenz zu bestehen. Zwar können viele Zwergsträucher einigermaßen dem Wachstum des Mooses folgen und so überleben. Aber Bäume, die ihre Stammbasis nicht verlegen können, werden häufig überwuchert.

Als wichtigste ökologische Faktoren für alle Pflanzen sind im Hochmoor also die ständige Feuchte, die Nährstoffarmut und das Längenwachstum der Moose zu nennen.

Nur wenige Arten in Hochmooren nehmen Nährstoffe aus dem Boden auf, einige freilich schon aus dem absterbenden organischen Material, welches bakteriell abgebaut wird, oder aus fließendem Wasser, welches nährstoffreicher sein kann, z. B. in den soligenen Mooren. Es gibt aber auch spektakuläre Ausnahmen unter den Pflanzen, die z. B. ihren Stickstoffbedarf auf ganz andere Weise decken: die *Drosera*-Arten (Sonnentau), die Insekten fangen und verdauen.

5.3.4 Die Nadelwaldgesellschaften der borealen Zone

Die geschilderte klimatische Differenzierung innerhalb der borealen Zone führt zu merklichen Unterschieden in der floristischen Zusammensetzung der Nadelwälder. Im Vergleich zu den Laubwaldgesellschaften der nemoralen Zone sind sie allerdings wesentlich einheitlicher aufgebaut. Besonders groß ist die floristische Vielfalt in den nordamerikanischen Nadelwäldern und in denen Ostasiens.

Hier soll näher auf die europäischen Nadelwälder für den kontinentalen und die sibirischen für den hochkontinentalen Typ eingegangen werden. Der europäische Nadelwald ist außerordentlich artenarm. In der Baumschicht sind in der Regel nur zwei Arten vertreten, die Fichte *(Picea abies)* und die Waldkiefer *(Pinus silvestris)*.

Sie bilden eine ziemlich geschlossene Baumschicht, die keinen Unterwuchs, jedenfalls keine Strauchschicht, zuläßt. Erst wenn ältere Bäume absterben, haben auch einige Laubhölzer – Birken und Espen – eine Chance, sich kurzzeitig auszubreiten, ebenso nach Kahlschlägen und nach Bränden. So kann sich vorübergehend ein Birkenstadium entwickeln (für 150 Jahre); darauf folgen die lichtliebenden und besser an Trockenheit angepaßten Kiefern (für ca. 500 Jahre) und schließlich, wenn es feucht genug wird, die Fichten. Die Konkurrenz zwischen Fichten und Kiefern wird im wesentlichen durch die zur Verfügung stehende Feuchtigkeit entschieden. Die Fichte ist als extremer Flachwurzler gegenüber Trockenheit wesentlich empfindlicher als die Kiefer, die tiefer wurzelt. Sie ist der Kiefer aber bei nur flach auftauendem Boden über der ewigen Bodengefrornis überlegen.

Unter der Baumschicht besitzt der boreale Nadelwald eine Krautschicht, in welcher Zwergsträucher dominieren, im feuchteren Fichtenwald mit der Heidelbeere *(Vaccinium myrtillus)*, in den trockeneren Kiefernwäldern mit der Preißelbeere *(Vaccinium vitis – idaea)* und mit dem Heidekraut *(Calluna vulgaris)*. Fast immer ist in allen borealen Nadelwäldern der Boden von einer geschlossenen Moosschicht überzogen. Nur an besonders trockenen Standorten werden in Kiefernwäldern die Moose durch Flechten ersetzt.

Im hochkontinentalen Sibirien werden Fichte und Kiefer von Holzarten abgelöst, die an diese Klimabedingungen besser angepaßt sind und das teilweise durch das Abwerfen der Nadeln zeigen, während die meisten Nadelhölzer ja immergrün sind. SCHMITHÜSEN 1977 spricht deshalb auch bei den hochkontinentalen Waldtypen von sommergrünen Nadelwäldern. Wichtigste sibirische Arten sind bestimmte Fichten, Kiefern und Tannen *(Picea sibirica, Pinus sibirica, Abies sibirica)* und vor allem die sibirische Lärche *(Larix sibirica)*, welche allein ein Fläche von über 2,5 Mio. km^2 in Sibirien besetzt.

Die mittlere Primärproduktion der Nadelwälder liegt weit unter der der Laubwälder. Es werden durchschnittlich 6 t/ha im Jahr erreicht, davon ist etwa die Hälfte als Nutzholzzuwachs zu betrachten. Hier macht sich eben doch die lange winterliche Ruhezeit der Bäume bemerkbar, ebenso auch der nährstoffarme Standort. Allerdings wird gerade wegen des langsamen Wachstums eine wesentlich bessere Nutzholzqualität erreicht.

Die Nährstoffzufuhr überhaupt wird bei allen Nadelhölzern nur durch Mykorrhiza ermöglicht, ein dichtes Geflecht von Pilzhyphen im Wurzelraum der jeweiligen Arten, die die in der Rohhumusschicht enthaltenen und normalerweise schwer zugänglichen Nährstoffe quasi für die Nadelbäume „aufbereiten".

Zwischen die Nadelwälder und die baumlosen subpolaren Gebiete im Norden, also zwischen Taiga und Tundra, schiebt sich ein Übergangsgebiet, in welchem der Baumwuchs allmählich seine natürliche Grenze findet. Es wird als Waldtundra bezeichnet. Hier löst sich die geschlossene Waldfläche allmählich inselartig auf, die Bäume werden niedriger und wachsen verkrüppelter, bis die Baumgrenze erreicht ist. Sowohl Winde als vor allem thermische Werte sind für diese Grenze verantwortlich; als grober Anhaltspunkt wird die 10°C-Juli-Isotherme für die Grenzziehung angenommen. Diese Kampfzone des Waldes kann sich in der Ebene über mehrere hundert Kilometer erstrecken, im Gebirge ist sie als Höhenstufe nur ein schmaler Saum.

In stärker ozeanisch getönten Bereichen werden Wald- und Baumgrenze stets von Birken gebildet, in den kontinentalsten Bereichen von der Lärche, sonst von der Fichte.

5.3.5 Der boreale Nadelwald als Höhenstufe in den Alpen

Auch in den mitteleuropäischen Gebirgen sind Nadelwaldstufen bis zur Waldgrenze ausgebildet. Sie stellen die intrazonale *„boreale"* Vegetation der mittleren Breiten dar. Am Beispiel der Alpen und mit Hilfe eines Profils von ELLENBERG 1963 soll abschließend nochmals eine Höhenstufenfolge besprochen werden. Die Alpen eignen sich dazu besonders, weil aus klimatischen Gründen hier alle für Mitteleuropa auftretenden repräsentativen Stufenfolgen vorkommen (vgl. Abb. 66).

In den Nordalpen ist die typisch mitteleuropäische Stufung ausgebildet. Sie wird auch als die *„helvetische"* bezeichnet. Aus den Eichen-Hainbuchenwäldern der

Fußstufe entwickelt sich mit zunehmender Höhe die Buchen-Tannenstufe; es folgen bis zur Baumgrenze die Fichtenstufe, darüber die alpinen Matten. In den wesentlich kontinentaleren Zentralalpen fehlt wegen der stärkeren Massenerhebung die unterste Stufe ganz, in den tiefsten Lagen herrscht die Kiefer. Buche und Tanne werden schließlich ganz von der Fichte ersetzt, die hier einen besonders breiten Gürtel ausbildet. Die oberste Waldstufe nehmen in den Zentralalpen die europäische Lärche *(Larix decidua)* und die Arve oder Zirbe *(Pinus cembra)* ein.

Diese Höhenstufung wird auch als „*penninische*" bezeichnet. Die Höhenstufung der Südalpen oder die „*insubrische*" wird durch mediterrane und submediterrane Elemente bestimmt. In der Fußstufe können bereits hartlaubige Arten auftreten, es folgen die submediterrane Flaumeichenstufe und darauf bis zur Waldgrenze die Buchenstufe. Die kontinentalere Fichte fehlt hier also von Natur aus bereits völlig.

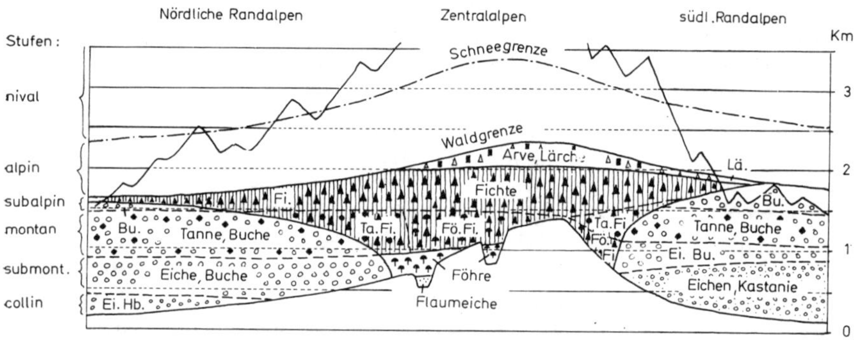

Abb. 66 Vegetationsprofil durch die Alpen von Norden nach Süden (nach Ellenberg 1963) (Höhenstufenfolgen: in den Nordalpen die helvetische mit vorwiegend Laubwäldern, in den Zentralalpen die penninische ohne Laubhölzer und im Süden die insubrische, die in das submediterrane Gebiet herunterreicht.)

6 Die polaren und subpolaren Zonen

6.1 Allgemeine, übergreifende Charakteristik und Untergliederung der polaren und subpolaren Zonen

Nach TROLL und PAFFEN wird der abschließend zu besprechende Landschaftsgürtel als „polare und subpolare Zonen" bezeichnet. Wenn sich in dem Begriff „Zonen" und in der nach beiden Autoren vorgenommenen vierfachen Untergliederung dieses Raumes eine gewisse Heterogenität anzudeuten scheint, so spricht doch auch viel für eine zusammenfassende Behandlung. Wie sieht nämlich die Untergliederung aus?

Zunächst werden die polaren von den subpolaren Klimabereichen getrennt (vgl. Tabelle 10). Bei ersteren handelt es sich einmal um die polaren Bereiche mit heutiger Inlandeisbedeckung (I/1), wie sie am ausgedehntesten in der Antarktis und auf Grönland zu finden sind. Es sind absolute Eiswüsten ohne Vegetation, ohne Bodenbildung und mit nur sporadischem, episodischem Tierleben. Nach TROLL 1955 kann das Klima in diesen Räumen am treffendsten als ein „Klima mit Beleuchtungsjahreszeiten" gekennzeichnet werden, bei dem es zu erheblichen jahreszeitlichen Temperaturunterschieden kommt (vgl. Abb. 67).

Tab. 10 Die Untergliederung der polaren und subpolaren Zonen nach TROLL/PAFFEN 1964 und SCHMITHÜSEN 1976

	TROLL/PAFFEN	SCHMITHÜSEN
I/1	polare Eisklimate (Eiswüste)	Kältewüste
I/2	polare Klimate, wärmster Monat unter 6° C, Frostschuttzone	Kältewüste
I/3	subpolare Tundrenklimate mit kühlem Sommer (6–10° C) und kaltem Winter (unter −8° C)	Tundren und subpolare Wiesen und sommergrüne Gesträuche
I/4	subpolare, ozeanische Graslandklimate mit kühlem Sommer (5 bis 12° C) und schneearmen Winter, jährl. Schwankung meist unter 10° C	subpolare Wiesen und sommergrüne Gesträuche, subantarktische Heiden

Neben den Räumen mit polaren Eisklimaten werden sodann die eigentlichen polaren Klimaräume (I/2) unterschieden. Hier erreicht selbst der wärmste Monat im Mittel keine 6°C mehr. Tageszeitliche Temperaturunterschiede verschwinden fast ganz; von der Strahlung und den thermischen Verhältnissen her werden diese Gebiete – u.a. im Nordosten Nordamerikas – ganz vom Gegensatz Polarnacht – Polartag beherrscht. Hier ist keine geschlossene Vegetationsdecke mehr möglich; weitgehend liegen Permafrostflächen vor, und wo im Sommer geringe Auftautiefen erreicht werden, ist mit starker Kryoturbation, Solifluktion und Frostsprengung zu rechnen. Dieser Bereich fällt nach BÜDEL ganz mit der Frostschuttzone zusammen.

Bei den verbleibenden subpolaren Klimabereichen werden wiederum zwei Varianten unterschieden. Es sind Varianten, die sich – wie schon bei den borealen Klimaten – durch stärker ozeanische bzw. stärker kontinentale Bedingungen unterscheiden.

Der hochozeanische subpolare Klimabereich (I/4) tritt nur auf Island, dem Aleuten-Bogen sowie auf der Südhalbkugel auf den Falkland- und den Kerguelen-Inseln auf. Hier sind die jährlichen Temperaturschwankungen bei kältesten Monatsmitteln zwischen −8 und +2°C und wärmsten Monatsmitteln zwischen 5 und 12°C in der Regel kleiner als 10°C. Es fehlen sowohl die ewige Bodengefrornis als auch die mächtige, langanhaltende winterliche Schneedecke. Frostwechsel sind außerordentlich häufig und beeinflussen die Dynamik des oberflächennahen Lockermaterials. Als verbreitetste Vegetationsformation finden sich hier Büschelgräser, insbesondere die sogenannte „*Tussock*"-Formation. Auch Moorbildung ist schon möglich. Abgesehen von den Eisklimaten nehmen nun aber die weitaus größten Flächen die Räume mit dem subarktischen Tundrenklima (I/3) ein. Diese Subzone wird weiter unten noch ausführlicher behandelt. Die Möglichkeiten einer agrarischen Landnutzung sind in den polaren und subpolaren Zonen stark eingeschränkt.

Die Landnutzungskarte von ENGELBRECHT zeigt für den Nadelwaldgürtel mit der Gerstenzone bereits die letzte Landnutzungs- oder Ackerbauzone (Abb. 13). Nach Norden schließen sich also in der Tundra nicht mehr ackerbaulich zu nutzende Räume an. Auch nach WHITTLESEY lag die Grenze des Ackerbaus im Bereich des Nadelwaldgürtels; es folgen sodann ein breiter Streifen ohne Landnutzung, schließlich aber im subarktischen Tundrenbereich nochmals ein Gürtel mit einer weidewirtschaftlichen Landnutzung, dem Rentiernomadismus.

Wie schon in den extremeren Trockengebieten, so wird also auch in den subpolaren Räumen wiederum die Ackerbaugrenze erreicht, und auch hier schließt sich bis zur Anökumene eine Form der extensiven Weidewirtschaft an. Die natürlichen Ursachen hierfür sind in der Tundra andere als in den Wüsten. Nicht das Wasser wird Mangelfaktor für die Vegetationsentwicklung, sondern die sommerliche Temperatursumme.

Abb. 67 Thermoisoplethendiagramme der subpolaren und polaren Zonen (nach TROLL)
SAGASTYR (73°22′N, 126°35′E) mit kontinentalem Polarklima
EISMITTE (71°11′N, 39°56′W) mit polarem Inlandsklima

Sagastyr [Lena-Mündung] (φ = 75° 22'N; λ = 126° 35'O) H = gering 1882 - 1883

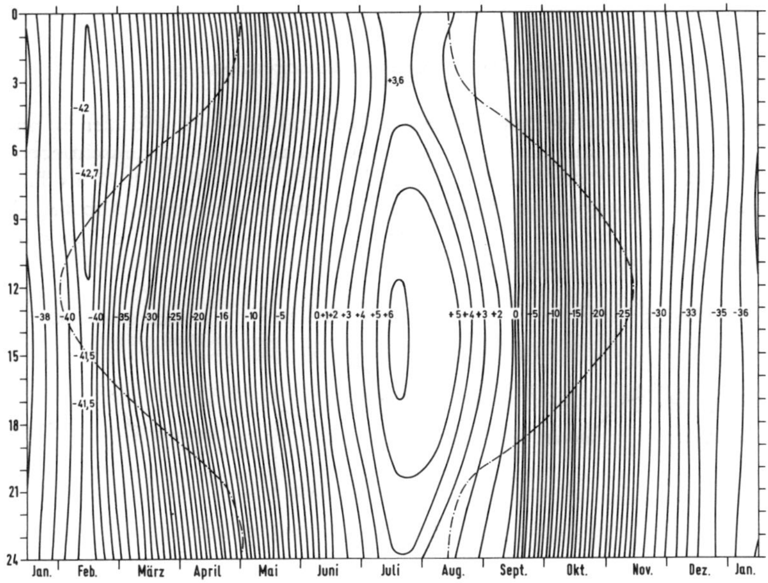

Eismitte (φ = 71° 10,8'N; λ = 39° 56,2'W) H = 3 000 m 1930 - 1931

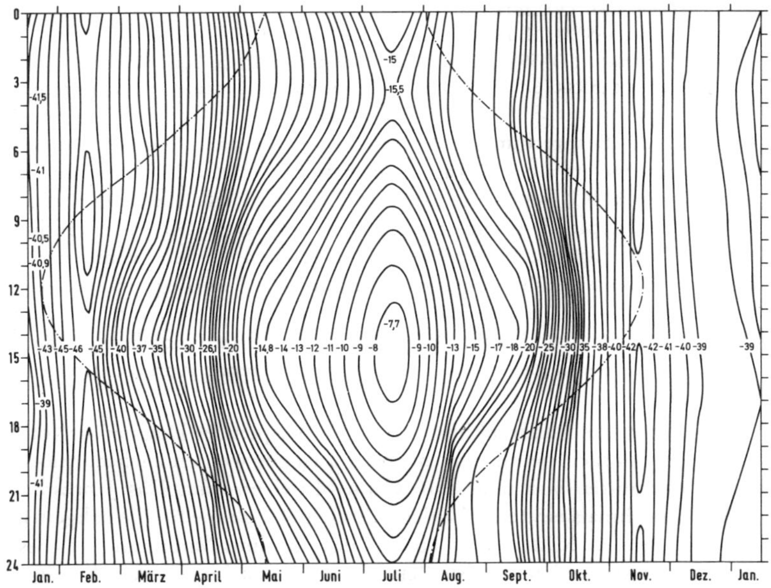

6.2 Die subpolare Tundrenzone Eurasiens

6.2.1 Die klimatischen Grundlagen der Tundrenzone

Klimatisch wird diese Subzone von TROLL und PAFFEN mit kühlen Sommern (6 bis 10°C mTwM) und kalten Wintern (mTkM unter −8°C) umschrieben (vgl. Tabelle 10). Es ist der Bereich, der auch von SCHMITHÜSEN 1977 als Tundrenzone ausgegliedert worden ist. Eine Reihe von Klimadiagrammen (Abb. 68), die aus der Tundra selbst und den angrenzenden Bereichen stammen, soll helfen, das Tundrenklima näher zu kennzeichnen.

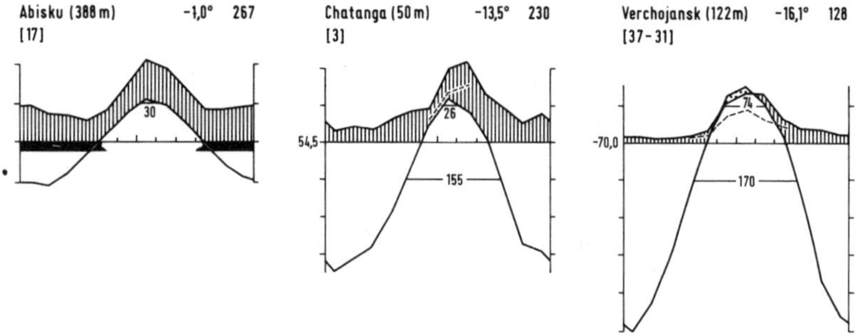

Abb. 68 Klimadiagramme aus der subtropischen Tundrenzone Eurasiens (nach WALTER/LIETH)
ABISKU (68°21′ N, 18°50′ E) mit ozeanischem Tundrenklima
CHATANGA (71°59′ N, 102°31′ E) mit kontinentalem Tundrenklima
VERCHOJANSK (67°35′ N, 133°25′ E) mit extrem kontinentalem Tundrenklima

Bereits bei der Besprechung der borealen Zone war darauf hingewiesen worden, daß die Baumgrenze etwa bei 30 Tagen Vegetationszeit, also 30 Tagen mit Temperaturmitteln über 10°C, liegt. Nach diesem Kriterium fällt die erste Station (Abisko, Schwedisch-Lappland) genau in diesen Grenzbereich. Die mittelsibirische Station Chatanga darf dagegen als repräsentativ angesehen werden, während z.B. Verchojansk am absoluten Kältepol noch in der borealen Zone liegt. Hieran zeigt sich, daß der Vegetation – sogar den Bäumen – nicht nur die extrem tiefen Temperaturen schaden. Entscheidend für ihre Wachstumsmöglichkeiten bleibt die Länge der sommerlichen wärmeren Zeit und die dieser entsprechende Auftautiefe des Dauerfrostbodens.

Verfolgen wir das Tundrenklima weiter am Beispiel des Diagramms von Chatanga. Die Vegetationszeit beträgt nur noch 26 Tage, es werden auch nur noch 155 Tage mit Temperaturen von über −10°C im Mittel erreicht. Das Jahresmittel ist mit −13,5°C nochmals eine entscheidende Stufe tiefer als die für die kaltgemäßigte Zone kennzeichnenden Mittelwerte, ebenso das absolute Minimum, welches aber von untergeordneter Bedeutung ist. Bemerkenswert ist hingegen, daß trotz der insgesamt geringen Niederschlagssumme von nur 230 mm im Jahr ein vollhumides Klima herrscht, da einerseits in jedem Monat Niederschläge zu erwarten sind, andererseits aber vor allem die Evaporationsraten wegen der tiefen Temperaturen sehr niedrig liegen.

Da das Wasser also nie zum Mangelfaktor wird, sind auch hier wieder die thermischen Verhältnisse entscheidend. Sie sollen näher mit Hilfe ausgewählter Thermoisoplethendiagramme verfolgt werden. Sagastyr liegt an der Lenamündung im nordsibirischen Tundrenraum (Abb. 67). Das Diagramm läßt zweierlei deutlich hervortreten. Zum ersten zeigt der ausgesprochen vertikale Verlauf der Isoplethen ein extremes Jahreszeitenklima fast ohne Tagesschwankung an. Die jeweiligen Minima und Maxima lauten in diesem Fall für den kältesten Monat Februar und den wärmsten Monat Juli wie folgt: mMinkM −42,7° C, mMaxkM −41,5° C, mMinwM +3,6° C, mMaxwM +6,2° C. Dagegen liegt die mittlere Jahresschwankung bei nahe 50° C. Zum zweiten sind ebenso deutlich vier „Jahreszeiten“ unterschiedlichen thermischen Verhaltens auszumachen: zunächst ein sehr kalter, von Mitte November bis Februar reichender, keine besonders großen thermischen Änderungen aufweisender Winter; sodann ein von März bis Mitte Juni andauerndes Frühjahr mit einem bemerkenswerten Temperaturanstieg. Es folgt ein kurzer, im wesentlichen die Monate Juli und August umfassender Sommer, der thermisch wiederum recht ausgeglichen ist. Der ebenfalls kurze Herbst von Mitte September bis Mitte November zeigt schließlich ein ausgesprochen steiles Temperaturgefälle, wobei beispielsweise die Mittagstemperaturen von 0° C im September auf nahe −30° C im November absinken. Diese außerordentlich klare Gliederung ist auf einen besonderen Umstand zurückzuführen, der in den Diagrammen mit der gestrichelten Linie zum Ausdruck gebracht wird. Diese Linie zeigt die jeweiligen Stunden bzw. Uhrzeiten des Sonnenaufgangs und des Sonnenuntergangs an. Danach wird klar, daß die thermisch so ausgeglichenen winterlichen und sommerlichen Jahreszeiten jeweils mit der Polarnacht bzw. dem Polartag zusammenfallen, die kurzen Übergangsjahreszeiten mit steilen Temperaturgefällen mit den Zeiten, in denen es noch oder wieder einen deutlichen Tag-Nacht-Wechsel gibt.

Diese Temperatur- und Strahlungsunterschiede sind vor allem für die Lebewesen der Tundra von großer Bedeutung, für ihren Entwicklungs- und Lebensrhythmus.

Auch das Thermoisoplethendiagramm der Station Eismitte stammt aus einer polaren Klimazone, von einer im zentralen Grönland gelegenen Forschungsstation. Es weist eine gewisse Besonderheit auf, die jedoch für die Inlandeisgebiete typisch ist und deshalb hier angemerkt sei. Im Vergleich mit dem Diagramm von der Lenamündung fällt jetzt in der wärmeren Jahreszeit eine größere Temperaturtagesschwankung auf. Sie hängt mit der wesentlich stärkeren Albedo der Eis- und Schneegebiete im Verhältnis zur Albedo der im Sommer schneefreien Tundrengebieten zusammen.

6.2.2 Bodenbildung und Bodenmuster in der Tundrenzone

Die klimatischen Verhältnisse erlauben keine sonderlich intensive Bodenbildung. Es sind solche Bodentypen verbreitet, die den Taigaböden ähneln, bei allerdings durchweg geringerer Entwicklungstiefe. Hierzu gehören die Nanopodsole, Tundragleyböden und Gleye-Podsole, für die dieselbe Bodendynamik gilt, die im Rahmen dieser Typen schon für den borealen Nadelwald besprochen wurde.

In den nördlichen Teilen der Tundra geht die Bodengenese dann allerdings kaum noch über das Rohbodenstadium hinaus. Hier sind vor allem Frostmusterböden verbreitet. Als intrazonale Bodentypen kommen schließlich auch in der Tundra noch geringmächtige Moorbildungen vor. Den flächengrößten Anteil unter den genannten Bodentypen nehmen in ebenen Lagen die Tundragleye ein. Sie besitzen trotz der schütteren Pflanzendecke relativ viel unzersetzte organische Substanz. In Hanglagen herrschen die Frostmusterböden vor, in Senken Moorbildungen.

Bei den Frostmusterböden werden verschiedene Strukturen gefunden. Steinringe und Steinnetze sind an Ebenen gebunden, Girlandenböden und Steinstreifen an Hanglagen (Abb. 69). Typischerweise entwickeln sich diese Strukturen in Gebieten hoher Frostwechselhäufigkeit im periglazialen, d. h. eisfreien und dabei vegetationsarmen, Bereich und sind in ähnlicher Ausprägung auch in den subnivalen und alpinen Stufen der Hochgebirge der mittleren Breiten ausgebildet.

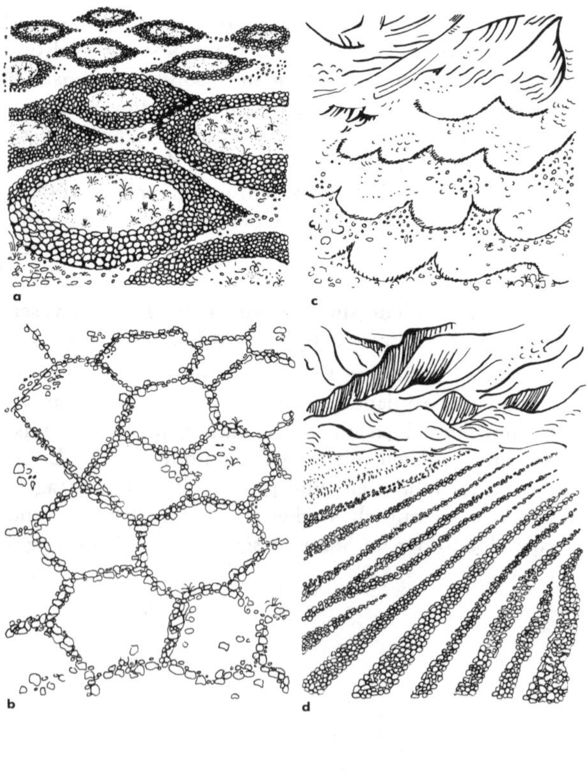

Abb. 69
Bodenartige Formen arktischer und anderer Kaltgebiete (nach SCHÄFER aus GANSSEN 1965)
a = Steinringböden,
b = Steinnetzböden,
c = Steinellipsen- oder Girlandenböden,
d = Steinstreifenböden

So wie der Dauerfrostboden für die Bodenentwicklung eine große Rolle spielt, so ist er auch von besonderer Wichtigkeit für die gesamte Morphodynamik. BÜDEL spricht im subpolaren Bereich von der klimamorphologischen Zone der „exzessiven Talbildung". Die Talbildung erklärt er durch den sogenannten „*Eisrindeneffekt*". Wenn im einzelnen gerade dieser Begriff und die von BÜDEL damit verknüpften Prozesse noch nicht unbestritten sind, so ist doch eine starke anhaltende Zerschneidung und Talbildung nicht zu übersehen.

6.2.3 Die Pflanzengesellschaften der Tundra

Die Tundrenvegetation ist baumlos. Nur vereinzelt können aus der Kampfzone des Waldes, der Waldtundra, unter besonders günstigen Umständen baumförmige Arten weiter nach Norden vordringen. Die Grenzen ihrer Verbreitung werden deutlich durch Wuchsformen, wie sie z.B. eine Wipfeltischbirke zeigt (Abb. 70). Ihre Organe gedeihen durchaus im Schutz der winterlichen Schneedecke, darüber aber sind ihr Grenzen gesetzt. Damit zeigt sich gleichzeitig die Bedeutung der Schneedecke, welche in den extrem kalten Wintern die Pflanzen schützt. Deshalb sind es auch vor allem Zwergsträucher, Nanophanerophyten oder Chamaephyten, die die Gesellschaften zusammensetzen, daneben an den trockensten Standorten Flechten, an den feuchten Moose. Die Tundrenvegetation unterscheidet sich damit nicht erheblich von der Kraut- und Moosschicht der borealen Nadelwälder, die bereits beschrieben wurde.

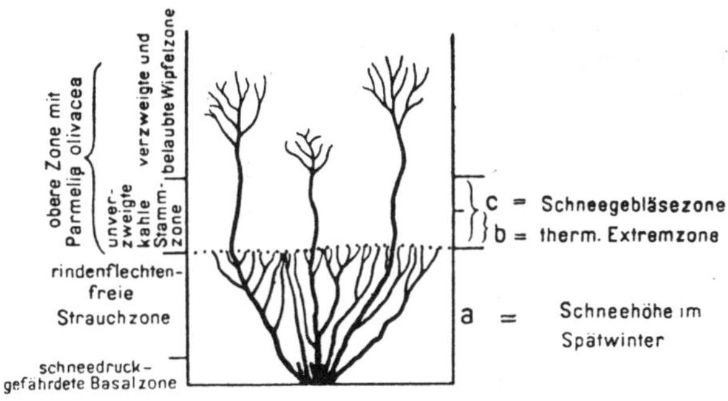

Abb. 70 Schema einer Wipfeltischbirke (nach BLÜTHGEN 1960)

Besonders konkurrenzfähig und angepaßt sind Arten, die ihren Entwicklungszyklus bis zur Samenproduktion in den wenigen Sommerwochen abschließen können. Daß dabei der jährliche Zuwachs, die Primärproduktion von Tundrengesellschaften, nur sehr niedrig sein kann, versteht sich von selbst. Werte zwischen 0,5 und 1 t/ha und Jahr scheinen etwa das gesamte mögliche Spektrum je nach Artenzusammensetzung zu umfassen. Das dokumentiert auch ein von MÜLLER 1977 mitgeteilter Wert, wonach im Stamm eines Zwergwacholders von nur 83 mm Durchmesser 544 Jahresringe gezählt wurden.

6.2.4 Die Tierwelt der Tundra

Eine ganze Reihe wesentlicher Erkenntnisse von Zusammenhängen im Tundren-Ökosystem erlaubt die Betrachtung der Tierwelt, das Studium des Tundra-Bioms. Man kann wenigstens drei Gruppen von Tieren unterscheiden, die sich – jede auf ihre Weise – an die klimatischen und an die Vegetationsverhältnisse angepaßt haben.

Eine erste zeichnet sich trotz der winterlichen Kälte durch ein außergewöhnliches Standvermögen im Hinblick auf niedrige Temperaturen aus. Hierzu gehören eine Reihe von Insekten, insbesondere die Stechmücken, die in der kurzen Sommerzeit das Leben zur Plage werden lassen können. Die Mücken, meist der Gattung *Aedes*, legen ihre Eier zu Beginn der kalten Jahreszeit ab. Diese Eier können ohne weiteres einfrieren, und im nächsten Frühjahr, sobald sich Wasser in Lachen sammelt und erwärmt, können sie sich schnell entwickeln und das Larvenstadium durchlaufen.

Neben einer so extremen Anpassung verfügen viele Tiere über besonderen Kälteschutz in Form von dichtem langem Fell (Moschusochse) oder Federkleid (Rauhfußbussard). Die letztgenannten Arten gehören aber schon zu einer zweiten Gruppe. Besonders das Moschustier und andere Nager, wie die Lemminge, sind in der Lage, die kärgliche Pflanzendecke unter dem Schnee freizukratzen und auch in der kalten Jahreszeit ausreichend Nahrung zu finden. Raubvögel, wie etwa der Rauhfußbussard und die Schnee-Eule, leben von diesen Nagern, ebenso der Polarfuchs. Für eine weitere kennzeichnende Wirbeltierart, das Ren, ist die Rentierflechte *(Cladonia rangifera)* die eigentliche Nahrungsgrundlage. Da diese Flechten jedoch sehr lückig wachsen, wird die Nahrungsversorgung für die Rentiere unter einer dicken Schneedecke problematisch. Deshalb gehören sie zu einer dritten Gruppe von Tieren, die der klimatischen Ungunst von Polarnacht und extremer Kälte ausweichen und an den Rand der borealen Wälder in die Waldtundra ziehen. Zu dieser Gruppe gehören auch die vielen Zugvögel.

Schließlich muß noch ein weiterer Zug der polaren und subpolaren Fauna erwähnt werden. Viele Tierarten sind an den Lebensraum der Küsten gebunden und ernähren sich – wie Robben, Walroß und viele Wasservögel – direkt oder – wie der Eisbär – indirekt aus dem Meer.

Der Mensch findet in diesem Lebensraum nur beschränkte Möglichkeiten des Wirtschaftens. Eine solche Anpassung wurde bereits mit dem Rentiernomadismus der Lappen genannt. Eine weitere ist die Jagd, wobei nicht nur an die Jäger gedacht sei, die jährlich den Bestand an Robben vermindern, sondern auch an eine der besonders urtümlichen Lebensformen, die sich noch hier am Nordrand, am Polarsaum der Ökumene hält, an die Lebensform der Eskimos.

Zitierte Literatur

Bazilevich, N. I., Rodin, L. Y. und Rozov, N. N.: Geographical aspects of biological productivity. Sov. Geogr. *12* (1971) 293–317

Berg, L. S.: Die geographischen Zonen der Sowjetunion. Bd. 1. Leipzig 1958 (russ. 1930)

Berninger, O.: Extreme Ausbildung einer Nebelvegetation in der nordchilenischen Wüste. Zschr. Ges. f. Erdkunde *9–10* (1925) 383–384

Birot, P.: La Méditerranée et le Moyen-Orient. Paris 1964

Blüthgen, J.: Der skandinavische Fjällbirkenwald als Landschaftsformation. P. M. *104* (1960) 119–144

Blüthgen, J.: Allgemeine Klimageographie. 2. Auflage Berlin 1966 (= Lehrbuch der Allgemeinen Geographie, Band II.)

Bramer, H.: Geographische Zonen der Erde. Gotha-Leipzig 1977

Büdel, J.: Aufriß des natürlichen Systems der Geomorphologie. Würzburger Geogr. Arb. Sonderheft 34a. Würzburg 1971

Bunting, B. T.: The Geography of Soil. London 1965

Czajka, W.: Die geographische Zonenlehre. Geogr. Taschenbuch 1956/57, 410–429

Diels, L.: Pflanzengeographie. Leipzig 1908. (5. Aufl., bearb. v. F. Mattick, Berlin 1958)

Diercke Weltatlas. 1. Auflage der Neubearbeitung, Braunschweig 1974

Duchaufour, P.: La Pédologie. Nancy 1956

Dokucajev, W. W.: Zur Lehre von den Zonen der Natur. (russ.) St. Petersburg 1899

Ehlers, E.: Nordfinnland. Möglichkeiten und Grenzen seiner wirtschaftlichen Erschließung. G.R. *20* (1968) 46–59

Ehlers, E.: Agrarkolonisation und Agrarlandschaft in Alaska. Probleme und Entwicklungstendenzen der Landwirtschaft in hohen Breiten. Geogr. Zeitschr. *61* (1973) 195–219

Ellenberg, H.: Grundlagen der Vegetationsgliederung. 1. Teil: Aufgaben und Methoden der Vegetationskunde. Stuttgart 1956

Ellenberg, H.: Über den Wasserhaushalt tropischer Nebeloasen in der Küstenwüste Perus. Ber. Geobot. Inst. Rübel 1958. Bern 1959. 47–74

Ellenberg, H.: Grundlagen der Vegetationsgliederung. 2. Teil: Vegetation Mitteleuropas mit den Alpen in kausaler, dynamischer und historischer Sicht. Stuttgart 1963. (= Einführung in die Phytologie, Bd. IV/2).

Ellenberg, H. und Mueller-Dombois, R.: A key to Raunkiaer life forms with revised subdivisions. Ber. Geobot. Inst. ETH. Rübel *37*. Zürich 1967. 56–73

Ellenberg, H. und Mueller-Dombois, R.: Tentative physiognomic-ecological classification of plant formations of the earth. Ber. Geobot. Inst. ETH. Rübel *37*. Zürich 1967. 21–55

Ellenberg, H.: Ziele und Stand der Ökosystemforschung. In: Ökosystemforschung. Heidelberg 1973. 1–31

Engelbrecht, H.: Die Landbauzonen der Erde. P. M. Erg. H. *209* (1930) 287–297

Ern, H.: Die dreidimensionale Anordnung der Hochgebirgsvegetation auf der Iberischen Halbinsel vom ozeanisch-feuchten Nordwesten zum mediterranen-trockenen Südosten in geographisch-ökologischer Betrachtung. Bonner Geogr. Abh. *37*. Bonn 1966

Finck, A.: Tropische Böden. Einführung in die bodenkundlichen Grundlagen tropischer und subtropischer Landwirtschaft. Hamburg/Berlin 1963

Fittkau, E. J. und H. Klinge: On Biomass and Trophic Structure of the Central Amazonien Rain Forest Ecosystem. Biotropica *5* (1973) 2–14

FLOHN, H.: Neue Anschauungen über die allgemeine Zirkulation der Atmosphäre und ihre klimatische Bedeutung. Erdkunde *4* (1950) 141–162

FLOHN, H.: Zur Didaktik der allgemeinen Zirkulation der Atmosphäre. Geogr. Rundschau *5* (1953) 41–56, ergänzt *12* (1960) 129–142, 189–195

FLOHN, H.: Grundfragen der Paläoklimatologie im Lichte einer theoretischen Klimatologie. Geol. Rundschau *54* (1964) 504–515

GANSSEN, R. und HÄDRICH, F.: Atlas zur Bodenkunde. Meyers Großer Physischer Weltatlas Bd. 1. Mannheim 1965

GANSSEN, R.: Grundsätze der Bodenbildung. Mannheim 1965

GANSSEN, R.: Trockengebiete. Böden, Bodennutzung, Bodenkultivierung, Bodengefährdung. Versuch einer Einführung in bodengeographische und bodenwirtschaftliche Probleme arider und semiarider Gebiete. Mannheim, Zürich 1968

GIESSNER, K.: Der mediterrane Wald im Maghreb. Ein Beitrag zur physisch-geographischen Kennzeichnung der Atlasländer. Geogr. Rundschau *23* (1971) 390–401

GOODLAND, R.: A physiognomic analysis of the „Cerrado" vegetation of Central Brasil. J. Ecol. *59* (1971) 411–419

GRIGG, D.: The agricultural regions of the world: Review and Reflections. Economic Geogr. *45* (1969) 95–132

GRISEBACH, A.: Die Vegetation der Erde nach ihrer klimatischen Anordnung. 2 Bde. Leipzig 1872

GROVE, A. T.: Africa. South of the Sahara. London 1967

HAHN, E.: Die Wirtschaftsformen der Erde. P. M. *38* (1892) 8–12

HERBERTSON, A. J.: The Mayor Natural Regions. Geogr. Journal *25* (1905) 300–312

HESSE, P. R.: A chemical and physical study of the soils of termite mounds in East Africa. J. Ecol. *43* (1955) 449–461

HETTNER, A.: Die Klimate der Erde. Geogr. Schriften. Heft 5. Leipzig/Berlin 1930

HETTNER, A.: Die Klimate der Erde. Vergl. Länderkunde Bd. 3. Leipzig/Berlin 1934

HOUSTON, J. M.: The Western Mediterranean World. London 1964

HUECK, K.: Die Wälder Südamerikas. Stuttgart 1966 (= Vegetationsmonographien der einzelnen Großräume, Bd. II)

HUECK, K.: Verbreitung, Ökologie und wirtschaftliche Bedeutung der „Chaparrales" in Venezuela. Ber. Geobot. Inst. Rübel *32*. 1971. 192–203

JUSATZ, H. J.: Alte Seuchen auf neuen Wegen. Bild der Wissenschaft 1966. 390–398

KLINK, H. J.: Die naturräumliche Gliederung als ein Forschungsgegenstand der Landeskunde. Bundesanstalt für Landeskunde und Raumforschung, Bad Godesberg 1967. 195–219

KLINK, H. J.: Geoökologie und naturräumliche Gliederung. Grundlagen der Umweltforschung. G. R. *24* (1972) 7–19

KOHLHEPP, G.: Planung und heutige Situation staatlicher kleinbäuerlicher Kolonisationsprojekte an der Transamazonica. Geogr. Zeitschr. *64* (1976) 171–211

KOHLHEPP, G.: Staatliche Produktionssteuerung und gelenkte Diversifizierung der Landnutzung im Bereich tropischer Monokulturen. Heidelberger Geogr. Arbeiten. Heft 40. 1974. 429–442

KÖPPEN, W.: Versuch einer Klassifikation der Klimate vorzugsweise nach ihren Beziehungen zur Pflanzenwelt. – Geogr. Zeitschr. *6* (1900) 593–611, 657–679

KÖPPEN, W.: Grundriß der Klimakunde. Leipzig/Berlin 1931

KÖPPEN, W.: Das geographische System der Klimate. Handbuch der Klimatologie. Bd. 1. Berlin 1936

KUBIENA, W.: Neue Beiträge zur Kenntnis des planetarischen und hypsometrischen Formenwandels der Böden Afrikas. In: Hermann Lautensach-Festschrift. Stuttgart 1957. 50–64 (= Stuttgarter Geogr. Studien, Bd. 69)

KUBIENA, W.: Die Böden des mediterranen Raumes. Intern. Kali-Institut, Athen 1962. 1–22

KULS, W.: Beiträge zur Kulturgeographie der südäthiopischen Seenregion. Frankfurter Geogr. Hefte *32*. Frankfurt 1958

KULS, W.: Bevölkerung, Siedlung und Landwirtschaft im Hochland von Godjam (Nordäthiopien). Frankf. Geogr. Hefte *39*. Frankfurt 1963

LAATSCH, W. und SCHLICHTING, E.: Bodentypus und Bodensystematik. Zschr. f. Pflanzenernähr., Düng., Bodenkde *87* (1959) 97–108

LAMPRECHT, H.: Einige Strukturmerkmale natürlicher Tropenwaldtypen und ihre waldbauliche Bedeutung. Forstwiss. Centralbl. *91* (1972) 270–277

LARCHER, W.: Ökologie der Pflanzen. Stuttgart 1973

LAUER, W. u.a.: Studien zur Klima- und Vegetationskunde der Tropen. – Bonner Geogr. Abhandlg., Heft *9*. Bonn 1952

LAUER, W.: Naturgeschehen und Kulturlandschaft in den Tropen – Beispiel Zentralamerika. Tübinger Geogr. Studien, Heft *34* (1970) 83–105

LAUER, W.: Vom Wesen der Tropen. Abh. d. Math. – Nat. Klasse, Akad. d. Wiss. u. d. Lit. Jg. 1975, Nr. *3*. Mainz 1975

LIETH, H.: Versuch einer kartographischen Darstellung der Produktivität der Pflanzendecke auf der Erde. Geogr. Taschenbuch 1964/65. 72–80

LONG, G.: Contribution á l'étude de la végétation de la Tunisie Centrale. Ann. de Service Bot. et Agron. de Tunisie *27* (1954) 1–388

MANSHARD, W.: Agrargeographie der Tropen. Mannheim 1968

MAULL, O.: Zonenbegriffe im länderkundlichen Sprachgebrauch. Geogr. Taschenbuch 1954/55. 404–413

MEDINA, E.: Intercambio gaseoso de arboles de las sabanas de Trachypogon en Venezuela. Bol. Soc. Venez. Cienc. Nat. *27* (1967) 56–69

MEIGS, P.: Classification and occurance of Mediterranean-type dry climates. In: Land-use in semi-arid mediterranean climates, Unesco/IGU-Symposium Iraklion. Paris 1964. 17–23

MEINARDUS, W.: Die räumliche und zeitliche Verteilung der Beleuchtung in den Polargebieten. Geogr. Anz. *31* (1930) 1–6

MENSCHING, H. und IBRAHIM, F.: Das Problem der Desertification. Ein Beitrag zur Arbeit der IGU-Kommission „Desertification in and around arid lands.“ Geogr. Zeitschr. *64* (1976) 81–93

MILNE, G.: A provisional Soil Map of East Africa (Kenya, Uganda, Tanganyika and Zanzibar) with Explanatory Memoir. Amani Memoirs. London 1936

MOHR, E. C. J. u.a.: Tropical Soils. The Hague/Paris/Djakarta 1972

MÜCKENHAUSEN, E. (Hrsg.): Entstehung, Eigenschaften und Systematik der Böden der Bundesrepublik Deutschland. Frankfurt/M. 1962

MÜCKENHAUSEN, E.: Die Bodenkunde und ihre geologischen, geomorphologischen, mineralogischen und petrologischen Grundlagen. Frankfurt/M. 1975

MÜLLER, D. und NIELSEN, J.: Ein Diagramm der Stoffproduktion im Buchenwald. Ber. Schweiz. Bot. Ges. *64* (1954) 487–494

MÜLLER, D. und NIELSEN, J.: Production brute, pertes par respiration et production nette dans la forêt ombrophile tropicale. Forstl. Forsgsv. in Danmark *29* (1965) 69–160

MÜLLER, P.: Vertebratenfaunen brasilianischer Inseln als Indikatoren für glaziale und postglaziale Vegetationsfluktuationen. Abh. Dt. Zool. Ges. Würzburg 1969. 1970. 97–107

MÜLLER, P.: Tiergeographie. Stuttgart 1977 (= Teubner Studienbücher der Geographie)
MÜLLER-HOHENSTEIN, K.: Die anthropogene Beeinflussung der Wälder im westlichen Mittelmeerraum unter besonderer Berücksichtigung der Aufforstungen. Erdkunde 27 (1973) 55–68
MÜLLER-HOHENSTEIN, K.: Nordafrikanische Trockensteppengesellschaften. Zur ökologischen Erklärung der räumlichen Differenzierung der Vegetation zwischen Mittelmeer und Sahara. Erdkunde *32* (1978) 28–39
NEEF, E.: Die theoretischen Grundlagen der Landschaftslehre. Gotha 1967
OBST, E.: Die Gliederung der Tropenzone nach ihren Pflanzungserzeugnissen. Festschrift für C. Uhlig. Öhringen 1932. 306–325
OTREMBA, E.: Die Grundsätze der naturräumlichen Gliederung Deutschlands. Erdkunde *2* (1948) 156–167
PAPADAKIS, J.: Agricultural Geography of the World. Buenos Aires 1952
PASSARGE, S.: Klima und Landschaftsbild. Monographien zur Erdkunde 36. Bielefeld-Leipzig 1927
PASSARGE, S.: Die Landschaftsgürtel der Erde. Breslau 1929
PENCK, A.: Versuch einer Klimaklassifikation auf physiogeographischer Grundlage. Sitzungsber. Akad. Wiss. Phys. Math. Kl., Berlin 1910
PLEWE, E.: Vom Wesen und den Methoden der regionalen Geographie. Studium Generale *5* (1952) 410–421
POSER, H. und HAGEDORN, J.: Räumliche Ordnung der rezenten geomorphologischen Prozesse und Prozeßkombinationen auf der Erde. Abh. Akad. Wiss. Göttingen. III. Folge, Nr. *29*. (1974) 426–439
RAUH, W.: Vegetationsstudien im Hohen Atlas und dessen Vorland. Sitz.ber. Heidelb. Akad. Wiss., Jg. 1952, 1
RAUNKIAER, C.: Types biologiques pour la géographie botanique. Oversigt over Kgl. Danske Vidensk. Selsk. Forhandl. 1905
RENSCH, B.: Verteilung der Tierwelt im Raum. Potsdam 1950 (= Bertalanffy. Handb. d. Biol. 5.)
RICHARDS, P.: The tropical rain forest. Cambridge 1952
RICHTER, H.: Die naturräumliche Ordnungsstufe der Landschaftszonen. Leipziger Geogr. Beiträge 1965. 153–162
RICHTER, H.: Naturräumliche Ordnung. Wiss. Abh. Geogr. Ges. der DDR, Leipzig 1967. 129–160
RIKLI, M.: Das Pflanzenkleid der Mittelmeerländer. 3 Bde. Bern 1943–1948
RODENWALDT, E.: Ein Tropenarzt erzählt sein Leben. Stuttgart 1957
RODIN, L. E. und BASILEVIC, N. I.: World distribution of plant biomass. Proc. of the Copenhagen Symposium, Unesco. Liége 1968. 45–52
ROUGERIE, G.: Géographie des Paysages. – Que sais-je? Nr. 1362. Paris 1969
SAPPER, K.: Allgemeine Wirtschafts- und Verkehrsgeographie. Leipzig 1925
SCHMIDT, G.: Vegetationsgeographie auf ökologisch-soziologischer Grundlage. Leipzig 1969
SCHMITHÜSEN, J.: Grundsätze für die Untersuchung und Darstellung der naturräumlichen Gliederung von Deutschland. Ber. z. dt. Landesk. *6* (1949) 8–19
SCHMITHÜSEN, J.: Allgemeine Vegetationsgeographie. 3. neubearb. u. erw. Auflage Berlin 1968. (= Lehrbuch der Allgemeinen Geographie, Bd. IV)
SCHMITHÜSEN, J. (Hrsg.): Atlas zur Biogeographie. Meyers Großer Physischer Weltatlas, Bd. 3. Mannheim/Wien/Zürich 1976

SCHNELL, R.: Introduction à la phytogeographie des Pays Tropicaux. – Géobiologie Ecologie Aménagement. Paris 1971

SCHOLZ, F.: Belutschistan (Pakistan). Eine sozialgeographische Studie des Wandels in einem Nomadenland seit Beginn der Kolonialzeit. Göttingen 1974 (= Göttinger Geogr. Abh. Heft 63)

SCHUBERT, R.: Pflanzengeographie. Berlin 1966

SCHULZE, E. D.: Soil respiration of tropical vegetation types. Ecology *38* (1967) 652–653

SEELE, E.: Die Agrarlandschaften der Gegenwart im Becken von Puebla-Tlaxcala. – Das Mexiko-Projekt der DFG. Berichte über begonnene und geplante Arbeiten. Wiesbaden 1967. 153–169

SEMMEL, A.: Grundzüge der Bodengeographie. Stuttgart 1977 (Teubner Studienbücher der Geographie)

SICK, W.-D.: Beiträge zur wirtschaftsräumlichen Gliederung Ecuadors. Verh. d. Dt. Geographentages 1959. Wiesbaden 1960. 270–276

SIOLI, H.: Über Natur und Mensch im brasilianischen Amazonasgebiet. Erdkunde *10* (1956) 89–109

STOCKER, O.: Steppe, Wüste und Savanne. Festschrift Franz Firbas. 1962. 234–243

STODDART, D. R.: Geography and the ecological approach: The ecosystem as a geographical principle and method. Geography *50* (1965) 242–251

SUPAN, A.: Grundzüge der physischen Erdkunde. Leipzig 1916

TISCHLER, W.: Die Hecke als Lebensraum für Pflanzen und Tiere, unter besonderer Berücksichtigung ihrer Schädlinge. Erdkunde *5* (1951) 125–132

TISCHLER, W.: Synökologie der Landtiere. Stuttgart 1955

TROLL, C.: Die Landbauzonen Europas in ihrer Beziehung zur natürlichen Vegetation. Geogr. Zeitschr. *31* (1925) 265–280

TROLL, C.: Termitensavannen. In: Länderkundliche Forschung. Festschrift f. Norbert Krebs. Stuttgart 1936. 275–312

TROLL, C.: Studien zur vergleichenden Geographie der Hochgebirge der Erde. Bericht d. 23. Hauptversamml. d. Ges. d. Freunde u. Förderer d. Univ. zu Bonn, 1940. In: Bonner Mitteilungen, H. *21*. Bonn 1941

TROLL, C.: Thermische Klimatypen der Erde. P.M. *89* (1943) 81–89

TROLL, C.: Der asymmetrische Vegetations- und Landschaftsaufbau der Nord- und Südhalbkugel. Göttinger Geographische Abhandlungen. 1948. 81–92

TROLL, C.: Die geographische Landschaft und ihre Erforschung. Studium Generale *3* (1950) 163–181

TROLL, C.: Savannentypen und das Problem der Primärsavannen. Proceed. 7 Intern. Bot. Congr. Stockholm 1950

TROLL, C.: Der jahreszeitliche Ablauf des Naturgeschehens in den verschiedenen Klimagürteln der Erde. Studium Generale *8* (1955) 713–733

TROLL, C.: Die Physiognomik der Gewächse als Ausdruck der ökologischen Lebensbedingungen. Deutscher Geographentag, Berlin, 1959. Tagungsbericht u. Wiss. Abhandlungen. Wiesbaden 1960. 97–122

TROLL, C.: Die dreidimensionale Landschaftsgliederung der Erde. Hermann von Wissmann-Festschrift. Tübingen 1962. 54–80

TROLL, C. und PAFFEN, K.: Karte der Jahreszeitenklimate der Erde. Erdkunde *18* (1964) 5–28

UHLIG, H.: Bevölkerungsgruppen und Kulturlandschaften in Nord-Borneo. Festschrift G. Pfeifer. Wiesbaden 1966. 265–296

Uhlig, H.: Agrarlandschaften im westlichen Himalaya: Kulu–Mandi–Kangra. Kölner Geogr. Arb., Sonderbd. 1971. 458–481

Uvarov, B. P.: Locust Research and Control (1929–1950). Colonial Research Pub. *10*. London 1951

Vageler, P.: Zur Bodengeographie Algiers. Erg. Peterm. Geogr. Mitt., Nr. *258*. Gotha 1955

Volk, O. und Walter, H.: Die Grundlagen der Farmwirtschaft in Südwestafrika. Stuttgart 1954

Walter, H.: Grasland, Savanne und Busch der ariden Teile Afrikas in ihrer ökologischen Bedingtheit. – Jb. wiss. Bot. *87* (1939) 750–860

Walter, H.: Über die Stoffproduktion der Pflanzen in ariden Gebieten und die Wasserversorgung von Wüstenpflanzen sowie über Bewässerungskulturen. – Wasserwirtschaft in Afrika. Köln 1963. 83–95

Walter, H. und Lieth, H.: Klimadiagramm – Weltatlas. Jena 1960–1967

Walter, H.: Die Vegetation der Erde in öko-physiologischer Betrachtung. Bd. II: Die gemäßigten und arktischen Zonen. Stuttgart 1968

Walter, H.: Arealkunde. Floristisch-historische Geobotanik. 2. Aufl., neubearb. v. H. Straka (= Einführung in die Phytologie, Bd. III, 2. Teil) Stuttgart 1970

Walter, H.: Allgemeine Geobotanik. Stuttgart 1973

Walter, H.: Die Vegetation der Erde in öko-physiologischer Betrachtung. 8. Aufl., Bd. 1. Stuttgart 1973

Walter, H.: Vegetationszonen und Klima. 2. Aufl. Stuttgart 1973

Whittlesey, D.: Major Agricultural Regions of the Earth. Ann. Ass. Amer. Geogr. *26* (1936) 199–240

Wilhelmy, H.: Grundzüge einer klimamorphologischen Regionalgliederung der Erde. Geogr. Rundschau *27* (1975) 365–372

Wissmann, H. von: Die Klima- und Vegetationsgebiete Eurasiens. Z. der G. f. Erdk. Berlin 1939. 1–14

Wissmann, H. von: Pflanzenklimatische Grenzen der warmen Tropen. Erdkunde *2* (1948) 81–92

Sachregister

Kursive Seitenzahl = Definition, Erläuterung oder ausführliche Behandlung des Stichwortes.